edition suhrkamp

Redaktion: Günther Busch

D1867628

Über die Wirkung von Kunst und Literatur gibt es keine verläßlichen Erkenntnisse, sondern nur Vermutungen, die sich an Einzelfällen – vielleicht – erhärten lassen. Gleichwohl hat die Protestbewegung 1968 eine solche (direkte) Wirkung nicht nur unterstellt, sondern geradezu postuliert. Man hat die Schriftsteller überfordert. Manche Schriftsteller haben sich selbst überfordert. Daraus kann gelernt werden. Dies allerdings ist an Bedingungen geknüpft, die gegenwärtig schwer auszumachen sind, es sei denn wiederum in Form von Anpassungsdruck, der jedoch schwerlich als Lernprozeß gedeutet werden kann. Versuche, zehn Jahre »nach dem Protest« dessen nicht nur politischen Effekten auf die Spur zu kommen, mit der Unterscheidung zwischen bloßen Trends und historischen Tendenzen Ernst zu machen, die Einflüsse der Protestbewegung sowohl auf die Erfahrung und die Wahrnehmungsweisen der Autoren als auch auf ihren Gebrauch der Kunstmittel wenigstens vorläufig und am Beispiel zu bedenken, sind unerläßlich. In dem von dem Frankfurter Literaturwissenschaftler W. M. Lüdke herausgegebenen Band werden solche Versuche vorgestellt: Überlegungen zur Literatur 1968 und danach. Es versteht sich von selbst, daß dabei die Einschätzungen der Entwicklung durch Schriftsteller (Andersch, Enzensberger, Widmer, Otto F. Walter u. a.) nicht minder aufschlußreich sind als Studien zur Geschichte des politischen Lieds, zur »neuen Innerlichkeit«, zur Rolle der Literatur im Schulunterricht, zum »Hinscheiden der These vom Tod der Literatur«.

Nach dem Protest
Literatur im Umbruch

Beiträge von W. Martin Lüdke, Michael Krüger, Urs Widmer, Gerhard Zwerenz, Michael Buselmeier, Alfred Andersch / Hans Magnus Enzensberger, Otto F. Walter, Lothar Baier / Detlev Claussen, Thomas Rothschild, Stephan Reinhardt, Klaus Pabel, Karl Hielscher und Volker Bohn

Herausgegeben von W. Martin Lüdke

Suhrkamp Verlag

edition suhrkamp 964
Erste Auflage 1979
© Suhrkamp Verlag, Frankfurt am Main 1979. Erstausgabe. Printed in Germany.
Alle Rechte vorbehalten, insbesondere das der Übersetzung, des öffentlichen Vortrags sowie der Übertragung durch Rundfunk und Fernsehen, auch einzelner Teile.
Satz, in Linotype Garamond, Druck und Bindung bei Georg Wagner, Nördlingen.
Gesamtausstattung Willy Fleckhaus.

Inhalt

W. Martin Lüdke
Statt einer Gebrauchsanleitung

In einem Seminar über Wolfgang Koeppen drängten sich die Studenten, weit über hundert. Der Raum war zu klein. Die meisten, der Theorie überdrüssig, zog es zurück zur Literatur, die wenigsten, genau gesagt: vier, hatten bereits etwas von Koeppen gelesen. Viele, vielleicht vierzig, waren durchaus willig, das nachzuholen, unter bestimmten Bedingungen: es darf nicht zu viel, die Bücher dürfen nicht zu dick sein.

Kein Beispiel, sondern ein Symptom.

Als die Angeklagten beim Einzug des Hohen Gerichts in den Verhandlungssaal der großen Strafkammer von dem Gerichtsvorsitzenden aufgefordert wurden, sich von ihren Plätzen zu erheben, erwiderte Fritz Teufel: »Wenn es der Rechtsfindung dient.« Teufels Satz, kein Beispiel auch, bezeichnet exakt den Kern der antiautoritären (Studenten-)Revolte.

Literatur nach dem Protest steht dazu, in jeder Hinsicht, bereits peripher. Da ist einmal der zeitliche Abstand, wenige, wichtige Jahre, und nicht nur der Burberry, der inzwischen den Parka ersetzt hat: die Integrations- und Anpassungszwänge. Unser Nachbar, der mit guter Kondition im Ho-Chi-Min-Stakkato durch die Innenstadt rannte, schleicht heute jeden Morgen mit hellem Hemd samt Krawatte aus dem Haus und präsentiert sich erst am Wochenende in Jeans und Pullover. Statt *Kursbuch* und *Argument* liegt Bukowski im Sommer auf dem Balkontisch.

Eine historische Einschätzung des Verhältnisses von Studentenbewegung und Literatur ist an Bedingungen geknüpft, die derzeit, zu Teilen, schwer auszumachen sind. Die unter anderem notwendige historische Distanz, konstitutiv für die Unterscheidung von bloßen Trends und historischen Tendenzen, läßt sich möglicherweise nicht einmal durch Hilfskonstruktionen herstellen. Demgegenüber sind für bestimmte Bereiche, zu denen man die Literatur wohl zählen darf, solche Versuche fast zwingend gefordert, durchaus als vorläufige. Die Formel von der »Tendenzwende«, in den deutschen Feuilletons propagiert und speziell auch auf die Literatur bezogen (»Nun dichten sie wieder«), als »Neue Innerlichkeit« oder »Neue Subjektivität« womöglich geistreich, wenn auch begriffslos gefeiert, seit dem Mescalero-Brief in der bundesdeutschen Wirklichkeit nicht mehr zu übersehen, kann annähernd diese Notwendigkeit bezeugen.

Ein Autor schreibt 1975 im Rückblick: »Angefangen haben diese Schwierigkeiten damit, daß wir eines Tages, von der Revolution nach Hause kommend, wo der Schreibtisch noch immer freundlich stand, nicht wußten, wie das, was wir schrieben, mit dem zu tun hatte, was eben auf der Straße geschehen war. Wir hörten also zunächst erst mal auf mit dem Schreiben. Da wir mit etwas anderem anfingen, wußten wir nicht, daß wir nur anfingen. Flugblätter waren wichtiger, die Geschichte mit dem Koch, die ich damals schrieb, wurde abgebrochen.«

Die traditionellen Erklärungsmuster haben abgewirtschaftet. Plausible Erläuterungen stehen kaum mehr zur Verfügung. Doch darum den Wandel des kulturellen Klimas, die Veränderungen im Bereich des Überbaus, den Austausch der Legitimationsmuster rundweg zu leugnen, wäre ebenso unsinnig wie das resignativ-melancholische Beklagen der »Tendenzwende.« »We shall overcome«, die Melodie klingt nach, doch »Brüder zur Sonne, zur Freiheit« läßt sich nicht mehr so klar von der Angabe eines Urlaubsziels unterscheiden. Dennoch, es gibt Wohngemeinschaften, Frauengruppen, Bürgerinitiativen; was links war, ist noch diffuser geworden, dafür aber auch breiter.

Die Studentenbewegung hatte einen utopischen Horizont aufgerissen und war damit auch (d. h. unter anderem, nicht zuletzt) in das Erbe der bürgerlichen Literatur eingetreten. Unterdessen ist dieser Horizont wieder verdeckt: Möglichkeiten entscheidender gesellschaftlicher Veränderung sind gegenwärtig nicht abzusehen. Das Überwintern der Idee einer freien Gesellschaft, humaner Lebensformen – die Kritische Theorie hatte darin zu Zeiten des Faschismus ihre Aufgabe gesehen – steht zumindest als Frage wieder zur Debatte. Auch für die Literatur?

Bernward Vesper hat, pietätlos gesprochen, leicht, weil posthum, reden: »Je länger wir schreiben, desto mehr entfernen wir uns, je mehr wir teilnehmen an den täglichen Kämpfen, um so weniger drängt es uns, zu schreiben.« Die täglichen Kämpfe: wenn man sich umsieht, auch unter den Linken, vorrangig werden darunter wieder die sogenannten Beziehungsprobleme verstanden. Die subtil-individualpsychologisierende Beschreibung solcher Konflikte in Martin Walsers neuer Novelle *Ein fliehendes Pferd* hat sogar den Beifall eines strengen Kritikers gefunden, eines Literaturkritikers, versteht sich.

Die Eltern eines alten Schulfreundes verfügen über einen ansehnlichen Besitz im Vordertaunus. Während der »Notstandskampagne« drohten wir ihm, dem politisch unbedarften angehenden Juristen, mit dem legalen Entzug seiner Erb-Aussichten: nach der Revolution, war das geflügelte Wort, werden wir dort ein Arbeiter-Erholungsheim einrichten.

Die täglichen Kämpfe. Vor wenigen Wochen auf der Autorenversammlung eines renommierten (linken) Verlages: der übliche Qualm, noch immer vorwiegend Rothändle, Gaulois, linker, starker Qualm. Der Wein, anders als vor zehn Jahren, kein Lambrusco, sondern Rheinpfalz, geht sehr schnell weg. Bekannte Namen, bekannte Gesichter, gemischte Gefühle. Die alten, üblichen Rituale. Alles resignativ eingefärbt, auch oder weil über die Notwendigkeit gesprochen wurde (werden sollte), offensiv zu werden, wieder; Strategien zu entwickeln, die sich nicht an dem ›undifferenzierten Feindbild der Reaktion‹ orientieren; in größeren historischen Zusammenhängen zu denken. Zwischendurch, naturgemäß, Selbstkritik, im Konjunktiv: am Diskussionsverlauf. Wir dürfen nicht, wir sollten aber. Der nächste Redner: Du hast, meine ich, übersehen. Beifall. Das Argument leuchtet ein: wir dürfen nicht an der Vergangenheit kleben, wir dürfen nicht in Erinnerung schwelgen. Weißt du noch, damals auf dem großen Teach-in, auf der großen Vietnam-Demonstration, weißt du noch, unsere Arbeitsgruppe zu Fragen der Pressekonzentration. Natürlich dachte ich, das dürfen wir nicht. WIR, die ominösen, leicht angegrauten, halbglatzigen Linken von damals.

Die Studentenbewegung hat uns allesamt, die wir uns heute noch, wenngleich im Cord-Anzug, aber ohne Krawatte, jederzeit duzen, geprägt; wir sind bereit, diese Resolution oder jenen Aufruf zu unterschreiben, auch fünfundzwanzig Mark pro Monat für das Sozialistische Büro zu spenden. Allerdings, unsere Biographie hat einen Knick bekommen.

Einen Knick auch bezeichnet die Studentenbewegung in der Entwicklungsgeschichte der Bundesrepublik. Die Rekonstruktionsperiode des westdeutschen Kapitalismus war abgeschlossen. In einer Vielzahl gesellschaftlicher Bereiche wurden Krisentendenzen unübersehbar. Die Brüchigkeit der Legitimationsbasis spätkapitalistischer Gesellschaftssysteme wurde, ideologiekritisch ausgeleuchtet, als Symptom der Bestandsgefährdung des Systems gedeutet. Die Dysfunktionalität vieler gesellschaftlicher Institutionen, vor allem in den Bereichen von Bildung und Ausbildung, war evident. Schließlich die Große Koalition, der Abschied von der Vorstellung einer liberalen parlamentarischen Demokratie. Der Protest gegen den Vietnam-Krieg faßte viele dieser, häufig heterogenen, Motive zusammen.

Warum nicht die Erinnerung an dieses oder jenes große Teach-in, an das erste Go-in, bei Carlo Schmid etwa, keine Eier, nicht einmal Tomaten, erst recht keine Sprengsätze, nur Fragen, sprengend genug, politische Fragen an einen Politikwissenschaftler. Politische Fragen, nicht viel später, an Germanisten. Fragen nach der Begründung überkommener Strukturen. Fragen nach der gesellschaftlichen Funktion, auch der der Literatur.

Natürlich hat die Militanz der auslaufenden Studentenbewegung, auch ein Ergebnis des Scheiterns der ideologiekritischen Mittel, nicht nur die Folgenlosigkeit von Ideologiekritik gezeigt, sondern sogar Strategien der Immunisierung gegen jeden Versuch befördert, Demokratisierungsprozesse in Gang zu bringen oder in Gang zu halten.

Literatur nach dem Protest? Eine Frage, die sich durchaus aufdrängt – angesichts der gegenwärtigen restaurativen Tendenzen, der nahezu vollendeten Technokratisierung von Hochschule und Bildungsbereich überhaupt, der Arbeitslosigkeit und Jugendarbeitslosigkeit und der verschärften Repression allerorten, nach dem Ende jeder Reformbestrebung, gar Reformeuphorie. Noch einmal Vesper: »Die Unwirklichkeit der modernen Literatur ist die Folge der Unwirklichkeit ihrer Produktionsverhältnisse. Wie lange noch läßt sich der Mythos des Literaten aufrechterhalten?«

Die Studentenbewegung schien der (bürgerlichen) Literatur

die Legitimationsbasis entzogen zu haben, mit erheblichen Konsequenzen für die Literatur und, stärker noch, für die Produzenten von Literatur, die Autoren, die eben auch lebensgeschichtlich regelrecht betroffen waren, auf ihrer Geschichte vom Koch saßen und nicht zu Tische kommen konnten.

Aus einer Chronik: »Montag, 13. Mai: Über eine Million Arbeiter, Studenten und Schüler formieren sich in Paris zum größten Demonstrationszug in der Geschichte der französischen Arbeiterbewegung. Der Generalstreik wird 100%ig befolgt. Auch in der Provinz kommt es zu Solidaritätsdemonstrationen. Gegen 21 Uhr Besetzung der Sorbonne durch die Studenten.

Mittwoch, 15. Mai: Beginn der Kulturrevolution in Paris.«

Die Behauptung vom Tod der (bürgerlichen) Literatur, auf den Nachweis der ihr immanenten Aporien gestützt, die Forderung nach der Aufhebung von Kunst in Lebenspraxis, die Applikation der These vom affirmativen Charakter der Kultur, die These vom Warencharakter der Kunst, schließlich die Reklamation der emanzipatorischen Postulate bürgerlicher Kunst – alle diese, nahezu beliebig vermehrbaren, Varianten der ideologiekritischen Destruktion der Legitimationsgrundlage von Literatur sind, ohne jeden Zweifel, nicht folgenlos geblieben.

Folgen also sicher, nur welche? Von temporärer oder von nachhaltiger Wirkung? »Wir hörten also zunächst erst mal auf mit dem Schreiben. [. . .] Die Geschichte mit dem Koch, die ich damals schrieb, wurde abgebrochen.« Gewiß: »Nun schreiben sie wieder.« Vom Koch und vom Kochen. Aber viele, und nicht die schlechtesten, schreiben nicht nur wieder oder immer noch, sondern auch anders – mit politischen Erfahrungen, die literarisch verarbeitet werden.

Michael Krüger
Zur Statistik

Wie die Wut wächst?
Und wo? Hier nicht.
Kein Knall in diesen Herzen
Kein leergefegter Tisch
Die mittelmäßigen Mörder
die in der Nacht den Kopf erstürmten
sind am Morgen erledigt.

Und die Nacht
nach der Nacht
zitiert nur die Farbe des Tages.

Und die Nacht
danach schläft tief
in alten Briefen

Und der Tag
darauf versteckt sich
in seinem Schatten

Und kein Ziel
für die Wut.

Wie der Schmerz wächst?
Und wo? Hier nicht.
Eine langsame Zersetzung
Eine pelzige Umarmung durch die Zeit
Der lebenslange Terror der Erneuerung
lähmt hier die Muskeln macht krank
stört die verwegene Melancholie.

Und der Zorn
versinkt in den schlaffen
Muskeln des Herzens

Und die Erregung
maskiert sich
mit kindischem Spielzeug

Und die Trauer
verspricht sich
nicht mehr zu ändern

Und kein Ende
davon.

Wie der Haß wächst?
Und wo? Hier nicht.
Hier kennt man weder die Verachtung
noch ihr Gegenteil: die überredete Angst.
Hier wechselt die Verfolgung ihren Namen
wird Partnerschaft süße Untrennbarkeit
läßt der Einsicht Zeit. In Ewigkeit.

Und die Sprache des Ich
duckt sich unter der Sprache
des ICH vergeblich.

Und gibt zögernd Auskunft:
Hier, wo die Wut wächst,
der Schmerz und der Haß
und die Sprache des Aufruhrs.

Urs Widmer
»1968«

Ich wurde 1938 in Basel geboren. Von unserm Haus aus sah ich nach Frankreich und nach Deutschland, und hinter einer Hügelkette auf der andern Seite des Hauses war die Schweiz. Der Zweite Weltkrieg ist für mich eine teils erschreckende Erinnerung (Bomber der Alliierten flogen jede Nacht über unser Haus, und die Flak schoß auf sie, seltsam bedrohliche Silberstreifen regneten vom Himmel, mein Vater hatte eine Uniform und ein Gewehr, meine Mutter und ich wurden hastig in die Innerschweiz verschickt, vor unsern Fenstern hingen schwarze Vorhänge, die Straßenbahnen hatten kleine blaue Scheinwerfer, und 1945 wurden wir sogar richtig bombardiert, und das Haus eines Bekannten war danach ein brennender Trümmerhaufen), teils eine idyllische: das Kriegswirtschaftsgesetz zwang meine Eltern dazu, unsern großen Garten in eine Gemüseplantage zu verwandeln, so daß wir, am Rand der Stadt, wie Bauern lebten, weitgehend autark. Ich habe die Erinnerung an Lawinen von Tomaten, Bohnen, Erbsen, Kartoffeln, Weißkohlköpfen. Von den Ängsten der Erwachsenen übertrug sich manches auf mich, aber alles in allem war diese Kriegszeit helvetischer Prägung für mich eine sonnenüberglänzte Zeit, in der ich Eidechsen fing und die Hecke des Nachbarn anzündete und auf dem Trittbrett des Milchwagens, der von einem Pferd gezogen wurde, mitfuhr. Millionen von Maikäfern verdunkelten den Abendhimmel. Ich zertrat Milliarden von Kartoffelkäfern. Die Sonne brannte so, daß die Wiesen braun wurden. Überall surrten Fliegen. Nie sah ich ein Auto. Noch heute werde ich verlegen, wenn altersgleiche deutsche Freunde von ihrem Krieg sprechen und ich an meinen denke.

Als ich dann einigermaßen erwachsen war, fand ich mich im kalten Krieg wieder. Zwar ist die Schweiz auch heute noch, verglichen mit allen andern europäischen Ländern, die Hochburg eines unangefochtenen kapitalistischen Denkens. (Jeder Schweizer glaubt sich am mythischen Schweizer Reichtum beteiligt und sieht in Herrn Bührle einen erfolgreicheren

Kollegen.) Aber man sollte sich auch daran erinnern, wieviel fester geknüpft das ideologische Schutznetz war, an das die Schweizer sich in den fünfziger und frühen sechziger Jahren krallten. Noch mehr als heute war die Schweiz damals ein Land, in dem es keine Alternativen zu geben schien: Tells own country. Es gab keine abweichenden Meinungen, das heißt, ich bekam keine zu hören. Zum Beispiel waren auf ganz selbstverständliche Weise, so wie der Schnee weiß ist, die Russen das Böse an sich geworden. Alle hatten verdrängt, daß man sie im Krieg beinahe geliebt hatte. Die *Deutschen* hatte man gehaßt, und Spurenelemente davon kann man in der Schweiz heute noch erkennen. Den Eisernen Vorhang stellte ich mir damals als einen hohen Theatervorhang aus Eisen vor. Als ich dann meine Militärdienstzeit ableistete, wurden alle Manöver von den Roten, die aus dem Osten kamen, verloren. Die Sieger waren immer die sich verteidigenden Blauen, wir.

Ich verstand damals nur undeutlich, was das alles bedeutete. Ich erinnere mich vor allem an ein Gefühl eines tiefen Unbehagens, das auch – natürlich nicht nur – politische Gründe hatte: so war die Welt also beschaffen, und so würde sie immer sein, unausweichlich. Eine sauber ausgeleuchtete, nüchterne Welt ohne Kühnheit, Phantasie und Geheimnis.

Natürlich gab es in Wirklichkeit auch in der Schweiz abweichende Meinungen. Es gab (und gibt) zum Beispiel eine Kommunistische Partei, und damals hatten viele Schweizer noch nicht so gründlich wie heute vergessen, wie sehr sie der Faschismus einmal bedroht hatte oder daß viele Schweizer im Spanienkrieg auf der Seite der Demokraten mitgekämpft hatten (und dafür, als sie zurückkamen, zu Haftstrafen verurteilt worden waren). Aber spätestens nach 1956 (nach Budapest) konnte man kaum mehr mit nicht-eidgenössischen Modellen, sozialistischen gar, sympathisieren. Das war die Zeit, in der der Züricher Kunsthistoriker Konrad Farner wie ein Aussätziger gehetzt wurde, weil er Sozialist war und öffentlich sagte, er wolle es bleiben.

Seit 1956 spätestens beschränkte sich zum Beispiel die politische Tätigkeit meines Vaters, der einmal in der Kommunistischen Partei gewesen war, auf verbale Ausfälle am Eßtisch. Er war wohl von der Entwicklung des Kommunismus nicht sehr angetan, ohne von der des Kapitalismus begeistert zu sein.

Immerhin half mir seine für mich eher mythische politische Vergangenheit so weit, daß ich ihn nicht mit einem alten Nazi verwechseln konnte, und er vermittelte mir früh ein Gefühl dafür, daß es einen Preis kosten kann, wenn man mit Leuten, die Macht ausüben, nicht einer Meinung ist.

Ich selber verhielt mich eher unpolitisch. Ich war ein so guter Schweizer, daß ich bis vor nicht allzu langer Zeit allen gegenteiligen Anzeichen zum Trotz immer wieder der Ansicht zuneigte, wir Schweizer seien eben doch das Gelbe vom Erd-Ei. Ein so schönes Land mit so weißen Bergen, und allen geht es so gut, und immer herrscht Friede – wieso sollte das nicht unser Verdienst sein, und damit ein bißchen meines? Ich erinnere mich an meine Verblüffung, als, etwa 1955, der Französischlehrer meiner Schwester pensioniert wurde und sich seine Rente nach Peking überweisen ließ. Ich dachte, das gibts doch gar nicht, haben die denn dort auch Sparkassen?

Das Verwirrende für uns Schweizer ist, daß wir ganz offiziell eine revolutionäre Geschichtstradition haben. Uns wird an den Schulen eingebleut, jeder Schweizer zeichne sich dadurch aus, daß er Tyrannen erschießt. Wir sind Davide, die sich dauernd gegen Goliathe durchsetzen. Wir hören das Wort Freiheit jeden Tag, wir denken alle, das, was wir haben, *ist* Freiheit. Andere Völker mußten und müssen sich zuerst von Bismarck oder Hitler oder der Königin Victoria oder Napoleon lösen. Wir haben, so sagt man uns, seit 1291 eine demokratische Tradition, wir *sind* die Demokratie. Kein Adel, kein Großbürgertum, alles nur gleiche Bauern. Das Wort Vaterland ist für uns ein Synonym für Freiheit.

Aber heute sind es die vaterländisch argumentierenden Schweizer, die im Namen der Freiheit Freiheiten einschränken wollen: unsre Pressefreiheit, unsre Meinungsfreiheit, und sogar das einst überaus liberale Asylrecht wird seit langem starr und rechtslastig praktiziert. Die vielen Schweizer Parteien wirken, von meinem heutigen Wohnort aus gesehen, zum Verzweifeln homogen und einig. Zuweilen sieht es für mich so aus, als würden vor allem Bürger-Gruppierungen außerhalb der klassischen Parteien auf dem eigentlich Selbstverständlichen beharren: auf der schlichten Einhaltung der Rechte und Pflichten der Bundesverfassung. Zuweilen befürchte ich, daß der Schweiz – vor der Bundesrepublik oder gar andern europäischen Staaten – eine Art stiller, scheindemokratischer Industrie-Faschismus droht: wo das Verhalten eines jeden in entsetzlichem Maß konform sein muß, wenn er in relativem Frieden und relativer privater Freiheit (Kegelschieben, Skifahren) leben will. In der Mitte des letzten Jahrhunderts hatte die Schweiz, damals ein armes Auswandererland mit Hungersnöten und Massenelend, eine Exekutive, die ein hohes Maß an Verantwortung und Mut zeigte. Heute hungert sich die Schweiz, nach Kuweit das reichste Land der Erde, ängstlich und perspektivenlos mit einem defizitären Staatshaushalt durch, weil zwar unglaublich viel Geld da ist, aber vor allem in den Kassen der Banken und Konzerne. Diese regieren schon heute sehr deutlich in den Staat hinein, und ich kann mir vorstellen, daß sie irgendwann einmal der Staat *sind.* Spätestens dann wird es kein Vergnügen mehr sein, Schweizer zu sein.

Anfang 1967 kam ich nach Deutschland. Fotos von damals zeigen mich als einen überalterten Konfirmanden mit Haaren wie ein Kadett aus West Point und mit dem sonnigen Lächeln dessen, der Bescheid weiß. Damals dachte ich, daß aller Anfang schwer ist. Heute denke ich, daß der Anfang oft leicht ist, weil man ein unbeschriebenes Blatt ist. Erst wenn man sich auf einige Dinge festgelegt hat (Schreiben bedeutet u. a. sich festlegen), kann es schwieriger werden.

Die Bundesrepublik war für mich eine große Befreiung, allen Ängstlichkeiten zum Trotz. Ich lernte, daß es auch andere Denkmodelle gab als die, mit denen bei uns alle auszukommen schienen, und daß man sie notfalls aggressiv vertreten konnte. (Kein Schweizer kann aggressiv sein. Wir sind auf Harmonie hin geschult. Nie gibt es einen Streik, weil wir dabei unsern Konflikt mit dem Arbeitgeber offen zeigen müßten. Im Supermarkt sagen wir Schweizer: Entschuldigung, dürfte ich bitte eine von diesen Würsten hier haben? Deutsche sagen: Ich kriege eine von den Würsten da!) In Deutschland erst habe ich begriffen, daß politische Entscheidungen ganz vital *mich* betrafen: daß sie nicht nur Gesprächsstoff oder Zeitungslektüre waren. Erst als ich in Deutschland war, begann ich zu publizieren. Aber ich hatte schon immer Schriftsteller werden wollen. Schließlich war auch mein Vater die ganze Zeit an seiner Schreibmaschine gehockt und hatte auf ihr herumgetippt. Die nettesten Freunde meiner Eltern waren Schriftsteller oder Maler, oder Musiker oder sowas. Mein Vater selber hatte immer etwas von einem Roman gemurmelt, den er jetzt schreiben werde. Nach seinem Tod, 1965, war ich verblüfft, nirgendwo wenigstens ein Anfangskapitel zu finden. Manchmal habe ich heute das Gefühl, er hat seinen Roman mir überlassen. Jedenfalls stehe ich auf seinen Schultern, ob ich das will oder nicht. Aber offenbar mußte er erst tot sein, bevor ich ein Buch veröffentlichen konnte, 1968.

Anfang 1967 wurde ich Lektor im Suhrkamp Verlag in Frankfurt/M., und das kam so: Anfang 1966 wurde ich Lektor im Walter Verlag in Olten (Schweiz), dessen Programm damals ein seltsames Gemisch aus konservativer Lokalpolitik, progressivem Katholizismus (die Bücher hießen nun nicht mehr *Gott lebt*, sondern *Lebt Gott noch*?, und die Antwort war: Im Prinzip ja) und neuer Literatur war. Ich war die rechte Hand von Otto F. Walter, der für die Literatur verantwortlich war. Ich lernte, wie man sich fühlt, wenn man durch die Druckerei geht, und alle Arbeiter tippen sich an die Stirn und sagen: »Jandl?!« Dann flog Walter aus dem Verlag, der den Namen seines Vaters trug, ihm aber nicht gehörte. Vordergründig ging es um die Nichtverkaufbarkeit sogenannter progressiver Literatur, hintergründig um Machtverhältnisse im Betrieb. Ich kündigte. Daraufhin schrieb mir Siegfried Unseld, und schon war ich auf der Autobahn nach Frankfurt.

Bei Suhrkamp war ich Lektor für deutsche Literatur, und gleichzeitig schrieb ich. Gut konnte das nicht gehen, weil schreibende Lektoren, wenn sie nicht sehr souverän sind (Queneau), hin und hergerissen sind zwischen dem, was sie gerade schreiben möchten, und dem, was ihnen die Autoren schicken und das sie verstehen und mögen sollen. Ich machte handfeste Fehler. Ich bin etwa Herbert Achternbusch gönnerhaft auf den Füßen gestanden, indem ich ihm Briefe schrieb, die dem Sinn nach etwa sagten: ganz begabt, junger Mann, aber reifen Sie noch ein wenig. Ich hatte allerdings auch ein Schattenkabinett mit Büchern, die ich gut fand, die dann, weil Siegfried Unseld sie nicht so gut fand, in andern Verlagen erschienen. Viele Bücher fanden wir auch beide gut.

1967, das wir heute »1968« nennen, überrumpelte mich ziemlich. Zwar war ich offensichtlich irgendwie darauf vorbereitet, gleichzeitig aber hatte ich die überaus heftige emotionale Wirkung von all dem auf mich nicht erwartet. Ich fühle mich auch heute unfähig zu sagen, welches denn nun die wichtigsten Erfahrungen waren. Es fällt mir schon schwer, auch nur eine Art Katalog zu erstellen. Es war so vieles. Öffentliches vermischte sich mit sehr Privatem. Die plötzliche Hoffnung, ganz real doch Breschen in den Interessenklüngel, der uns regierte und immer noch regiert, schlagen zu können, lebte neben der heute rührenden Erkenntnis, daß man orange Socken und violette Hemden tragen konnte, ohne daß die Welt aus den Fugen ging. Viele Demonstrationen, friedliche und aggressive, deren genaue Ziele (Vietnam, Westend-Spekulation) mir langsam durcheinandergeraten, stehen neben, zum Beispiel, heftigen Buchmessen oder der Bewunderung für Fritz Teufels zauberhafte und für ihn entsetzlich erfolglose Art, deutschen Gerichten Nachhilfeunterricht in menschlichem Verhalten zu geben. Der SDS von damals neben Rolling-Stones-Konzerten, Haschatmosphäre, Flippern, Wirtshausdebatten. Die ganze schöne *make-love-not-war*-Stimmung. Als Benno Ohnesorg erschossen wurde, fuhr ich gerade Ski und kam mir völlig deplaziert vor in meinem Schnee.

Zu der Zeit jedenfalls dachte und tat ich plötzlich mehr als vorher das, was *ich* denken und tun wollte, nicht was andere erwarteten, daß ich es dächte und täte. Ich versuchte es zumindest. Ich dachte plötzlich, daß das private Durchwursteln, das ich bis dahin betrieben hatte, nichts war. Ich sah auch, wie schön und herzerwärmend Gemeinsamkeit sein kann (und manchmal, wie nur erhoffte Solidarität zu Irrtümern verführen kann, weil Blue Jeans und standardisierte Wortmarken allein nichts beweisen). Ich erkannte, daß ich auch zum Schreiben Gemeinsamkeit brauchte: wenn viele andere gut schreiben, schreibe auch ich besser. Ich gab einiges von meinem angepaßten Sonny-boy-Wesen auf. Meinen gebildeten Branchenkollegen konnte ich gestehen, daß ich von diesem oder jenem Buch keine Ahnung hatte. Mir selber konnte ich zugeben, daß ich manches überhaupt nicht wollte und konnte: ununterbrochen tüchtig, gut gelaunt, erfolgreich und bärenstark sein zum Beispiel. (Ganz untüchtig, immer schlecht gelaunt, völlig erfolglos und mäuschenschwach will ich heute noch nicht sein.) Ich fühlte mich plötzlich jung. Ich kann mich gut erinnern, wie alt ich mir mit 22 vorgekommen war, als ich, an einem Basler Gymnasium, meine ersten Schulstunden gab. Ich denke heute noch zuweilen, die jahrhundertealte Misere der Pädagogik könnte dadurch gelöst werden, daß man alle jungen Lehrer erst einmal in die böse weite Welt hinausprügelt. Erst mit etwa 40 ließe man sie wieder in die Schulen herein. Die meisten Lehrer von heute wirken so, als hätten sie lebenslänglich gekriegt, und das haben sie ja auch.

Neben der Erkenntnis, wie sehr diese Demokratie eine oft bösartige Klassengesellschaft war (es wurde mir beim zynischen Durchboxen der Notstandsgesetze am deutlichsten bewußt), traf mich die lockere allgemeine Kulturverweigerung am direktesten. Ich war ein gebranntes Kind, ich hatte Germanistik studiert. Privat hatte ich, angesichts des vielen Guten, Wahren und Schönen, das wir schätzen lernen sollten, schon hie und da mürrische Widersprüche vor mich hingebrummt. Aber jetzt hatte plötzlich, ganz allgemein, der offizielle Bildungskanon keine verbindliche Gültigkeit mehr. »Bildung« war plötzlich keine Waffe mehr, mit der einer den andern ducken konnte. All die würdigen Abendländer in Silberkrawatten wirkten nun plötzlich lächerlich, wie Komiker aus einem altmodischen Programm. Dafür konnte ich plötzlich Bücher lesen wie sehr persönliche Mitteilungen. Alle Hierarchien schienen aufgehoben zu sein, und ich erinnere mich, daß für mich eine Weile lang so ziemlich alles ziemlich gleichwertig war. Kunst und Natur, Sportberichte und Hölderlin, Pissoirmalerein und Holbein, *All we need is love* und Beethoven. Später pendelte sich dann alles in eine neue Hierarchie der Werte ein, aber diese Werte waren nun doch andere, eher eigene, und die erstellte Hierarchie war ein bißchen elastischer geworden. Zweifellos war ich an einem Nerv getroffen worden, weil ich zwischen Bücherwänden aufgewachsen bin. Mein zeitweiliger Abschied von ihnen war auch ein Abschied von den Eltern.

Nur gerade Schreiben – *Fiction*, das wollte ich ja – war nach 1968 nicht einfach. Zwar wäre es mir vielleicht ohne die offene Stimmung im Vorfeld von 1968 überhaupt nie gelungen, andrerseits aber verfolgten jetzt viele meiner Freunde oder Bekannten jede metaphorische, begrifflich nicht eindeutige Beschreibung von Welt (gar von Innenwelt) mit der Heftigkeit von Päpsten, die eine Herde Gottseibeiunse aufgestöbert haben. Walter Boehlichs polemische Hoffnung, die *bürgerliche* Literaturkritik sei tot, wurde rechts, links und in der Mitte als Forderung mißverstanden, Literatur überhaupt sei totzuschlagen. Bis heute bin ich deshalb nicht ganz aus einem seltsamen Konflikt mit Leuten, die ich jeweils als linke Dogmatiker empfinde, herausgekommen: ich habe dann zuweilen das Gefühl, sie wollen mich aus der »Linken« hinausdiskutieren, nur weil aus meinen Büchern keine Thesen ablesbar sind, weil da keine Arbeiter im Blaumann entfremdete Arbeit leisten und ich keine konkrete Utopie einer goldenen Zukunft hinkriege. Ich denke dann, daß meine Bücher auch »links« sind, schließlich, denke ich, sind sie unübersehbar deutlich auf der Seite der Schwachen und der Opfer. Aber für meine dogmatischen Bekannten zucke ich in der lauwarmen Suppe spätbürgerlicher Kunst herum, und die wollen sie nicht mehr auslöffeln. Ja, schon, ich eigentlich auch nicht. Leider kann ich mir meine Themen und Methoden in erschreckend geringem Maß selber aussuchen, will ich glaubhaft bleiben.

Das seltsam ambivalente Verhältnis der (akademischen) Linken zur Literatur zeigte sich nach 1968 im übrigen daran, daß sie zwar einerseits Produkte sogenannter Phantasie geringzuschätzen geneigt waren, andrerseits aber oft einen fast magischen Glauben an die Kraft eines Buchs hefteten. Dann zeigte sich in ihnen eine fordernde Hoffnung, daß ein einziges Buch diese ganze Gesellschaft auf einen Schlag verändern könnte. Dann wollten sie nicht mehr sehen (weil die Hoffnung ja irgendwoher kommen muß), daß ein Buch selten eine Äußerung der Macht, sondern fast immer eine der Ohnmacht ist. Überhaupt die Phantasie: zwar sollte irgendwann irgendwo der Phantasie an die Macht geholfen werden, aber bei uns jedenfalls herrschte nach 1968 eine deutliche Phantasiefeindlichkeit zugunsten der Forderung einer möglichst restlosen begrifflichen Erkenntnis der gesellschaftlichen Wirklichkeit. (So etwa sagte man das.) Alle, auch ich ein bißchen, lernten von Marx: denken wie er, sprechen wie er, träumen wie er. Es gibt schlechtere Träume. Es sind wohl nur nicht die einzigen, und oft nicht die eigenen. Aber für viele meiner Bekannten durfte es plötzlich nichts mehr außerhalb davon geben. Ich glaube, ich litt – zu Recht, zu Unrecht – an dem Gefühl, wir seien alle dabei, uns gierig hinter neue Gitter zu stürzen, nachdem wir gerade erst eine Art Gefängnis verlassen hatten. Ich las das, glaube ich, an den Sprachäußerungen ab. Auch die *edition suhrkamp* betrieb, wenn ich das richtig sehe, in ihrer vielleicht wirkungsvollsten Zeit eine bewußte Normierung einer »linken« Begriffssprache. Das führte u. a. bei vielen zu dem Mißverständnis, für Phantasie sei da kein Platz mehr (natürlich waren Adorno oder Marcuse außerordentlich phantasievoll). Erst später schlug die allgemeine Phantasiefeindlichkeit zuweilen in ihr Gegenteil um: nun forderte man Phantasie, viel mehr Phantasie. Männer und Frauen, die ich gerade noch als eher verbissen und asketisch erlebt hatte, betonten nun plötzlich den Spaß, den sie an allem hatten. Sie schienen plötzlich in der Phantasie eine fraglos positive Qualität zu sehen, ein offenbar frei verfügbares Arsenal sinnlicher Einfälle. Sie schienen wiederum nie den Gedanken zu denken, daß Phantasie für den, der sie hat, notwendigerweise auch bedrängend ist. In gewissem Maß will jeder, in dem Phantasie herumkocht, diese loswerden und sie in einen Bereich rationaler Übersichtlichkeit überführen. Man kann Phantasie genausowenig *fordern* wie Rationalität. Man kann beides, mühsam und tastend, trainieren, indem man den Drohungen, die uns umgeben, relativ angstfrei entgegenzutreten versucht.

Jedenfalls: mir schien es wichtig zu sein, *gegen* das sich bildende geschlossene Kommunikationssystem anzuschreiben, mit welch geringem Erfolg auch immer. Ich fürchte, in mir lebte auch 1968 kein sehr kräftiger Glaube an eine ideale Zukunft. Und es erschreckte mich, mit welcher Wut manche meiner Bekannten individuelle Bedürfnisse verfolgen konnten. Es war, als sei es für sie eine Schande geworden, in einer neuen Gesellschaft der Gemeinsamkeiten einen eigenen Körper, eigene Gedanken, eigene Erinnerungen, eigene Kümmernisse und Hoffnungen zu haben. Und ich sah auch keinen Widerspruch zwischen theoretischem und literarischem Denken: Selbstverständlich sollte das, was mit Begriffen gesagt werden konnte, mit Begriffen gesagt werden. Literatur rivalisiert nicht mit Theorie, sondern, wenn schon, mit anderer Literatur. Literatur ist erst da glaubhaft, wo die Begriffe nicht ausreichen. Sie ist nicht dazu da, klare Sachverhalte mit schönen Worten nochmals zu sagen.

Am direktesten beteiligt war ich 1968 an der sogenannten Suhrkamp-Krise (einige Lektoren kündigten, nicht den eigenen Trieben folgend, und verließen einen Verlag, dessen Programm z. T. über viele Jahre hinweg auf ihrem Mist gewachsen war) und der darauf folgenden Gründung des Verlags der Autoren. Mir stellen sich die Auseinandersetzungen von damals heute etwa so dar (und ich spüre, daß ich zwischen dem Bedürfnis, den Ablauf der Ereignisse ohne Rankünе darzustellen – für mich hat sich mein erzwungener Sprung ins Leben eines »freien Schriftstellers« positiv ausgewirkt –, und neu auflebenden Bitterkeiten hin und herzupendeln drohe): in den späten sechziger Jahren wurden manche Bücher von der Sehnsucht mancher Leser, endlich einmal selber zu handeln und nicht immer nur gehandhabt zu werden, eingeholt, und wir Lektoren waren auch Leser. Viele, wenn auch längst nicht alle der Bücher, die 1967/68 für viele plötzlich wie Handlungsanleitungen wirkten, waren bei Suhrkamp erschienen, und das schlug auf das Selbstverständnis aller Mitarbeiter zurück. Alle mußten ihre Arbeit neu überdenken. Es war Schluß mit einem interessierten, aber, was die praktische Umsetzbarkeit betraf, relativ akademischen Umgang mit Büchern. Alle Mitarbeiter des Verlags, in erster Linie aber wohl der Verleger und die Lektoren, gerieten in den Wirbel des Widerspruchs zwischen dem theoretisch Erhofften (und der Verleger und die Lektoren erhofften, wie sich nun herausstellte, nicht das gleiche) und dem real Vorhandenen. Real vorhanden war zum Beispiel ein wie jeder andere kapitalistische Betrieb aufgebauter Verlag, in dem oben ein Verleger war und unten die, die seine Weisungen ausführten. Wir Lektoren hatten damals gewiß ein Selbstverständnis, über das man heute in der Branche nur noch lächeln würde. Wir wollten weitgehend selber für unsern Teil des Programms verantwortlich sein, und wir begannen manches, was bisher in den Büchern eingeschlossen geblieben war, auch für den Verlag zu fordern. Wir wollten etwa eine Lektoratsversammlung institutionalisieren, die dem Verleger zwar nicht jede Möglichkeit, über das Programm zu entscheiden, genommen hätte (schließlich trug er ja das berühmte unternehmerische Risiko, und zudem hatte er wohl Leute im Rücken, die keine Freunde von Mitbestimmungsmodellen zu sein schienen), ihm aber doch einsame Programmentschlüsse erschweren sollte. Wir wollten die Entscheidungsprozesse durchsichtiger machen. Die Debatte darüber heizte sich an der etwa gleichzeitig geführten Diskussion auf, ob der Verlag einen Betriebsrat brauche, ob seine Mitarbeiter in eine Gewerkschaft eintreten sollten, und sie verhedderte sich in den intensiven Bemühungen des Verlegers, den gerade noch ziemlich handwerkshaften Verlag in einen modernen Buchindustriebetrieb umzuwandeln. Der Kauf einer Computeranlage und die Aktivitäten einer »rechten Hand« des Verlegers, die in Büchern kompromißlos Industriewaren sah, trugen vieles zur Scheidung der Geister bei.

Naturgemäß (um Besitzverhältnisse noch einmal Natur zu nennen) war der Verleger an unsern Vorschlägen nicht interessiert. Offenkundig aber hatte auch er seine Konflikte. Er hatte begriffen, daß gerade »linke« Bücher sein Anteil am Marktkuchen waren. Viele dieser Bücher – und ihre Autoren – waren ihm gewiß nicht unsympathisch, und er entwickelte deshalb, wenn ich das richtig verstanden habe, eine seltsame Spielart der Liberalität: die Bücher Marcuses, Adornos, Benjamins, Habermas', Mitscherlichs, auch Eichs oder Brechts oder Bekketts zu mögen und dennoch mit den herrschenden Trends der sogenannten freien Marktwirtschaft problemlos eins zu sein. Unsympathisch waren ihm nicht die Bücher, sondern die seinen Verlag betreffenden Konsequenzen daraus. Er wollte sich nicht (mehr) dreinreden lassen. Ich verstehe ihn ja auch: Jeder Verleger hat – genau so, wie jeder Autor seine Bücher allein schreiben will – den intensiven Wunsch, sein Programm allein zu bestimmen. Es ist sozusagen sein Kunstwerk, ein aus vielen Büchern zusammengesetztes Gesamtkunstwerk, auch wenn es den kleinen Unterschied gibt, daß ein Autor zum Betreiben seines Geschäfts keine von ihm ökonomisch abhängigen Mitarbeiter braucht.

Wie dem auch sei: der Verleger und die solidarisch aneinander geklumpten Lektoren wurden sich nicht einig. Es gab ziemlich heftige Kräche, es wurde hinter ziemlich vielen Kulissen getuschelt, und eines Tages saßen, wie auch immer das zustande gekommen sein mag, einige Autoren des Verlags mit dem Verleger und uns um einen Tisch. Das war auch sinnvoll, denn schließlich schrieben sie die Bücher, die der Verlag veröffentlichte, und wir Lektoren verstanden uns als Anwälte der Autoren. Ich dachte, sie würden wohl, alles in allem, unsern Standpunkt unterstützen. Sie taten es nicht. Sie waren nicht böswillig, aber sie sahen unsern Konflikt gar nicht. Sie hielten unser aufgeregtes Suchen nach einer Formel vermehrter innerbetrieblicher Demokratie eher für einen der Fürze, die in den Köpfen herumsurren, denen sonst wenig Produktives einfällt. Wir wollten, so schien es ihnen wohl, nur unsre Stellung in einem Betrieb verstärken, in dem es ohnehin schon ganz gut lief. Ihre Bücher wurden ja gedruckt.

Damals war ich recht enttäuscht, um nicht zu sagen: sackwütend. Soviel Intelligenz, und so sprachlos. Inzwischen verstehe ich die Autoren besser. Ich bin selber einer geworden, und ich habe in meinem Verlag auch einen Verleger und einen Lektor. Autoren wollen, völlig idiotischerweise und gegen ihre Interessen, möglichst wenig lektoriert werden. Sie wollen *geliebt* werden, und niemand liebt besser als die starke Vaterfigur, Verleger geheißen. Die sogenannten Verlegerpersönlichkeiten der guten alten Zeit erfüllten diese Funktion perfekt, sie rochen kurz am Manuskript und gingen dann mit dem Autor einen Schnaps trinken. Und in der Zwischenzeit machten stille brillentragende Lektoren ein neues Programm mit neuen Autoren, die wieder nur scharf darauf waren, mit dem Verleger einen Schnaps zu trinken. Autoren wollen, bei all den Unsicherheiten, die mit ihrem Geschäft verbunden sind, wenigstens einen Hauch von ökonomischer Sicherheit. Sie wollen einen erfolgreichen, keinen kühnen Verlag, solange er nur die Kühnheit hat, ihre eigenen Bücher zu machen. Und wer garantiert die ökonomische Kontinuität? Ach, die Lektoren mögen es ja besser wissen, aber die Kinderschar der Autoren zieht unbeirrbar hinter ihrem Papa drein. Ich inzwischen auch.

Es war also eine lehrreiche Erfahrung zu sehen, daß der Suhrkamp Verlag nach unserm Weggang nicht ins Schleudern kam, im Gegenteil. Das hätte uns so gepaßt. Jetzt lief alles wie geölt. Ich meine das unironisch. Der Ausgang unsrer Auseinandersetzung mit ungleichen Waffen scheint fürs erste jenen recht zu geben, die ihr Heil in der Ausschaltung von allem suchen, was die *efficiency* stört. Wir hielten uns – damals – für notwendig, aber wir störten. Das Lektorat der altmodischen

Art, das zuweilen mehr an eine Akademie oder eine Universität erinnerte als an einen kommerziellen Betrieb, war nun erschüttert.

Die Gründung des Verlags der Autoren war die Folge unsres Austritts aus dem Suhrkamp Verlag. Wir wollten einen Verlag gründen, der den Autoren selber gehören sollte. Manchmal staune ich, daß uns das gelungen ist. Oder wenigstens halbwegs. Denn ursprünglich dachten wir natürlich (auch) an einen Buch-Verlag. Der Verlag der Autoren ist, als Theater-Verlag, eine Art Agentur geworden und bis heute geblieben. Bücher kosteten und kosten mehr Geld, als wir aufzubringen wagten. Immerhin bestimmen nun die Autoren selber die (Geschäfts-)Politik ihres Verlags. An die Stelle der Lieblingsautoren eines Verlegers ist die Vollversammlung getreten. Ich will diese nicht idealisieren, denn auch der Verlag der Autoren hat Rivalitäten und Futterneid nicht abschaffen können. Aber auch ein Tisch gemeinsam verantwortlicher Autoren kann eine schöne Dosis Wärme erzeugen. Auch Delegierte können zu jenen Vaterfiguren werden, von denen ich gesprochen habe. Papa Karlheinz, Mama Ursula, Onkel Peter.

Ich komme zum Schluß. Nun schreiben wir also schon Erinnerungsaufsätze über 1968. Unvermerkt sind wir aus handelnden Persönchen historische geworden. Es ist zum Heulen, oder ist es zum Lachen? Heute wird wieder Demokratie abgebaut, diesmal z. B. mit dem Argument, wir müßten uns ab 1980 naß rasieren, im Dunkeln, oder daß uns ein Terrorismus bedrohe, vor dem wir nur zu schützen seien, wenn der Staat immer mehr Freiheiten einschränke. Ich ertrage die restaurative Stimmung von heute nicht immer gut, aber ich hoffe, daß ich nicht in rückblickender Wehleidigkeit stekken geblieben bin.

Weil in diesem Buch ja von Literatur gesprochen werden soll, zum Schreiben noch soviel: tatsächlich möchte auch ich möglichst viel »gesellschaftliche Wirklichkeit« spürbar werden lassen. Wer möchte das nicht? Es gibt aber wohl nichts Schwierigeres, als über das zu schreiben, was man gerade lebt. Eine distanzlose Literatur kann ich mir schwer vorstellen. Ich will mich nicht belügen, indem ich, mangels authentisch verarbeiteter Erfahrungen, mit einigen gängigen Versatzstücken herumhantiere. Oft werden gerade solche Versatzstücke als realistisch empfunden. Man erkennt vertraute literarische Techniken wieder und meint, eine vertraute Wirklichkeit wiederzuerkennen. Jedenfalls wurden und werden von einem planen »Realismus« abweichende Techniken nicht entwickelt, um weniger, sondern um mehr Realität zu erfassen.

Zudem sind Literaturdiskussionen, die so tun, als verfüge ein jeder souverän über seine Möglichkeiten, sinnlos. Ich wäre z. B. einem Leben, in dem ich alle meine Phantasien ausleben müßte, nicht gewachsen. Schreiben ist dann mindestens ein simuliertes Ausleben dieses Drucks. Das ist wenig, aber es ist etwas. 1968 hat uns auch vorgegaukelt, jetzt sei *alles* möglich. Heute spüren wir unsre Grenzen wieder, und das ist zuweilen schmerzlich.

Gerhard Zwerenz
Der Schock sitzt tiefer

Die Jahre der Studentenrevolte von 1967 bis 1971 verbrachte ich in München. Wir bewohnten am Stadtrand, am Waldtrudering, ein altes Haus mit fünf winzigen Zimmern. Im ersten Zimmer starb der Großvater von Tag zu Tag, zwischendurch hörte er von Schallplatten Musik aus den zwanziger Jahren, sah fern oder schlief ein und schnarchte, und die Großmutter zog sich in Zimmer zwei zurück. Die oberen drei Zimmer bewohnten meine Frau, meine Tochter und ich. Im Winter bei großer Kälte sank die Temperatur trotz Zentralheizung unter das Limit der Bewohnbarkeit. Halbstundenweise flüchteten wir hustend und niesend in die wärmeren Räume nach unten. Der gemächlich dahinsterbende Großvater empfing gern Gäste. Willkommen, rief er, die Arme hochhebend. Dann sank er von Erschöpfung überwältigt um und schlief ein. Ich hockte wieder oben im Pelzmantel, die Füße tief im Fellsack, vor der Schreibmaschine und versuchte mich in der Bewältigung meiner Gegenwart, ein Stockwerk höher saß Ingrid in einem winzigen Dachkämmerchen, mit dem Rücken beinahe im elektrischen Heizofen, an unserer zweiten Olivetti und tippte meine Versuche ins reine. Von Zeit zu Zeit stand einer von uns auf, kratzte das Eis vom Fenster und blickte in die Schneelandschaft hinaus. Mächtige hohe Fichten standen ringsum.

Wöchentlich einmal nahm ich den Wagen aus der Garage und raste in die Stadt, um nachzusehen, wie weit es war mit der Studentenrevolte und ob sie mit dem übereinstimmte, was man in den Zeitungen darüber las. Ich parkte den Wagen am Wittelsbacher Platz, wo eine freundliche, stämmige Frau immer eine Lücke zu schaffen wußte, und ging dann langsam die Ludwigstraße Richtung Schwabing und Universität entlang. Man konnte für ganze Tage und Nächte in Schwabing verschwinden.

In den Jahren 1968/69 fuhr ich dann einmal monatlich über die Autobahn nach Frankfurt. Dort residierte der gewichtige, umtriebige Horst Bingel in einem neuen Verlagsunternehmen, das er auf die seltsamste und abenteuerlichste Weise zustandegebracht hatte. Dieser Heinrich Heine Verlag, ein typisches Produkt der revoluzzernden Einlage, die die Republik sich gestattete, wurde vorübergehend zur großen Hoffnung vieler Autoren der Neuen Linken. Ungeheure Pläne wurden entworfen, heftige Diskussionen durchgestanden, gespenstisch diffuse Utopien zur deutlichsten Gegenständlichkeit materialisiert. Das Zeitalter der Hoffnung brach an. In ständig wechselnden Diensträumen oblag Horst Bingel seinen ausufernden Beschäftigungen. Telefone klingelten, Sekretärinnen kamen um Unterschriften ein, unbekannte Autoren begegneten erblassend dem eigenen zukünftigen Ruhm, bekannte Autoren gierten nach Kollektivarbeit, gemeinsamen Erfahrungen und den umwerfenden Abenteuern des so offensichtlich ausbrechenden, mindestens unabweislich nahenden Sozialismus. Human sollte er sein, antiautoritär und jugendlich, ganz erotische Vitalität, Verwirklichung genialer Entwürfe.

Der Heine Verlag erlebte eine kurze Blüte und ein schnelles Ende. Er war als Unternehmen von vornherein obskur und unmöglich, eine Treibhauspflanze überhitzter Zeiten. Keiner wußte genau, wer eigentlich was zu sagen hatte, woher die Gelder kamen, alles wurde ad hoc entschieden, man improvisierte, schwadronierte, spekulierte. Gerade diese ingrimmige Leichtigkeit und kunstvolle Luftigkeit, das gänzliche Fehlen aller Seriosität verstanden wir als gutes Zeichen, denn darin unterschied sich das neue Unternehmen von den alten Verlagen. Die Revolution sollte mit gänzlich neuen Organisationsmodellen einhergehen. Wer wollte da engherzig, kleinbürgerlich, beckmesserisch nach Rationalität und Rentabilität fragen? Hatten wir stundenlang debattiert, machte sich die ganze Verlagsschwadron auf, ein anständiges Mittagsmahl einzunehmen. Der Mensch muß essen. Man speiste bei einem Italiener, der gut zu kochen verstand.

Am Abend fuhr ich im BMW 2002 ti wohlgemut nach München zurück, den Kopf noch voll schwirrender Gespräche. Wieder waren neue Entwürfe im Entstehen. Die Edition Voltaire kam geschlossen in den Heine Verlag. Dutschke, Bernward Vesper, Krahl, Teufel, Langhans würden mitarbeiten. Namen waren das, hell und gleißend wie in den Nachthimmel geschossene Feuerwerksraketen. Und ebenso vergänglich. Die Ernüchterung kam schnell. Dutschke in den

Kopf geschossen. Krahl tödlich verunglückt. Vesper im Selbstmord geendet. Teufel eine Parodie auf sich selbst. Langhans eingegangen ins Schwabinger Wachsfigurenkabinett.

Auf der Buchmesse 1969 fragte ein Amerikaner am Stand des Heinrich Heine Verlages, ob er, bitte, Mister Henry Hainne sprechen könnte, ich nahm's als böses Zeichen – so wenig Heine-Kenntnis in der Neuen Welt, daß man den Mann unter den Lebenden wähnt. Totgesagte Lebende leben um so länger, sagt man. Sterben für lebend erklärte Tote nicht desto früher?

Der emsige, unermüdliche Bingel dementierte das nahende Verlagsende immer erbitterter. Später erfuhr ich, daß er sich Hals über Kopf in monströse Schulden gestürzt, Gelder beschafft, gewüstet und gewütet hatte, ein nach Büchern verlangender, tablettenschluckender Berserker, der immer massiger und turbulenter wurde, ständig Grippe hatte, zwischen diversen Pillen antiseptische Bonbons lutschte, sich die Hände wusch, Antibiotika heranschleppte, für Momente abschaltete, wie nicht vorhanden hinterm Schreibtisch in sich zusammensank, mit einer Explosion neuer Einfälle wieder zur Gegenwart vorstieß – in den Augen schon das Grinsen der Resignation. Es wird am Ende alles vergeblich gewesen sein. Man darf sich aber nicht geschlagen geben.

Kapitaldecke und innere Organisationsform des Heinrich Heine Verlags erwiesen sich schnell als unzulänglich. Der Wettlauf mit der Pleite begann im Grunde schon am Tag der Verlagsgründung. Der Millionär, der hinter dem Unternehmen stand, mag sich in schöner Arglosigkeit Profite von Blauen oder Roten Blumen oder sonstwas erwartet haben, sein Matador, der Lyriker Horst Bingel, entwickelte sich zum ausschweifenden Epiker. Hätte Bingel die gutgegliederten Wortströme, die er, den Heine Verlag zu starten und zu erhalten, gesprochen hat, auch niedergeschrieben, er wäre der fruchtbarste deutsche Romancier.

Bei unseren monatlichen Treffen in Frankfurt entstanden die erstaunlichsten Pläne. Je schlechter die Verlagswirklichkeit, desto hochfliegender unsere Zukunftsentwürfe. Modelle wurden entwickelt, deren Faszinationskräfte riesige Energien freisetzten. Ganze Städte hätten wir beleuchten können, wäre unseren Köpfen statt Phantasie elektrischer Strom entwichen.

Es kann auf die Dauer nicht gutgehen, wenn in einer kapitalistischen Umwelt kollektive Arbeitsmodelle angestrebt werden. Der Heine Verlag wurde von einem Millionär finanziert, hinter einem Mitbestimmungs- und Mitarbeiterpapier versteckt, und von den Wunschträumen des Lyrikers Bingel ebenso unbarmherzig wie fehlkalkulatorisch vorwärtsgestoßen.

Jede einzelne Niederlage des Verlags endete mit der Bingelschen Versicherung: Jetzt kommen wir ganz groß raus! Darauf folgte die nächste Panne, und Bingel schwor: Das nächste Mal packen wir es! Was kümmern einen die lahmen Finanzen, wenn man einen herrlichen, unbesiegbaren Traum hat!

Eines unserer Lieblingskinder war ein Verlag der Schriftsteller. Die Autoren sollten selbst Produktionsmittel in die Hände bekommen. Der besitzhabende, zuständige Millionär nickte anstandslos mit dem Kopf, trugen wir ihm unsere Wahnsinnsprojekte vor. Was hinter seiner Stirn vorging, war klar. Wir ignorierten es und suchten Zuflucht bei den Gewerkschaften. Noch bevor der nachmalige Schriftstellerverband entstand und die gewerkschaftliche Organisationsform proklamierte, eröffneten wir die Gespräche und fuhren nach Düsseldorf zum DGB-Bundesvorstand. Rosenberg, damals an der DGB-Spitze, empfing uns mit offenen Armen. Horst Bingel sprach mit Engelszungen, länger als eine Stunde. Die hohen Herren waren angetan. Jeder nickte jedem aufmunternd zu. Wir rannten sämtliche offenen Türen ein. Schriftsteller, die zu den Gewerkschaften kommen wollten: großartig, diese Burschen. Wir fanden uns alle gegenseitig ungeheuer sympathisch. Prächtige Typen, diese Gewerkschaftsbosse.

Heimgekommen, schrieb ich einen langen Artikel, der in den *Gewerkschaftlichen Monatsheften* erschien. Eine gewerkschaftliche Schriftstellerorganisation schwebte uns vor, in der die Anstöße und Aktivitäten von der Basis kommen sollten. Es waren sehr romantische Zeiten, damals. Vielleicht werden irgendwann in grauer Zukunft ein paar kluge Historiker dahinter kommen, daß die Jahre der Studentenrevolte eine kulturelle und intellektuelle Blütezeit gewesen sind. Allerdings wurde die Blüte bald verhagelt.

Eines der ersten Bücher im Heine Verlag war meine *Lust am Sozialismus.* Das Manuskript von rund dreihundert Seiten wurde von Puttnies und Bingel auf ein Drittel gekürzt, damit es nicht zu teuer würde. Alle historischen und phänomenologischen Kapitel entfielen. Nur polemisch zugespitzte Sätze blieben übrig. Das fertige Buch kam mir vor wie ein untergeschobenes Kind. Ich war der Vater und war es nicht. Aber diese Kurzfassung ging. Eine erste Auflage von sechstausend Stück war im Handumdrehen weg; eine zweite Auflage wurde gedruckt und nicht mehr ausgeliefert. Der Verlag meldete Konkurs an.

Ein anderes Heine-Projekt, das gerade noch erscheinen konnte, war Otto Strassers politische Autobiographie, die er in direktem Bezug zu Hitler *Mein Kampf* nannte und in einer Erstfassung Jahre früher im Selbstverlag herausgebracht hatte. Lange Zeit hindurch versuchte ich, das Buch bei Großverlagen erscheinen zu lassen. Man beriet ewig und lehnte dann ab. Mit fadenscheinigen Gründen. Vielleicht steckt der Verfassungsschutz dahinter, sagte Strasser, der in der Tat Feinde überall haben mußte, wie ich merkte. Alte Kameraden hassen gut. Als ich Strasser zum Heine Verlag schleppte, griff Bingel sofort zu. Der Mann wird uns Presse machen. Dafür hatte Horst einen Sinn.

Es stimmte. Eine Welle von Mißverständnissen, von Dummheit, Bosheit und gezielter Intrige begleitete das Erscheinen dieses Buches. Jetzt erst begriff ich, was dieser Otto Strasser seit Jahrzehnten durchmachte. Wie jetzt sein Buch, so miserabel ist er als Person behandelt worden. Die Gesellschaft gefiel sich darin, diesen ehrenhaften Mann als Prügelknaben zu benutzen. Es ist empörend, zum Zeugen eines Rufmords zu werden. Es ist noch viel empörender, nichts dagegen zu unternehmen.

»Was wollen Sie«, sagte Strasser, »die einen halten mich für einen alten, unverbesserlichen Nazi, die wirklichen Nazis aber nehmen mir übel, daß ich mich 1930 von Hitler getrennt und ihn bekämpft habe. Für die Nazis bin ich ein Verräter und für die Nicht-Nazis ein Faschist.«

Ich besuchte Strasser in Schwabing, wo er ein kleines Zimmer bei einer Verwandten bewohnte. Der Raum angefüllt mit Büchern, Zeitungen, Dokumenten, Notizen. Schreibtisch und Bett übersät davon. Der alte Herr hielt sich aufrecht, was ihn mit seinen 75 Jahren und den Herzbeschwerden mitunter hart ankam. Die Münchner Schmutzluft ist Gift für den Kreislauf. An schwülen Tagen fiel das Sprechen schwer. Die Haut wurde fahl.

Dann fühlte er sich wieder besser.

Dieser Mann faszinierte. Ein mitreißender Erzähler, gedächtnisstark, plastisch in Schilderungen und Urteilen – ein Baum von Kerl, wenn's ihm gut geht. Auch erotische Gänge finden noch statt: eine soignierte Dame da, eine um viele Jahrzehnte jüngere Generalstochter dort. Man bleibt in seinen Kreisen und auch nicht.

Bei den anti-autoritären Meetings, die in jenen Jahren Mode waren, konnte man einige Auftritte Strassers erleben. Ungeniert plädierte er für ein »paar beherzte Männer mit Handgranaten und Maschinengewehr« – der alte Offiziers- und Freikorpsgeist, die Mentalität der Macht, die auf Waffen setzt.

Das berührte mich peinlich. Es war so ganz und gar nicht meine Welt. Andererseits, wer sind wir denn, daß wir ein Recht haben, dies peinlich zu finden? Otto Strasser fiel 1930 von Hitler ab, gründete die Schwarze Front, bekämpfte den Faschismus auch mit der Waffe. Rede mal einem alten Kämpen den Waffengebrauch aus.

Auf welche Freundschaften konnte sich der bewaffnete Antifaschist Strasser schließlich berufen, der Mann, dessen Bruder im Röhm-Putsch wie Müll mit beiseitegeräumt worden ist? Für Otto Strasser sprach der von mir seiner polemisch-stilistischen Brillanz wegen hochgeschätzte Kurt Hiller, um nur einen großen Namen zu nennen. Vielleicht ist das Handstreichartige überhaupt ein Bindeglied zwischen Rechts und Links, mindestens in der ersten Hälfte des Jahrhunderts, das in der zweiten als Guerilla-Taktik wiederauflebt.

Mit Strasser ließ sich gut reden. Seine zur Idiosynkrasie gewordene Abneigung gegen die Rechte stand in seltsam schillerndem Gegensatz zu seinen mannigfaltigen persönlichen Bindungen. Die Beziehungen zu Personen, die im konservativen Lager einen Namen haben, brachten Strasser Informationen, die unsereins wie Nachrichten von einem fernen Stern anmuteten.

Wir saßen in einem bekannten Schwabinger Wein- und Eßlokal. Strasser liebte es, gut zu speisen und zu trinken, und die Beschränktheit seiner Mittel machte das Gute zum Ausnahmezustand. Vor den Augen der Runde erstanden die zwanziger Jahre der Weimarer Republik. Das Atmosphärische der Rede verdichtete sich zum Erlebten. Der junge Strasser, der sich als Sozialist fühlt und dabei ist, als der reaktionäre Kapp-Putsch niedergeschlagen wird, der den Redner Kurt Eisner erlebt, mit Sinowjew debattiert und Tee trinkt, dieser junge Strasser, er steht leibhaftig vor unseren Augen, als der nun gealterte am Tisch einer gutbürgerlichen Schwabinger Gaststätte die Szene vorspielt, die heißt: Ludendorff und Hitler zu Besuch bei meinen Eltern.

Die Szene spielt in Deggendorf. Bruder Gregor unterhält eine rechte Privatarmee, das »Sturmbataillon Niederbayern«. Sein junger Adjutant sieht aus wie eine »verhungerte Spitzmaus« und heißt Heinrich Himmler. Der letzte Generalstabschef der kaiserlichen Armee, Erich Ludendorff, der sich die Privatarmee Gregors gern unterstellen lassen möchte, wird im großen Tourenwagen herangefahren, in seiner Begleitung befindet sich ein zweiter Herr, der auf Otto Strasser den »Eindruck eines Kammerdieners« macht. Adolf Hitler heißt er, der die majestätischen Bemerkungen Ludendorffs untertänigst mit einem »Sehr wohl, Exzellenz!« oder »Wie Exzellenz meinen!« begleitet und dabei, als man zu Tisch sitzt, artig den Hintern lüpft.

In Otto Strassers Berichten stehen die zwanziger Jahre und die Anfänge des Nationalsozialismus auf. Seine persönlichen Schilderungen sind farbiger und lebendiger als seine Niederschriften. Der Mann ist von Haus aus Rhetoriker, nicht Schreiber. Auch dies ein Kennzeichen seiner Zeit.

In diesen Monaten las die gebildete bürgerliche Welt die gerade herausgekommenen Memoiren von Hitlers Baumeister Speer, und die bürgerlichen Blätter waren voll lobender Rezensionen. Mag sein, die Zeitgenossen der Götterdämmerung, Inszenierung 1945, die überlebt hatten, wollten nun aus dem Munde eines der obersten Götterrunde Angehörenden erfahren, wie die Sache sich von innen dargestellt hatte.

Mich ließen die Schilderungen des Herrn Speer völlig kalt. Der Enthusiasmus des jungen Bürgersprosses, der sich in den Führer verliebte und ihm dann, jede Menge Burgen bauend, bis einen Meter vor den Abgrund folgte, ist ein Exempel von gleichzeitig exorbitanter und alltäglicher Dummheit. Lieber ließ ich mir von Strasser erzählen, wie Hitler und der Nazismus aufgestiegen waren, mit welcher Scharlatanerie man Menschen einfing. Wie der Kammerdiener ein ganzes Volk zu Kammerdienern machte. Mit welcher Kaltschnäuzigkeit er die linke Strasser-Gruppe dem germanischen Großkapital opferte.

Nein, sie konnten mir alle gestohlen bleiben, die auf den Herrn Hitler hereinfielen, die Benn, Blunck, Riefenstahl, Speer, die Wortemacher, Filmemacher, Baumeister, Bankleute und Rüstungsexperten, die dem Rattenfänger in seinen Glanzzeiten zuliefen und danach ihren Anspruch auf Gutgläubigkeit anzumelden wagten. In Schwabing aber saß ein alter Herr, der früh zu Hitler stieß, sich ihm aber nie unterwarf, sich jahrelang mit ihm herumschlug und bald gänzlich abfiel, was ihm mörderische Verfolgungen einbrachte. Das Leben Otto Strassers wäre ein Buch und wäre einen Film wert, Abenteuerlichkeit und Verbrechen, Ehrenhaftigkeit und Verrat, hier wäre alles zu finden zur Unterhaltung und auch Belehrung der Nation.

Der altgewordene kränkelnde Strasser bekam keine Pension, keine Rente, keinerlei Unterstützung von woher auch immer. Die hohen Herren, die in Hitlers Staat glänzend aufstiegen, streichen ihre Bezüge ein. Beamte und Generale, Wirtschaftsführer und Staatsanwälte erhalten den Blutsold in klingender Münze vom Rechtsnachfolger des Dritten Reiches ausgezahlt. Der greise Otto Strasser, dessen Kampf gegen Hitler die Schulbücher füllen könnte, wurde von Nazis Nazi genannt, und eine fehlorientierte oder unwissende Öffentlichkeit nahm das gelassen hin.

Auch diese meine Empörung über die ungerechte Behandlung Strassers war mit ein Grund dafür, daß ich sein Buch herauszubringen suchte und mich freute, als es endlich beim Heine Verlag klappte. Es gab überall in diesem Lande nur zu viele hochanständige Menschen, denen großes Unrecht widerfuhr. Als einige Zeitungen dann höhnisch anfragten, was der »Altnazi Strasser« wohl beim jungen linken Heine Verlag zu suchen habe, schrieb ich Strasser einen Entschuldigungsbrief; denn für manche Dinge müssen wir um Verzeihung bitten, auch wenn wir sie nicht verschuldet haben.

Leider verlor ausgerechnet der mittellose Strasser beim

Bankrott des Heine Verlags einen Großteil seines ihm zustehhenden Honorars. Noch durch die wirtschaftlichen Verflechtungen hindurch weiß Moira gut zu treffen. Wäre Strasser nicht 1930 zum Hitler-Gegner geworden, wäre er statt dessen mit ihm durch dick und dünn gegangen, er säße heute irgendwo in einer zünftigen Villa und verzehrte die ihm rechtlich zustehenden Gelder. Oder er legte analog zu Speer Memoiren aus den letzten Höllentagen vor: Wie ich dem lieben Monster verfiel und was ich dabei erlebte.

Wenn man, von München aus, ins oberbayerische Land aufbricht, kann man in einer einzigen Tagesfahrt mehr als ein rundes Dutzend Landsitze und Villen erreichen, wo die Generalfeldmarschälle und Geldleute, die Mitführer und hohen Staatsbeamten des Dritten Reiches in Ehren residieren. Ich hatte mit Otto Strasser eine solche Bildungsfahrt schon verabredet, er mußte aber am Tag vorher in die Klinik gebracht werden.

Ich schlug ein solches Besichtigungsprogramm für die informationsbedürftige Öffentlichkeit vor, für wissensdurstige Inländer und informationshungrige Ausländer, als Pendant zu den Besichtigungsfahrten auf den Obersalzberg. Auch für Schulklassen machte sich die Route gut: Vom armseligen möblierten Zimmer Otto Strassers in Schwabing zu den Großvillen und stolzen Gütern braunbürgerlicher Prominenzen. So sich's aber nicht einrichten ließe, fände vielleicht das Fernsehen Gefallen daran. Wäre das kein schöner Film, liebe Leute von den Goldenen Kameras, die Vergangenheit mit einer Bilderreise durch die Gegenwart zu bewältigen? Courage müßte man haben, Freunde. Laßt endlich den armen irrsinnigen König Ludwig in seinem Starnberger See, ganz andere ehemalige und heutige Herrscher gibt es dort rings im Gelände abzulichten, und deren Wahnsinn hat Methode.

Auf dem Höhepunkt der Studentenbewegung, dieses romantischen Ausbruchs, wurde Dutschke als Redner in München angekündigt. Der große Saal im Löwenbräu am Stiglmayerplatz konnte den Zustrom kaum fassen. Wir saßen am Tisch neben Klüter, damals noch Leiter des Scherz Verlages. Gegenüber saß Kurt Hirsch, damals wie heute jederzeit bereit für publizistische Aktionen gegen die Rechte. Münchens linke Aristokratin, die leise und bedachtsame Mira von Kühlmann-

Stumm, eröffnete die Versammlung mit der enttäuschenden Mitteilung, Dutschke könne nicht kommen. Die von ihm entsandten Vertreter Kadritzke und Lefèvre standen den Ausbruch der Enttäuschung mannhaft durch und verstanden es, das Fehlen des angekündigten Dutschke schließlich fast vergessen zu machen. Es wurde ein faktenreicher, analytischer Abend, doch kam auch die hochfahrende Utopie nicht zu kurz. Mitten im Publikum saß, unübersehbar unter der Glocke seines langwallenden Blondhaars, der junge, sanfte, mitreißende Schauspieler Michael König, der auf die lebendigste und anmutigste Art gegen die Vorherrschaft der harten Politik und der Fakten protestierte. Der langmähnige Goldprinz erhob sich und schien, seinen Protest in schöne, liebenswert wirre Reden fassend, auf Wolken über den Versammelten zu schweben, ein begeisternder Jüngling, ein engelsgleicher Verkünder der Herrlichkeiten des Lebens. Statt der bisher errichteten Reiche verschiedener Notwendigkeiten forderte er ein Reich der Freude, der Lust, was nicht etwa eng in sexueller Bedeutung gemeint war, sondern weitgefaßt, die Politik habe den Menschen zu erheben, zu vermenschlichen, ihm sinnlich-erotische Qualitäten zu erschließen.

Schöne Rede eines schönen Jungen. Ein homophiles Paar an unserem Tisch begann vor Begeisterung schwer zu atmen. Hörbar fielen die Eingrenzungen der bürgerlichen Lebensweise zusammen. Überzeugungskraft eignete dem Schauspieler. Seinen eigenen Vater, einen biederen, fülligen Steuerberater, hatte er so nachhaltig von der individuellen politischen Aktion überzeugt, daß der unverdrossen in Münchens Republikanischem Club wirkte. So vertröstete man den mitreißenden Michael Blondengel, damals schon halb Peer Gynt, halb Lenz im Gebirg, seine späteren Glanzrollen auf Bühne und Bildschirm, nur höchst ungern auf ferne Zeiten. Alle waren den harten Notwendigkeiten böse, die nicht gestatteten, das *Königreich* der Utopie schon am nächsten Morgen mit Macht anheben zu lassen. Doch die ungemein sachlichen Redner aus West-Berlin steuerten die aufgeregte Diskussion kühl und zielbewußt zum richtigen Ende. Ingrid allerdings blieb skeptisch in all der Euphorie und Aufbruchstimmung. Es ist bezeichnend, sagte sie, daß Dutschke angekündigt war und nicht erscheinen konnte. Bayern sperrt sich wie eh und je gegen Berlin.

Die damals in München als politische Köpfe von sich reden machten, nahmen später Drogen, resignierten auf andere Art oder verschwanden in den Kerkern. Ich habe an die 100 Seiten Porträtstudien angefertigt von ihnen, mir war bald klar geworden, daß es so enden müßte. Die Politisierung Schwabings ist nicht möglich: Schwabing, das liberale Aushängeschild einer wenig liberalen Kommune und eines antiliberalen Landes. Schwabing als Ort, wo Exzentrik gedeiht, ein greller Farbtupfer, der sich für den Nabel der Welt hält. Schwabing ist kein Ort für neue Ideen, kein Ort des Anfangs. Schwabing, die Endstation. In den unsäglich verkommenen Häusern und Kneipen Schwabings hören Tausende von Schauspielern, Malern, Schriftstellern, Musikern, Journalisten über Jahre und Jahrzehnte hin auf, sie selbst zu sein. Und den Verlust an Individualität und Kreativität ersetzen sie durch bunte Kleidung und Exzentrik. Schwabing rekrutiert das makabre Personal der Endzeit. Exotik, um den Nullpunkt gruppiert; diffuses Ziel einer Jugend, die ihren Alltag gründlich satt hat und süchtig gemacht worden ist nach dem Untergang.

Nach dem Zusammenbruch des Heinrich Heine Verlages machte sich Horst Bingel daran, einen Roman zu schreiben. Ich riet dazu, seine Geschichte als Verleger aufzuzeichnen, zu Nutz und Frommen aller Nachfahren. Bingel aber mochte nicht oder mochte noch nicht, so rackert er denn seit Jahren an einem Manuskript mit dem Titel *Der Abgeordnete*. Was daraus wird, steht in den Sternen. Ob's aber ein Roman wird oder nicht, eines sollte der Verleger Bingel erkennen: Die großen und kleinen Pleiten wirtschaftlicher Unernehmen mögen in ökonomischer Hinsicht zählen, in literarischer Hinsicht zählen sie nicht.

Setzen wir auf den Schelm der Finanzleute anderthalben der Literatur. Da die Banker und Wirtschaftskapitäne die eigentlichen Herren und Herrscher dieser Ordnung und Kultur sind und keine Aussicht besteht, dies zu ändern, liegt die Chance der Autoren allein darin, den Geldleuten, auf welchen Wegen auch immer, einen Teil ihres Geldes zu entreißen und in Literatur und Theorie zu verwandeln.

Welche politische Bewertung die Revolte dieser vergangenen Jahre erfahren wird, weiß ich nicht. Es interessiert mich auch nicht sonderlich. Aus dieser Zeit aber eine intellektuelle und literarische Hoch-Zeit gemacht zu haben, darauf können alle ein wenig stolz sein, die dabeigewesen sind. Die Resultate dieser kurzen Blütezeit sind noch nicht abzusehen. Die hektische Produktivität manifestierte sich in einem Bücherausstoß, der noch nicht annähernd analysiert werden konnte. Das Aufkommen der Underground-Literatur und der politischen, linken Pornographie einerseits und die massive Entwicklung antiautoritärer, aber auch marxistischer Literatur und Theorie andererseits sprengten die Grenzen des Rezensionswesens. Wer die Produktionen der wie Pilze nach dem Sommerregen aufsprießenden Verlage, etwa März, Heine, Melzer, Neue Kritik, Edition Voltaire, Makol, Merve u. a., gesammelt hat und im nachhinein zu sichten beginnt, steht vor dem Rätsel einer unfaßbaren Kreativität. Vergleiche mit den frühen zwanziger Jahren in Frankreich, Deutschland und der Sowjetunion drängen sich auf. Politische Unruhe begünstigt die schöpferischen Kräfte eines Volkes. Auch die großen etablierten Verlage wurden von dieser kreativen Welle ergriffen. Sie politisierten sich, erhöhten die Produktion, nahmen hoffnungsvolle junge Autoren auf. Wie schnell ist dies alles Vergangenheit geworden, wie bald triumphierten die restaurativen Kräfte trotz Wahlsieg der sozial-liberalen Koalition, schon kurz danach verlor die politische Literatur ihren Elan, während die literarische Geschenkartikelindustrie triumphierte: Schöne dicke und große Bücher für den Weihnachtstisch.

Wir haben lange gebraucht, um zu erkennen, welchen Reichtum die zwanziger Jahre unseres Jahrhunderts hinterließen. Die Emigrationsliteratur ist uns noch immer ein Buch mit sieben Siegeln. Gerade sind wir dabei, die hochbrisante Expressionismus-Debatte kennenzulernen. So spät ist das Bewußtsein daran, auch in der Sowjetunion. Die phantastischen weitreichenden Kreationen ihrer zwanziger Jahre sind erst in Bruchteilen wieder bekannt gemacht worden. Es besteht die Gefahr, daß wir heute ähnlich verfahren und die Leistungen der eben vergangenen Jahre geringschätzen, ja verdrängen. Das gereichte niemandem zum Nutzen und entspräche allein dem schnellen Ablauf der Mode, die gebieterisch nach Wechsel verlangt.

Möglicherweise wäre eine Aufarbeitung und Weiterentwicklung heute eine glatte Überforderung. Ein Land muß erst in neue Irrtümer verfallen und darüber Jahre und Jahrzehnte vergehen lassen, bis einige Beobachter und Analytiker sich besinnen und das Erbe der Vergangenheit auszugraben beginnen.

Anfang der siebziger Jahre kam das alte, beinahe vergessen gewesene Wort »Nostalgie« wieder in Umlauf. Es stammt aus dem Griechischen und bedeutet soviel wie heimwehkrank, sehnsuchtsvoll. Es hat den Anschein, als sei die Nostalgie das Erbe einer jeden Welle von Aktivismus. Wahrscheinlich beruht sie auf Enttäuschungen, die aus der Bahn werfen. Meyers Konservationslexikon aus dem Jahre 1895 definiert die Nostalgie als eine unbefriedigte Sehnsucht nach Heimat, die zu Krankheit und Tod führen könne und häufiger bei jugendlichen als bei älteren Menschen anzutreffen sei.

Zu welchen Zuspitzungen diese Gemütsverfassung in der Geschichte schon führte, illustrieren Beispiele, wonach man auf Schiffen und in Garnisonen, bei größeren Ansammlungen jüngerer Menschen also, eine Art prophylaktischer Gegentherapie entwickelte, die an das erinnert, was in der heutigen Bundeswehr unter dem Begriff »innere Führung« bekannt geworden ist: »humane Behandlung, gymnastische Übungen, nützlicher Unterricht, Musik, Spiele, Vermeidung von Müßiggang, von übermäßiger Anstrengung und Neckereien . . .«

Man sieht, wie die Altvorderen sich schon allerhand einfallen lassen mußten, die Schutzbefohlenen, die Zöglinge, Anvertrauten und Untergebenen nicht in seelische Krankheiten und Krisen stürzen zu lassen. Es wird berichtet, in Frankreich sei es bis zur Mitte des 18. Jahrhunderts bei Todesstrafe verboten gewesen, den Kuhreigen zu singen oder zu pfeifen, weil nämlich die überall im Lande verstreut in Garnison befindlichen schweizerischen Soldaten beim Hören des Kuhreigens haufenweise der Nostalgie anheimfielen, was zur Folge hatte, daß manche an der Melancholie zugrunde gingen und andere sich zusammenrotteten, desertierten und plündernd und marodierend in die Heimat marschierten. So stark und übermächtig kann eine Gefühlslage werden.

Vielleicht ist die gesamte Studentenrevolte als Ausbruch von Nostalgie zu bewerten, als Flucht vor der nicht zu bewältigenden Gegenwart, die Ende der sechziger Jahre hieß: Vietnamkrieg, Große Koalition, verfestigte Klassenherrschaft, Ordinarienuniversität. Mit einer schrecklichen Welt konfrontiert, wählte die denkende und studierende Jugend den Marsch in die Welt der Kindheit, der Vergangenheit und zugleich in die Utopie.

Die Revolte ist vorüber, die Nostalgie geblieben. Die Aktivisten, die zur Waffe griffen, sind im Untergrund verschwunden oder dämmern in den Gefängnissen einem ungewissen Ende entgegen. Andere sanken völlig in Apathie, betäuben sich mit Drogen, bringen sich um. Wieder andere retteten sich in die feste Disziplin der DKP. Die Mehrzahl derer, die politisiert wurden, ging treu und brav zur Bundestagswahl und gab ihre Stimme der sozialliberalen Koalition.

Noch aber ist nicht entschieden, was daraus wird. Die Stimmabgabe schüttet den Graben nicht zu, der zwischen Sozialdemokratie und politischer Jugend und Intelligenz klafft. Es fragt sich, ob die SPD sich dem existentiellen Engagementbedürfnis einer Jugend weit genug geöffnet hat oder ob große Teile wieder angeödet zurückgestoßen werden in den Kreislauf von sektiererischen Aktivitäten und nostalgischer Melancholie.

Manchmal, wenn ich heute über die Autobahn nach München komme, fahre ich gleich in die Waldtruderinger Straße hinaus und blicke über das eiserne Tor auf das im Garten liegende alte Haus, wo wir damals gewohnt haben. Ich stelle mir die Besucher vor, die Jungen und Mädchen, die Studenten, Schüler, Lehrlinge, jungen Arbeiter, die hier bei uns gewesen sind. Hin und wieder steht in der Zeitung, daß einer verurteilt oder erschossen worden ist, daß nach einem gefahndet wird oder einer für lange Zeit in den Gefängnissen verschwindet. In meinem Gedächtnis verschmelzen sie mit den jungen Soldaten, die man in Krieg und Gefangenschaft kennenlernte und die dann abhanden kamen. Sie verschmelzen mit den jungen Genossen, die 1956 in der DDR, vom XX. Parteitag und ihrem eigenen Gewissen aufgerüttelt, Parteidisziplin und Staatsräson verwarfen und dann vor Gericht gestellt wurden. Wer älter wird, schleppt allerhand Gepäck mit sich herum. Große, allgemeine und umfassende Amnestien gibt es wohl nur in Diktaturen. Oder gar nicht.

Michael Buselmeier
Leben in Heidelberg

»Angaben zur Person zu machen, kann nicht heißen, auch nicht im Hinblick auf ein Gericht wie dieses, zu definieren, was man heute noch hämisch genug ›Persönlichkeit‹ nennt. Es kommt darauf an, daß wir den Erfahrungshintergrund darstellen, der den Politisierungsprozeß und damit auch die Studentenbewegung, so wie sie in ihrer antiautoritären Phase sich gebildet hat, erklärt.«
(Hans-Jürgen Krahl, *Konstitution und Klassenkampf*)

»Auf der Art von Schirm, den mein Bewußtsein beim Lesen in mir ausspannte, erschienen in bunter Folge verschiedene Zustandsbilder, angefangen von den geheimsten Regungen meines Innern bis zu der rein äußerlich mit den Augen wahrgenommenen Horizontlinie des Gartens.«
(Marcel Proust, *Auf der Suche nach der verlorenen Zeit*)

Von mir selber reden. Wie wurde ich der, der ich bin? Bin ich in der Studentenbewegung ein anderer geworden? Warum dann heute wieder Literatur machen? Als Linker solltest du eigentlich . . . Laß dir die Haare schneiden, du Penner! Dieselben Sätze, seit langem höre ich weg: Werde erst mal 20 Jahre älter, sei vernünftig, bleib auf dem Teppich. Wie hab ich, ganz begriffslos noch, solche Ratschläge verachtet und mich dagegen gewehrt, auf meiner Individualität bestanden. Wenn ich mir heute die toten, schwammigen, eitlen Gesichter derer vorstelle, mit denen ich in Schulzimmern, Hörsälen, Theatergarderoben zusammengesperrt war – so wie die wollte ich niemals werden. Mich durchgebissen, nicht weil ich der Talentierteste war, aber zäh, und eine Mutter hatte, die mir die Dreckarbeit abnahm. Du wirst dich auch noch anpassen, du Motherfucker. Alter, sagt meine Tochter zu mir. Das trifft; obwohl doch die frühe Unruhe noch da ist, Bilder von Kinnhaken, Mutsprüngen, die Angst, zu versagen vor den andern, die höhnisch auf das Muttersöhnchen herunterblikken, das nicht wachsen will. Sich beiseitedrücken, sich im Bett verkriechen vor Scham, Scheu vor jeder Berührung und dieser physische Haß auf Macht und Gewalt. Sich nicht kleinkriegen lassen von denen da draußen.

Ich hasse Gewalt und bin doch voll davon. Gestern im Fernsehen ein Film, worin zwei Bullen einen Neger auf einem Autofriedhof lynchten, kastrierten, erhängten. Später steckte ein junger Schwarzer einen der Bullen in den laufenden Mähdrescher. Ich saß danach lange vor abgeschaltetem Fernseher und starrte mit kalten Füßen und heißem Kopf vor mich hin. Die Visagen, die hackenden Geräusche des Mähdreschers, das glückliche Gesicht, mit dem der Schwarze übers Stoppelfeld schritt. Diese Stadt, in der ich seit 39 Jahren lebe und die täglich rücksichtsloser zerstört wird. Wem es nicht paßt, der kann ja gehen, barfuß aus der Gemarkung, sagt der Oberbürgermeister. Meine Gedichte werden seine schäbige Amtsperiode überdauern. Die Zärtlichkeit des Betons. Dich sollte man an die Wand stellen mit deinen langen Haaren, dir geb ich Demokratie. In die Eier treten und weg. Die Pflastersteine in der neuen Fußgängerzone lassen sich leicht aus ihren Verankerungen lösen.

Vergangene Nacht sah ich im Traum ein geisteswissenschaftliches Institut, in engen Schächten unter der Erde versteckt. Dort lag auf einem Lesetisch eine *Bild-Zeitung*, deren Titelseite ein Foto zeigte, auf dem ein Kind hilflos in einem weiten Wasser trieb. Jetzt, während ich dies tippe, wird mir vom Verwaltungsgericht Karlsruhe im Namen des Volkes mitgeteilt, ich sei als Autor »jenseits der Grenze unseres Verfassungsstaates anzusiedeln«. Man erklärt mich für vogelfrei, weil ich es an aktiver Staatsliebe fehlen lasse, und das Journalistengeschmeiß fällt über mich her. Wie und wo da noch schreiben? Eine fremde Männerstimme am Telefon sagt: Der Staat ist der wahre Terrorist.

»Wie wird man ein politischer Mensch?«
(Peter Handke, *Als das Wünschen noch geholfen hat*)

Wie wird man ein politischer Mensch? Wo sind die Spuren, innen und außen, die Brüche, wie wird so einer radikal? Sich überschneidende, oft zuwiderlaufende Bedingungen wären zu beschreiben; auch zu interpretieren? Mit welcher Begrifflichkeit? Allzu oft haben uns wissenschaftliche Systeme bei unseren Taschenspielereien geholfen, die Wirklichkeit erst gar nicht zur Kenntnis zu nehmen. Wie ließen sich Kategorien entwickeln aus der unmittelbaren Anschauung, aus den Ritzen des Gegenstands? Die Nachkriegszeit mit Hunger und Schwarzmarkt, die Erstarrung der 50er Jahre, die Studentenrevolte, als ich bemerkte, daß ich eine Stimme hatte, die Theoriephase – klingt das nicht wie die Kriegsberichte unserer Lehrer?

»Die Dickhäuter schwören: wir vergessen nichts!«
(Alexander Kluge, *Die Artisten in der Zirkuskuppel: ratlos*)

Widerstandskraft über Jahre hin, gewonnen aus verarbeitetem Leben, die Rache, die im Nichtvergessenen steckt, in den ausgefransten Erinnerungen, auch in literarisch Aufbewahrtem – für jeden? Ich habe jedenfalls gelernt, daß Erinnerung – als Teil unseres Vorstellungsvermögens – eine politische Dimension hat. Aus ihr holen wir die Bilder, die uns rebellieren lassen. Umgekehrt haben unsere Verwalter ein Interesse daran, daß wir keine Trauerarbeit leisten, Spurensicherung und Zukunftsprojektion vergessen. Nur nicht den didaktischen Trichter, nichts zum Nachahmen. Und wie beim Herauspulen des Gewesenen der Weinerlichkeit ausweichen, gerade jetzt, wo nur noch Horten und die leeren Gesichter der Weihnachtseinkäufer real zu sein scheinen?

Also zurück zu den Erfahrungssplittern, eine Linie ziehen, gewaltsam, gegen das wachsende Unbehagen; Ordnung durch Weglassen: ein paar Fakten aneinandergereiht – ist das schon eine Biographie? Wie den Leerformeln, die man für Biographien allgemein verwendet, dem naiven Nacherzählen ausweichen? Indem ich bewußt und satzweise aus dem Erinnerungsvorrat (ein Trümmerhaufen) eine Geschichte forme, Poesie daraus mache, mich an die verdeckten, weggetauchten Gefühle so nahe wie möglich heranschreibe; auch solche Verhaltensweisen ausgrabe, die mir unangenehm sind. Kein Raum, um alles sinnlich auszufüllen. Äußere Bilder und Kinobilder, Gelesenes, sonst Wahrgenommenes und Erlebtes – wie verwandelt es sich in inwendig Registriertes, Gespeichertes: Sätze,

Gefühle, Konfliktmuster, Normen? Warum wird etwas wichtig für mich und bleibt haften? Weil es sich wiederholt in ähnlichen Bildfolgen, jeweils das gleiche Erschrecken auslösend, Aufmerksamkeit, Wut, Chaos. Die Genese dieser ›Bildlichkeit‹ nachzuzeichnen, wäre wohl eine Biographie; mehr jedenfalls als die Summe äußerer Ereignisse: der Produktionsprozeß von Erfahrung in meinem Kopf.

Andererseits: »Zehn Jahre danach«. Leichenfledderei in allen Medien. Gutgekleidete Figuren, die ich nicht Kollegen nenne und die nicht wissen, wovon sie reden, preisen unsere Ideen, jetzt, wo die Authentizität des Lebens, Spontaneität und die Möglichkeit experimentellen Lernens erst einmal stillgestellt scheinen. Was man zurückgelehnt im Kino oder Fernsehen konsumiert, diese toten, abgelutschten Bilder der Revolte, haben mit meinen Erinnerungen nichts gemein.

Insofern ist es doch konsequent, sich der eigenen Lebensgeschichte zuzuwenden, lange verdrängte Zusammenhänge versuchsweise zu klären. Was ist gesellschaftlich passiert, meinen kleinen Werdegang determinierend? Was gegenwärtig in der Bundesrepublik abläuft und wie es dazu kam – der zunehmende Druck von oben, das Staatsbewußtsein der Massen, unsere Zersplitterung und Isolation, Fehler und Niederlagen, Selbstzensur, aber auch unser Durchhalten –, läßt sich vielleicht am ehesten noch begreifen durch genaues Erforschen, Evozieren von nur scheinbar privaten Vergangenheitsbildern.

> »Ich ziehe durch die Vergangenheit wie ein Ährenleser durch die Stoppeläcker.«
>
> (Friedrich Hölderlin, *Hyperion*)

Jetzt ist eine gute Zeit für Poesie, Zeit zum Nachgrübeln auch. Wie zeichnet sich das Geschehene in den Kunstwerken ab, den schwierigen, die am Rand liegen und nicht so leicht konsumierbar sind, in den ratlosen, zerstörten Büchern, die sich gegen herkömmliche Interpretation sperren, geschrieben von Außenseitern, Anarchos, die auf unsere Republik scheißen? Wie leer die Straßen der Innenstädte am Abend sind, der Notarztwagen mit gelbem Schild hält vor der Tür. Lauter fremde Situationen, abgeschnitten vom Leben. Führende Genossen von einst laufen gebeugt und steifbeinig durch den Schankraum.

»Aber um sich zu heben, genügt es nicht, sich in Gedanken zu heben.«

(Marx/Engels, *Die heilige Familie*)

Wie wir von unseren Anfängen Abstand nehmen, wenigstens subjektiv, und objektiv doch immer noch drinstecken. Ein Freund, ein begabter, unglücklicher Literat, schickte Anfang der 70er Jahre aus einer Art Exilsituation heraus essayistische Abhandlungen in Briefform an einige literarische Repräsentanten der Neuen Linken, worin er deren Leben und Arbeiten minutiös abklopfte auf Vergangenheitsbewältigung und Existenzveränderung. Ziel dieser »Generationsbefragung« war der Versuch, den Literaten (und besonders sich selber) im Detail nachzuweisen, daß sie trotz enormer ideologischer und stilistischer Wandlungen im Kern ihrer Triebstruktur und ihrer Lebensform unverändert waren: vom Volk abgehobene Ästheten, bürgerlich-konkurrenzliche Individuen.

1975 hat sich das Leben dieses Freundes radikal umgewälzt: er wurde arbeitslos, erkrankte an Krebs und brach aus seiner Familie aus in homosexuelle Beziehungen. Aber sein zweites Leben, wie er es selber nennt, unterscheidet sich in seinen Strukturen vom ersten kaum. Den wärmenden Binnenraum der Familie hat er zwar abgestoßen, den Schreibtisch, an dem er isoliert vor sich hingrübelte, sein erdrückendes Privatarchiv, und er hat sich, in einer mich ängstigenden Besessenheit, zu seinen Bedürfnissen bekannt. Aber er verwaltet jetzt wieder eine schäbige kulturbürokratische Position, in der er erst recht zu ersticken droht. Noch immer zerfällt sein Leben in eine Vielzahl von Projekten, die nie zur Ausführung kommen. Die Angst vorm Altwerden wächst. Als Schriftsteller hat er resigniert. Noch immer unterwirft er sich aus Identitätsschwäche masochistisch Autoritäten und Institutionen, idolisiert anpassungsbereit starke Figuren. Nur sind anstelle verehrter Schriftsteller und Professoren Traumtypen getreten, die ähnlich achtlos oder irritiert oder geschmeichelt reagieren, wenn sie seine langen, selbstverliebten, wehleidigen Briefe erhalten. Da ich von ihm seit längerem keine Briefe mehr bekomme, die mich immer aufgeregt und in Bewegung gesetzt haben, schreibe ich hier monologisch seine Generationsbefragung fort und widme ihm diesen Text.

»Man müßte vielleicht erst die Bedingungen der eigenen Politisierung kennen?«

(*Kursbuch* 25)

Ich bin unehelich geboren und ohne Vater aufgewachsen. Mein Vater war ein bekannter Tennisspieler und Börsensyndikus, der, als er vor einigen Jahren starb, das Bundesverdienstkreuz Erster Klasse, mehrere Orden und Kisten voller Silberpokale hinterließ. Er hat sich nie um mich gekümmert. Als ich etwa acht Jahre alt war, sah ich ihn zum erstenmal auf einem Tennisplatz. Das ist also der Kleine, sagte er und schaute an mir vorbei, und ich bin verlegen weggehüpft.

Frauen haben meine frühe Kindheit bestimmt: meine Mutter, die Großmutter und ein Kindermädchen. Ich soll früh sprechen und spät laufen gelernt haben. Es war Krieg. Bei Fliegeralarm stolperte ich an der Hand meiner Mutter in den öffentlichen Luftschutzbunker. Oft kam es vor, daß sie mich nachts aus dem Bett riß und im Sirenengeheul über die Straße trug. Im Kellergeruch schlief ich auf einer schmalen Holzbank sofort ein. Später sah ich dann die zerrissenen Häuser, Hausrat zwischen den Trümmern, noch Spuren der Menschen an den aufgeschnittenen Wänden, ein Waschbecken, ein Spiegel, eine ins Leere offene Tür.

Erinnerungsfetzen. Warum so viele Schreckensmomente? Die Leute sagen, ein Kind sei vom Lastwagen überfahren worden: sein Hirn ist rausgespritzt aus dem Kopf. Im schwarzlackierten Volksempfänger die Stimme des Führers, des Sportreporters, des Nachrichtensprechers. Als wir im Frühling das Glas mit dem Laubfrosch aus dem Keller holten, fanden wir darin einen vertrockneten schrumpeligen Klumpen. Im Kindergarten stand ich am Fenster zur Straße und wartete darauf, abgeholt zu werden. Jener grausige Moment, als mir die Porzellanpuppe aus dem Arm rutschte und auf dem Steinboden der Küche zersplitterte.

Ich spiele für mich Kasperle-Theater. Hocke allein im Straßengraben, kratze die Rillen zwischen den Pflastersteinen frei. Die Straßen sind leer, die Hinterhöfe, die Gärten. Zehn Wochen in einem Kinderheim: Ich will den Schwarzwald nicht sehen, die Rehe und Wildschweine; die vielen Kinder im Speisesaal, die Erzieher mit ihren seltsam betonten Fragen machen mir Angst. Ich flüchte mich in die Krankheit, liege den Tag über träumend im Bett, das mich nach einem kleinen Ruck sicher in einen weiten leeren Raum fährt. Ich will heim. Ich weigere mich, zusammen mit den anderen Kindern ein Gedicht aufzusagen; ich will es allein vortragen. Ich traue mich nicht in fremde Wohnungen, verstecke mich vor Scham, wenn ich Geschenke annehmen oder überreichen soll.

Auf meinem Balkon in der Morgensonne riecht es nach feuchtem Sand und Glyzinien. Die Sonne blitzt auf der Lenkstange meines Dreirads, wenn ich aus der finsteren Werkstatt, wo es streng nach Öl riecht, hinausfahre auf den weichen Asphalt. Fremde Männer brechen die Klotür auf, schleppen die tote Großmutter an mir vorbei. Ich starre aus einer Ecke. Jetzt hab ich nur noch dich, sagt meine Mutter weinend. Das Märchen vom toten Kind, das nachts mit den Nägeln zwischen den Ritzen der Diele nach dem gestohlenen Geld kratzt. Ich erwache schreiend, krieche zu meiner Mutter ins Bett, drücke mich fest an ihren warmen Körper. In den letzten Kriegstagen sehen wir in der Rohrbacher Straße Jugendliche, die desertieren wollten, in viel zu weiten Uniformen die Friedhofsmauer entlang an Telegraphenmasten hängen.

Mit dem Tod meiner Großmutter fiel auch die unseren gutbürgerlichen Lebensstandard garantierende Lehrerpension weg; die Lebensmittelmarken wurden rar. Meine Mutter, promovierte Juristin, mußte mit 36 Jahren zum erstenmal Arbeit suchen, fand lange nichts, und wir hungerten und froren. Standen gleich nach dem Krieg vor den geschlossenen Toren der Bauernhöfe in der Umgebung, um Schmuckstücke gegen Kartoffeln und Eier zu tauschen, und ich weinte vor Scham, wenn die Bäuerin meine bittende Mutter mit rohen Gesten abwies. Die Autofähre bei Ziegelhausen mit Schranke, Wärterhäuschen und klirrenden Ketten. Wir standen eng beisammen vor der Bäckerei Schlange, um einen warmen Brotlaib zu ergattern, zwischen Männern mit geschorenen Schädeln, die nach Desinfektionsmitteln rochen. Schafften es nicht, auf dem Güterbahnhof wie die anderen Lebensmittel-Waggons auszuplündern. Hetzten eines Abends im Finstern, längst Polizeistunde, über eine kaputte Eisenbahnbrücke ohne Fußweg und Geländer, auf dem Gleis Kohlen sammelnd; ich brach zwischen den morschen Planken ein.

Meine Mutter, hektisch auf Arbeits- und Nahrungssuche, nahm mich überall hin mit. Ich saß verträumt auf den düsteren Gängen der Ämter, wärmte mich in Gerichtssälen, in Registraturen auf harten Stühlen neben der Bleistiftspitzmaschine, sah den kleinen Angestellten zu, wie sie ihr Butterbrotpapier falteten, kritzelte auf meine Schiefertafel, bis meine Mutter mich abholen kam, die endlich im Oktober 1945 nach vielen Bittgängen eine Stellung als Schreibkraft bei der Entnazifizierung fand und nach einiger Zeit zum Öffentlichen Kläger der Spruchkammer aufstieg. Wenn wir jetzt nach Hause kamen, fanden wir Säcke voll Eipulver, Kohlen, Kartoffeln, Kleiderpakete vor unserer Tür, mit einer kleinen Empfehlung abgestellt von den Chauffeuren und Heizern jener Kriegsgewinnler, deren Fälle meine Mutter zu bearbeiten hatte. Das faschistische Nachbarspack war plötzlich freundlich zu uns, ließ seine Kinder nachträglich taufen und warf die letzten versteckten Hakenkreuzfahnen ins Feuer hinterm Haus.

Der erste, viel zu harte Bruch: Ich wurde übergangslos aus der fast prinzlich abgeschirmten Lebensform meiner frühen Jahre, umsorgt von verehrenden Frauen, in den Alltag der Nachkriegszeit versetzt. Einquartierungen: erst kamen Amisoldaten, dann zogen Untermieter in unsere große Etagenwohnung ein. Sie besetzten ganz selbstverständlich mit ihren Wörtern, Haustieren und Küchengerüchen, ihren, da Waschmittel fehlten, immer stinkenden Babywindeln, die über dem einzigen Ofenrohr zum Trocknen aufgehängt wurden, nach und nach alle Räume bis auf den kleinsten, der uns blieb. Ich flüchtete auf die Straße, wo mich die Arbeiterkinder verprügelten. Noch heute fürchte ich Eindringlinge, macht mich jede Veränderung der nahen Gegenstände kopflos, ein neuer Kühlschrank oder wenn die Vorhänge einmal im Jahr zum Waschen abgenommen werden. Wenn es klingelt, zucke ich zusammen, linse durchs Fenster, um festzustellen, wer draußen steht. Wenn meine Tochter Kinder zum Schlafen mitbringen will, laß ich mir Ausreden einfallen.

»Ich hatte schlechte Lehrer. / Das war eine gute Schule.«
(Arnfrid Astel, *Notstand*)

Lebensgeschichtliche Brüche können Neurosen, panische

Angstbereitschaft, eine Mischung aus Pedanterie und Chaos erzeugen, aber auch existentielle Radikalität, Widerstandskraft, die aus der Schwäche kommt. Nichts habe ich je mehr und so kontinuierlich gefürchtet und gehaßt wie die Schule. Hohe, finstere Gänge, ausgelegt mit farbigen Steinplatten, auf denen die Schritte hallten. Rissige Holzböden in den Klassenräumen, schmierig, stinkend nach Terpentin und Lysol. Kinder wälzten sich in epileptischen Anfällen, Schaum vor den Lippen, mit blutigen Händen und Ellbogen. Auf den Bänken hockten wir hierarchisch nach Leistung geordnet. In meiner hellen Kleidung, eine Spange im langen Haar, saß ich fremd und abwesend im letzten Bankblock zwischen den Kindern von Arbeitern und Obdachlosen und weigerte mich über ein Jahr lang, lesen zu lernen. Ich sah aus dem Fenster und dachte an Waldwege, Wiesen, Bäche und Kornfelder in der Morgensonne. Erst ein junger Lehrer brachte mir nachmittags im Einzelunterricht bei, wie man Laute zur Silbe, Silben zum Wort zusammenbindet.

Für meine Mutter mag meine Zurückgebliebenheit sozial diskriminierend gewesen sein, auf der andern Seite kam sie ihr unbewußt gelegen. Ich bin für sie immer fünf Jahre alt geblieben: übersensibel, lebensunfähig, einer, für den man bis ins kleinste sorgen muß. Sie wollte mich so behindert sehen. Ich erinnere mich, wie ich als Achtjähriger bei einer häuslichen Leseübung statt des dastehenden Worts »Wau-wau« »Omi« sagte, weil mir plötzlich die tote Großmutter eingefallen war und mich der Text nicht mehr interessierte. Meiner Mutter diente dieser Vorgang zeitlebens zum Beweis meiner frühen intellektuellen Regression.

Die meisten Lehrer schienen entschlossen, den gerade verlorenen Krieg auf dem Schlachtfeld des Klassenzimmers gegen die Schüler fortzusetzen. Sie schlugen die Kinder beim geringsten Vergehen oder auch grundlos mit Rohrstöcken auf die Fingerspitzen, bis die Haut platzte. Wer aus Furcht vor dem Schlag mit der Hand zurückzuckte, wurde zusätzlich mit dem Knüppel verdroschen. Einmal hielt mich eine Lehrerin am Arm fest und schwang den Stock über mir; ich kreiste um sie herum und schrie panisch: Ich laß mich nicht schlagen, meine Mutter erlaubt nicht, daß mich jemand schlägt! Wenn ich nach meinem Vater gefragt wurde, log ich, er sei im Krieg gefallen.

1948/49 wurde die Entnazifizierung offiziell gebremst, und meine Mutter war wieder arbeitslos. Monatelang lebten wir von 25 Mark Arbeitslosenfürsorge pro Woche. Mein Vater weigerte sich, irgendwelche Zahlungen zu leisten. Ein Rechtsanwalt gab meiner Mutter eine ausgeschriebene Stelle als Sekretärin nicht, mit der Begründung, er könne der Frau Kollegin solche Arbeit nicht zumuten. Endlich wurde sie als Aushilfskraft beim Öffentlichen Anwalt für die Wiedergutmachung in Mannheim eingestellt, gedemütigt von ihren Vorgesetzten, schmierigen Gaunern, die sich längst wieder hochgeschleimt hatten. Ich kanalisierte meine ohnmächtige Wut in immer neue Briefentwürfe, in welchen ich diese Banditen ultimativ aufforderte, meine Mutter nicht weiter zu schikanieren.

1951 ließ sich meine Mutter zum Wiedergutmachungs-Amt nach Karlsruhe versetzen. Sie ging frühmorgens aus dem Haus und kam spät abends erschöpft zurück. Manchmal lauschte ich im Halbschlaf ihren Schritten zwischen Badezimmer und Küche, bis die Tür ins Schloß fiel und ich mich erleichtert und schlechten Gewissens zugleich in meine Decke rollte. Später wärmte ich mir den vorgekochten Haferflockenbrei auf; er war steif wie Pudding, mit ekelhaften Klumpen drin. Ich aß in Kantinen und Wirtshäusern zu Mittag, würgte das lieblos zubereitete Zeug herunter. Wenn ich bei Klassenkameraden eingeladen war, kam ich mir fremd und ausgehalten vor. Ein Gassenjunge und Schlüsselkind, wünschte ich mir heftig eine intakte Familie, wo sich zur Mittagszeit alle um den Tisch versammeln und der Vater nach den Hausaufgaben fragt. Ich schwänzte die Schule, streunte um die Ecken herum, bis es dunkel wurde und wärmendes Licht aus den Fenstern der Häuser kam.

Ein älterer Weinvertreter, der unter uns wohnte, nutzte meine Vaterlosigkeit, mein Schutzbedürfnis aus. Er versorgte mich mit Kleingeld fürs Kino, schenkte mir Süßigkeiten und Fußbälle, schützte mich vor den Fäusten der Arbeiterjungen. Fast jeden Abend ging ich zu ihm hinunter, und wir spielten Schach. Komm auf meinen Schoß, sagte er, und zog das verschwitzte Hemd mit dem gestärkten Kragen aus. Dann griff er mir hastig durchs Hosenbein nach dem Pimmel, küßte mich stoppelbärtig, roch nach Pomade, flüsterte mir Sauereien ins Ohr, nötigte mich, sein schlaffes Altmännerglied aus dem Hosenlatz zu angeln und es mühsam, rauf und runter arbeitend, zu imponierender Größe aufzuschwellen, zwängte mir schließlich diesen schlecht parfümierten Schwanz zwischen die Zähne. Ich höre ihn noch in der Ofenecke stöhnen, während sein Samen schaumig ins Taschentuch fließt. Bis seine Frau die Tür aufriß, böse zu ihm hinsah und er mit bibbernder Stimme irgendwas sagte und den nächsten Zug tat.

Angst und Schuldgefühl, Ekel; aber auch die Erfahrung sexueller Lust. Es gefiel mir mit der Zeit. Männerfreundschaft, endlich ein Vater. Meine Mutter merkte nichts. Auch als der Mann längst ausgezogen war, trafen wir uns heimlich weiter. Ich saß hinter ihm, ihn umfassend, auf dem Motorrad bis zu den Autobahn-Rastplätzen und Waldlichtungen. Wir trieben es im Gras neben Landstraßen, auf speckigen Ledersesseln, im Opel Olympia. Ich fing mit dem Onanieren an.

Ich verbrachte die Nachmittage in der »Kurbel«, für 80 Pfennige ganz vorn neben den Arbeitslosen. Oft sah ich mir Film und Wochenschau zweimal hintereinander an. Die Kolonialisierung unserer Köpfe durch die amerikanische Kulturindustrie. Sie haben ihre Finger längst in unseren Hirnen. Massenhaft Western, Zorro, Tarzan, Micky Maus, Coca Cola eiskalt. Marshallplan, Carepakete, Hooverspeisung. Rita Hayworth mit langen roten Haaren; eine Vergewaltigungsszene in einem Zelt. Sperma klebt zwischen den Fingern. Liebesfilme mit Ruth Leuwerik. Meine Mutter und ich, ihre Haare im Stil der 50er Jahre. Zu Hause verständigen wir uns in einer Art Babysprache.

Ich las zahllose Heftchen, Tom Prox und Billy Jenkins, spiegelnd glatte Umschläge: im hellen Mondlicht der Rächer auf seinem Pferd. Abenteuer-Romane aus Leihbüchereien in klebrigen Schutzfolien. Ich las, was mir in die Finger kam, ohne Bewußtsein, verlernte dabei fast wieder das Lesen, achtete nur auf die Handlungssignale. Das Baggerloch, eine Kiesgrube mit Fröschen und Eidechsen, ich ganz allein in eine Kuhle geschmiegt. Leerer Sportplatz, ich drehe zwanzig Runden um die Aschenbahn. Autowracks im Gebüsch. Heiße Dachpappe, moosbewachsene Mauer, ich füttere die Hühner mit Maikäfern. Hau ab mit deinem frechen Gesicht. Von fern das Geräusch eines Güterzugs, einer Fahrradklingel. Heidelberg: eine Kleinstadt mit Sackbahnhof, vielen Hotels und Villen, noch uninteressant für das Warenhauskapital.

Unter unseren Untermietern war eine außergewöhnliche Frau. Sie hatte Zeitungswissenschaften studiert, ihre Arbeit über den Begriff des sozialen Elends aber nie fertiggestellt, war Filmdramaturgin bei der Bavaria in Berlin gewesen, hatte dort jüdischen Freunden zur Flucht verholfen und war gleich nach dem Krieg als Dramaturgin an die Heidelberger Kammerspiele gekommen. Sie lebte bei uns als freie Journalistin und Schriftstellerin, schrieb Sendungen für den Hörfunk, später zwei Fernsehspiele. Sie war im Alter meiner Mutter und gänzlich ungebunden, ein strenger, männlicher Typ mit breitem Gesicht und den herrschaftlichen Gesten einer ostpreußischen Gutsbesitzerstochter, trug Herrenjacketts, Krawatten und kurzes, gescheiteltes Haar. Sie wurde für mich zum vaterähnlichen Vorbild und zur Bedrohung.

Sie hatte ausgezeichnete historische und literarische Kenntnisse, die sie einschüchternd brillant zu formulieren verstand; verkörperte selber ein Stück fortschrittlicher deutscher Geistesgeschichte. Eine Intellektuelle mit ausgeprägt bürgerlich-elitärem, antifaschistischem Bewußtsein. Ihre individualistischen Ansichten, ihr Haß auf das sich überall neu formierende Spießertum, den klerikal verdeckten Faschismus, müssen mich ungeheuer beeindruckt haben.

Ihr nacheifernd fing ich als Elfjähriger an, Geschichten zu schreiben. Ich wollte sie übertreffen. Schnell hatte ich herausgefunden, daß diese genialische Persönlichkeit zu kontinuierlicher Arbeit unfähig war. Sie hielt berufliche Termine nicht ein, flüchtete vom Schreibtisch in Kneipen, war so dauernd in Geldnot; sie ließ in den Lebensmittelgeschäften anschreiben, pumpte alle Bekannten an, tauschte auf dem Schwarzmarkt ein Erbstück nach dem andern gegen Kaffee, Zigaretten und Schnaps ein. Meine Geschichten handelten von ihr, von meiner Eifersucht, meinem Haß auf die Halbwelt der Künstlerkneipen, wohin sie mir meine Mutter nach Dienstschluß entführte, von meinen gewaltsamen, bewaffneten Befreiungsversuchen: »Da packte mich eine unbeschreibliche Wut. Ich zog meine Pistole heraus und schoß durch den Hut und in den Hintern.«

Die Schriftstellerin hatte sich zwischen mich und meine

Mutter gedrängt, beeinflußte sie, ermunterte sie wohl auch, ihr eigenes Leben zu leben, gegen mich, solange noch Zeit war. Sie wußte mit Kindern nichts anzufangen; ihre Versuche, mich gewaltsam zu erziehen, scheiterten. In Angst, meine Mutter zu verlieren, griff ich zu allen Mitteln, provozierte die Autorität, nutzte ihre Schwächen aus, wo ich sie entdeckte. Ich las ostentativ nur Schundhefte, sprach Pfälzer Dialekt, aß wie ein Schwein, spielte den ganzen Tag Fußball und kam dreckverklebt nach Hause, legte mich auf den Rücken und trat nach ihr, wenn sie mich schlagen wollte, warf ihr vor, sie lebte von unserem Geld, ich machte das Radio kaputt und sagte, sie habe es getan.

Ich mußte die Beziehung der beiden Frauen, in welcher meine Mutter die Unterlegene war, zerstören und stellte meine Mutter vor die Wahl. Es war mein erster Triumph: nach heftigen Auseinandersetzungen – ich liege im Finstern und lausche zitternd dem Wortwechsel: eine weiche Stimme, eine harte – zog die Schriftstellerin mit ihren Katzen, Büchern und Schulden aus. Meine Mutter weinte und konzentrierte sich von nun an ganz auf mich, schien mit 43 Jahren keine Wünsche mehr zu haben.

Sie verschloß sich nach außen, ließ keinen mehr an sich heran, war nur noch Mutter und Arbeitstier, neutral. Ich weiß wenig über sie. Darüber spreche ich nicht mit dir, sagte sie deutlich; es habe sich eben kein Ernstzunehmender gezeigt. Ich malte für sie, schrieb ihr Geschichten und kleine Botschaften, die sie, wenn sie spät von der Arbeit kam, auf dem Küchentisch neben ungespültem Geschirr fand. Sie hielt mich egoistisch fest, machte mich abhängig mit Liebe. Ich sollte ihr den Mann und die Freundin ersetzen; zuverlässiger, substanzreicher, fleißiger als diese.

1950 trat meine Mutter aus der SPD aus. Dort taucht ein alter Nazi nach dem andern auf, sagte sie. Ihr moralisch-antifaschistisches Bewußtsein – gegen Wiederaufrüstung, Atombewaffnung, Westintegration –, ausgeprägt unter dem Einfluß der Schriftstellerin, übertrug sich auf mich. Vielleicht hätte sie im Nachkriegsdeutschland, wo es an juristisch qualifizierten, nicht-nazistischen Leuten fehlte, eine Karriere machen können. Sie war scheu, traute sich das nicht zu, wollte wohl auch den Sohn nicht noch mehr alleinlassen.

Sie schickte mich auf ein humanistisches Gymnasium, wo ich mit Mühe die Aufnahmeprüfung bestand und immer ein schlechter, rebellischer, an beinahe allem desinteressierter Schüler war. Ich streckte die Beine weit von mir und sah aus dem Fenster. Selbst wenn mich der Gegenstand des Unterrichts einmal betraf, spielte ich den Abwesenden und tat, aufgerufen, so, als sei ich gerade aus einem Traum erwacht, obwohl ich die Antwort wußte. Sapere aude! tönte unser Direktor, Habe den Mut zur Wahrheit!, und ließ sich vom Chauffeur eines Fabrikanten in dessen Mercedes herumkutschieren. Als Gegenleistung wurde der Fabrikantensohn alljährlich versetzt.

Ich selber wuchs nicht, wirkte verstockt und zurückgeblieben, mit 15 Jahren ein dumpfes Kind noch, während die anderen längst Bier tranken, in engen Gängen Mädchen abknutschten und mit Parisern handelten. Ausgesperrt, eingefroren, ein Versager. So bin ich in der Obertertia trotz Nachhilfeunterricht sitzengeblieben. Wir hatten einen hochgewachsenen Griechischlehrer, der die Kleineren in der Schulpause ermunterte, ihm die Köpfe in die Hoden zu rammen, während er mit seinem Körper die Tür blockierte. Dieser Pädagoge rief mich jeden Nachmittag zu Beginn der Stunde auf und hörte mich griechische Vokabeln ab, mit leiser, tonloser Stimme, als läge ein Toter im Raum. Ich stand vor ihm, sah runter auf meine Schuhe und gab auch dann keine Antwort, wenn ich die Bedeutung eines Wortes wußte. Setzen, sagte er ruhig und machte in sein Notenheft einen Strich bei den Sechsen. Er schrie mich nie an, versuchte auch nie, mit mir über meine Verweigerung zu sprechen. Manchmal sagte er: Die Spalte ist wieder voll, ich muß hinten eine neue einrichten für deine Sechsen. Das ging viele Wochen lang so, ein verbissener Kampf, von der ganzen Klasse beobachtet. Eines Nachmittags brach ich schreiend über meiner Bank zusammen, Rotz und Wasser im Gesicht, ich mußte hinausgetragen werden, lag zitternd auf den Steinfliesen im Waschraum, Kameraden putzten mich ab. Fortan wurde ich nicht mehr aufgerufen. Es war egal, ob ich anwesend war oder nicht, ich hatte verloren, gab mitten im Schuljahr auf und blieb sitzen.

Ich habe noch die letzten alten Käuze erlebt, schrullige Originale, die im bekleckerten Frack mit offenem Hosenladen vor der Klasse standen und Sauflieder intonierten, während ihnen Maikäfer über den steifen Hemdkragen krabbelten – liebenswerte, vom Schulsystem zerstörte Idealisten. Es überwogen aber die grauen Nullen, die nie einen eigenen Gedanken gedacht hatten, zunächst Gefolgsleute der Nazis, dann Christdemokraten. Sie laberten uns mit Kriegserlebnissen und heruntergekommenen klassischen Phrasen voll, schlugen unsere Träume mit Gedichtinterpretationen tot. Ich brauchte nur die Buchstabenfolge DDR auszusprechen, um zu hören: Geh doch rüber zu deinen Freunden in die Sowjetzone, wenn es dir bei uns nicht gefällt! Je mehr ich langsam zu einem Bewußtsein von mir selbst und der Welt kam, desto weniger war ich bereit, irgendeine Autorität zu akzeptieren. Ich reizte die Lehrer, wo ich nur konnte, zeigte ihnen nichts als Verachtung.

Abweichendes Verhalten, Kritik am Wohlstandsfetisch, Erinnerung an das verdrängte Massenphänomen Faschismus wurden in den 50er Jahren massiv sanktioniert. Kaum einer in meiner Klasse, lauter Bürgerkinder, interessierte sich für Politik. Ich vertrat als einziger emotional SPD-Positionen. Besuchte noch kurz vor dem Verbot der KPD eine Wahlversammlung mit dem Abgeordneten Renner, der von den klassenweise abkommandierten Schülern der Oberstufe niedergebrüllt wurde. Ich hatte selber für Kommunisten nichts übrig, aber als ich die leeren, rotgeschrieenen Gesichter dieser Arschkriecher sah, lachend und prustend, verließ ich aus Scham und Ekel den Saal.

Außerhalb der Schule beschäftigte ich mich mit Poesie und Geschichte. Ich las existentiell radikale Literatur: Villon, Büchner, Kafka, Sartre, Camus. Von ihnen ließ ich mich korrigieren, lernte, daß es schon anderen so wie mir ergangen war; daß Haß und Einsamkeit nicht mein privates Schicksal waren. Die Literatur war mein Schutz gegen die vorgefundene Welt; deren Gemeinheiten ließen sich jetzt leichter ertragen. 1957 sah ich in Mannheim Brechts *Der gute Mensch von Sezuan*, und zum erstenmal nahmen ein anderes Denken, die Hoffnung auf eine bessere Welt konkrete Formen an. Brecht zeigte mir ein moralisch-politisches Modell (kein marxistisches), das sich offensiv gegen die reale Gesellschaft und deren Phrasengestrüpp kehren ließ. Er wies mich auf einfache Widersprüche und ihren sozialen Zusammenhang hin, gab mir Orientierungshilfen: Lüge und Wahrheit, Oben und Unten, die Herrschenden und die Beherrschten.

>»Darum, wer unten sagt, daß es einen Gott gibt
>Und ist keiner sichtbar
>Und kann sein unsichtbar und hülfe ihnen doch
>Den soll man mit dem Kopf auf das Pflaster schlagen
>Bis er verreckt ist.«
>(Bertolt Brecht, *Die heilige Johanna der Schlachthöfe*)

Erste Beziehungen zu Mädchen, angstbesetzt. Komm jetzt, sagte sie; ich kriegte den schlaffen Schwanz mit dem lächerlich rumbaumelnden Pariser nicht rein. Beim Onanieren ein Gefühl, als ob der Samen in mich zurückflösse. Messerstechereien mit dem Boß einer Halbstarkenbande. Ich imitierte Marlon Brandos rebellische Gesten, kniff die Augen wie James Dean in *Jenseits von Eden*, fühlte mich traurig und einsam wie er. Ich konnte mich nicht »widerspruchslos der Schulzucht fügen«. Mehrfach wurde mir die Verweisung angedroht. Einmal, als ich einen Turnlehrer, der mich in einem abgelegenen Kartenzimmer angefallen hatte, durch die Tür stieß, war der Beschluß schon gefaßt. Aber meine Mutter lief zum Direktor, beschwor meine unglücklichen Lebensbedingungen und brachte alles wieder in Ordnung. 1959 bestand ich das Abitur mit der Durchschnittsnote 4.

>»Ich soll meinen Leib pressen in eine Schnürbrust und meinen Willen schnüren in Gesetze.«
>(Friedrich Schiller, *Die Räuber*)

Das Theater als Flucht- und Gegenwelt. Was ich in den 50er Jahren auf der Bühne sah, war in der Regel verstaubtes, provinzielles Arrangement; Piscator- und Sellner-Inszenierungen in Mannheim und Darmstadt waren die Ausnahmen. In all seiner Schmierenhaftigkeit verfügte dieses Theater noch über die Aura des Phantastisch-Zigeunerhaften, die heute längst wegrationalisiert ist. Durch seine liebenswerte Rückständigkeit zog es Gefühle auf sich, die in anderen gesellschaftlichen Bereichen unbefriedigt blieben, hielt Kindheitserinnerungen wach. Die Theaterleute schienen mir keine alltäglichen Menschen zu sein, wenn sie mit ondulierten Haaren, ausfahrenden Gesten und tönenden Stimmen durch die Hauptstraße flanierten.

Ich sprach Teile der gesehenen Stücke zu Hause vorm Spiegel ernsthaft nach, versetzte mich in die Hauptrollen, ließ mich in Gedanken bewundern. 1955 sah ich ein Gastspiel mit Will Quadflieg als Tasso. Ich war betroffen – vom Schicksal des Dichters wie von seiner Darstellung –, ging tagelang blind, nur mit mir beschäftigt, umher. Lernte dann Goethes Text auswendig und lief, ihn memorierend, Waldwege entlang, Quadfliegs emphatisch-grollenden Tonfall im Ohr. So wie er wollte ich werden, ein Mittelpunkt-Mensch, der solche Gefühle, Leid und Glück, bei anderen auslösen kann wie er bei mir durch ein paar Blankverse, Blicke, Bewegungen, Pausen.

1956 war ich zum erstenmal Statist in Schillers *Räubern* bei den Schloßfestspielen. In der nächtlichen Atmosphäre des sommerlichen Schloßhofs stolperte ich scheu in der Gruppe der Räuber mit. Ein Kittel aus braunem Sackstoff, ein Gewehr, eine Fackel. Geruch von Knochenleim, Schminke, Stroh und frischem Holz. Legen Sie alles Bürgerliche ab!, schrie uns der einarmige Regisseur Herbert Maisch zu.

Ich nahm Schauspielunterricht in einer Heidelberger Privatschule. Das Geld dafür verdiente ich mir frühmorgens als Zeitungsausträger, mein bester Job. Im Schutz der Dunkelheit lernte ich die Gerüche verschiedener Treppenhäuser kennen, verbarg meine Hände im Winter zwischen den warmen Zeitungen und kehrte mit frischen Brötchen wieder ins Bett zurück, während sich die Straßen mit Lärm und Menschen füllten, die blicklos an mir vorbei zu ihren Arbeitsplätzen hetzten.

Die Schauspiellehrerin war eine vitale, geschäftstüchtige Frau, die uns glauben machte, wir müßten dankbar sein, einmal den Theaterboden schrubben zu dürfen. Es gab Unterricht in Phonetik, Fechten, Ballett, Pantomime, eine ungemein lockernde Atemtherapie. Im Zentrum standen das Rollenstudium und die Aufführungen der Truppe. Die Meisterin zelebrierte eine traditionelle Einfühlungsregie; der Schüler sollte sich mit seiner Rolle emotional identifizieren und die Monologe in rasantem Schwung herausschleudern. Man ließ uns keine Zeit zu selbstbewußter und reflektierter Gestaltung.

Da, fühl mal! sagte die Prinzipalin mit theatralisch vorgeschobenem Unterkiefer, erhob sich von ihrem Diwan, schlingerte auf mich zu und preßte meine Hand an ihr strammes Zwerchfell: Hier mußt du abstützen!

Ich wurde zum jugendlichen Liebhaber und Helden getrimmt, versuchte mich als Romeo, Mortimer, Ferdinand. Aber das Schauspielen war für mich wohl nicht die richtige Ausdrucksform. Ich hatte tiefsitzende Hemmungen, vor Fremden und gegenüber Partnern direkt zu sein und Gefühle aus mir herauszupressen, die real im Augenblick gar nicht vorhanden waren. Mein Narzißmus war subtiler Art, fernab von Prostitution, die zum Schauspielen gehört. Ich wollte um jeden Preis auffallen, aber mit eigenen Texten, mit literarisch vermittelten Gefühlen.

Unsere Schauspieltruppe war eine kleine Kommunikationsgemeinschaft. Ich lernte hier, mich zwischen anderen relativ ungezwungen zu bewegen, mich gestisch auszudrücken; ich lernte Kulissen malen, die Scheinwerfer bedienen, mit einem Ensemble etwas Gemeinsames herstellen. Wir reisten im VW-Bus in die Gemeindesäle der Vororte, zum Verein Christlicher Junger Männer, in Krankenhäuser und Altersheime, spielten Szenen der klassischen Literatur und religiöse Stücke von Manfred Hausmann. Dann ließen wir uns mit Bier und billigem Schnaps vollaufen, lachten, sangen, schrien bis in den Morgen hinein und bestärkten uns gegenseitig darin, bedeutende Menschendarsteller zu sein. Solche Temperamente braucht die Bühne, schrieb der lokale Kulturpapst über uns. Kaum einer hat es zum Berufsschauspieler gebracht, bestenfalls ein paar Jahre an einer Klitsche, gevögelt von heruntergekommenen Regisseuren, viel Alkohol, dann eine miese Ehe oder ein armseliger bürokratischer Job, all die begrabenen Hoffnungen, schnell sich verhärtendes Spießertum.

1960 ließen wir nach heftigen Krächen unsere Prinzipalin im Stich und gingen auseinander. Ich blieb bei meiner Mutter, suchte mir einen anderen Schauspiellehrer, einen alten, vom Theatersystem ausgelaugten Mimen, der dauernd nervös mit den Augenbrauen zuckte, und bestand ein Jahr später die Bühnenreifeprüfung. Spielte am Stadttheater und bei Festspielen im Fränkischen kleine Rollen. Der Weihnachtsprinz in *Dornröschen* war mein wichtigster Auftritt. Meine Bewerbungen an alle größeren Bühnen wurden per Vordruck abgelehnt. Ich litt unter diesen Demütigungen, quälte mich mit Selbstvorwürfen, spielte nun die großen Liebhaberrollen im Kopf durch, dachte daran, mich während einer Premiere vom Schnürboden auf die Szene zu stürzen. Noch heute wache ich manchmal nachts auf, und während ich meinen Schreien nachhöre, weiß ich, ich habe wieder vom Theater geträumt: Vorsprechen am Sonntagmorgen in den Kulissen von *Madame Pompadour*, der Intendant und sein Team flüstern im schwarzen Zuschauerraum; einer fragt, ob ich denn unbedingt zum Theater müsse.

»Reiser, der an Leib und Seele gelähmt war, konnte kein Wort hierauf antworten. Er eilte zum Tor hinaus und ging in der Allee verzweiflungsvoll auf und nieder.«
(Karl Philipp Moritz, *Anton Reiser*)

Meine Mutter versuchte mich zu trösten, sie litt mit mir, hielt mich für verkannt. Dumpf unter der Schädeldecke akzeptierte ich diese Niederlagen, wünschte sie sogar herbei. Denn im Fall eines Engagements hätte ich Heidelberg verlassen müssen. Ein Leben ohne meine Mutter konnte ich mir aber nicht vorstellen.

Das bürgerliche Individuum lernt durch Arbeit an sich selbst, es konstituiert sich durch Mißerfolge hindurch. So rappelte ich mich aus meiner Verzweiflung hoch und begann, an der Universität Heidelberg Germanistik und Kunstgeschichte zu studieren. Im Vergleich zur Schule mußte mir die Universität als ein Ort der Freiheit und des lebendigen Geistes erscheinen. Nachdem ich meine Scheu vorm Betreten der Hörsäle und Seminarräume überwunden hatte, entwickelte ich zum erstenmal eine positive Beziehung zu den Wissenschaften und zu intellektueller Arbeit überhaupt. Ich wurde ein guter, fleißiger, von den anderen isolierter Student. Ich suchte jemanden, der mich in meiner Besonderheit ernst nehmen würde, einen, an dem ich mich hätte orientieren können.

Vorerst identifizierte ich mich mit dem aristokratischen Geist einer Institution, die zwar um 1960 schon Massenuniversität war, aber noch Elite-Anstalt sein wollte. Ich verachtete die alles mitschreibenden, stur aufs Examen hin büffelnden Kommilitonen; bewunderte die Professoren für ihre umfassenden Kenntnisse, ihre interpretative Sensibilität, ihre theatralisch-autoritäre Gestik; hoffte, irgendwann von einem dieser Repräsentanten des Geistes als ein gleicher, zumindest ähnlicher erkannt zu werden, und sei es nur wegen meines introvertierten Gesichtsausdrucks, der Art zu reden und mich zu bewegen. Ich arbeitete ehrgeizig an der Verbesserung meiner Kenntnisse, aber ich meldete mich in den Seminaren nie zu Wort, mied auch das sich anschließende gesellige Beisammensein in der Weinstube und die Sommerfeste zum Semesterschluß, wo sich einige Professoren als Menschen gaben, besoffen nach Studentinnen griffen oder ein Glasauge über den Tisch rollen ließen. Ich wollte gefallen, aber nicht auf die triviale Weise der anderen; ich wollte gebeten werden.

Nun war aber in der alten hermeneutischen Germanistik und besonders in ihrem kommunikativen Zentrum, dem Meister-Schüler-Verhältnis, die Devotion schon angelegt. Neben der wissenschaftlichen Kompetenz gab es feste Sprachregelungen und Verhaltens-Codices, die keiner ungestraft verletzen durfte. Die Ordinarien wußten zwar, daß sie weder Goethe noch Eckermann, weder George noch Gundolf noch Kommerell, nicht einmal Emil Staiger waren, aber sie fühlten sich als deren berufene Nachfahren, gesalbt Interpreten, und ahmten ihre Vorbilder oft bis in Gestik und Formulierungen nach. Von ihren eigenen Schülern verlangten sie dieselbe nachplappernde Hingabe, die ihnen selbst einmal, unter Demütigungen, eine akademische Lauf- und Trittbahn eröffnet hatte.

Es dauerte einige Jahre, bis der Mythos des Professors seine Wirkung verlor. Schließlich war es mir peinlich, dabei zu sein, wenn die Meister mit wichtiger Miene ihre Floskeln zelebrierten, Zwiesprache mit dem Text hielten, das angelesene Zeug als eigenes verkaufend, oder gar ihre eigene Individualität vor den Dichter schoben. Wer durchblicken ließ, daß er auch nur im Detail anderer Meinung war, der war erledigt, er konnte abziehen und wurde – wenn er obendrein aufzubegehren wagte – unter stummem Beifall der Kommilitonen mit harten Worten aus dem Saal gewiesen. Indem einige Professoren nicht abließen, sich als Priester des Geistes darzustellen, als Inkarnation von Literatur und Geisteswissenschaft in einem, als absolute Instanzen, machten sie es einem mit der Zeit leicht, sie in ihrer Trivialität wahrzunehmen.

Dieser Prozeß wurde bei mir durch persönliche Enttäuschung beschleunigt. Professor Arthur Henkel, auf den ich gesetzt hatte, wies mich kalt ab. Ich war ihm zu arrogant, zu subjektiv auch, was als identisch mit unwissenschaftlich galt. Vergebens bestand ich auf meiner These, daß jede geistige Arbeit grundsätzlich subjektiv sei. Warum das kaschieren? Stolz und Anmaßung schlugen bei mir auch jetzt wieder in Gekränktsein und sofortigen Rückzug um. Die Promotion war damit verspielt.

Verglichen mit den technokratisch-reformistischen Strichmännchen, die mittlerweile auf Professorensessel geklettert sind, schneiden meine alten Ordinarien gut ab, nicht nur, weil sie für Poesie empfindlich waren. Sie haben noch Sinn- und Wahrheitsfragen gestellt und darauf überwiegend bildungskonservative Antworten gegeben. Man konnte sich mit ihnen identifizieren, und man konnte gegen sie rebellieren. Die dabei mitproduzierte individuelle und gesellschaftliche Sensibilität wurde zu einer Konstitutionsbedingung der Studentenbewegung. Noch heute weiß ich Texte des deutschen Mittelalters auswendig, die Professor Wapnewski überaus gefühlvoll vortragen und auslegen konnte. Als er im Juli 1966 vor mehreren hundert Studenten im Hörsaal 13 seine Abschiedsvorlesung hielt, sprach er über Walthers *Elegie*. Immer langsamer und leiser kamen die Worte, gegen die Tränen ankämpfend – »owê war sint verswunden alliu mîniu jâr!« –, schließlich weinte er wirklich, und viele im Saal weinten mit ihm. Ich hörte schamhaft in mich hinein und war den Tränen nahe.

»So bestanden von seiner Kindheit auf seine eigentlichen Vergnügungen größtenteils in der Einbildungskraft.«
(Karl Philipp Moritz, *Anton Reiser*)

Ich habe während meiner Studienzeit einen wesentlichen Teil meiner Erfahrungen mit Literatur und Kunst gesammelt. Hierhin konnte ich mich zurückziehen, hier fühlte ich mich in meiner Isolation verstanden und bekräftigt, wo sich draußen in der Gesellschaft nichts zu bewegen schien – Ersatzbefriedigung und zugleich Mangelverschärfung, die einmal in reale

Aktion umschlagen mußte.

Ich identifizierte mich mit den unglücklichen, ausgestoßenen Dichtern, deren Biographien, Briefe und Tagebücher ich genau kannte. Bei Hölderlin, Büchner, Grabbe, Trakl, Heym, Kafka und anderen fand ich mein Leiden an der Sinnlosigkeit und die Denunziation bürgerlich-etablierter Werte sowie jeder institutionellen Politik vorformuliert. Ich paßte meine Gefühle naiv übertreibend einer Norm an, auf die ich die Schriften und Lebensgeschichten der alten Poeten zuvor verkürzt hatte, sah überall nur Zerfall und Einsamkeit, hoffte theatralisch auf Wahnsinn und Inspiration, wollte ›nur der Kunst leben‹, ein Verdammter. Entdeckte bei Reinhold Lenz das Modell des verlorenen Sohnes, las bei Kleist von der gebrechlichen Einrichtung der Welt, bei Thomas Mann von der Sehnsucht des Künstlers nach den Blonden und Durchschnittlichen und von seiner natürlichen Neigung zum Abgrund: *Dr. Fausti Weheklag*, der deutsche Künstler aus der Retorte. Ich berauschte mich an Rilkes *Duineser Elegien*, an Novalis' *Hymnen an die Nacht*, an Brentanos erotisch-lautmalenden Gedichten. Ich fühlte mich in die geistige Tradition Heidelbergs seit der Romantik ein, die längst abgeschafft war, nur in Büchern aufgehoben, fragmentarisch in den Köpfen später Individuen.

> »Da ermannte sich der Mann und sagte: ich will das haben, was ich fürchtete; und Schoppe trat näher an den breiten hohen Nebel, und siehe es war nur der längste Traum vor dem längsten Schlaf, nicht mehr, was sie Wahnsinn nennen.« (Jean Paul, *Titan*)

Betroffen, verletzt, gereizt, getröstet, mitgerissen durch Sprache. Jean Paul, die existentielle Dimension des Grotesken: plötzlich schweigt die Musik, und mein Doppelgänger kommt auf mich zu durch den Spiegel. Krankhaft wuchernde Phantasien. Saß grübelnd im Wald über einigen Zeilen des *Werther*, des *Grünen Heinrich*, des *Maler Nolten*. Zur Musik habe ich kaum je einen Zugang gefunden, nur Richard Wagner hat mich betroffen gemacht. So kann ich noch heute stundenlang im Dunkeln sitzen, während die Bayreuth-Übertragung des *Tristan* im Radio läuft, und im Auf und Ab der Gefühle in mich hineinhören.

Für Jahre vertiefte ich mich in die subjektivistische Philosophie und Literatur der Frühromantik, schrieb eine Magisterarbeit über die Spielstruktur der romantischen Komödie, reflektierte, angetrieben durch Friedrich Schlegels aphoristische Intelligenz, über eine neue Form des Romans, ohne Fabelgerüst, nur der romantischen Ironie, der Freiheit des Einfalls verpflichtet. Zeitgenössische Literatur, die mir durch protestierende Verzerrung der Wirklichkeit weiterhalf: Grass' *Blechtrommel*, Johnsons *Mutmassungen über Jakob*, Arno Schmidts *Aus dem Leben eines Fauns*, Peter Weiss' *Das Gespräch der drei Gehenden*. Ich schrieb Artikel für Zeitungen über vergessene Dichter: Jakob van Hoddis, Alfred Lichtenstein, Ernst Toller, Georg Kaiser, Klaus Mann.

Meine kunstgeschichtlichen Studien galten vor allem der Kunst des Mittelalters, der italienischen Renaissance, dem Manierismus und den Werken des 20. Jahrhunderts. Wochenlang bin ich mit einem Jugendfreund durch die Kirchen von Florenz gezogen, um einen Altarflügel von Uccello ausfindig zu machen. Jahre später bin ich an denselben Objekten fühllos, ja widerwillig vorbeigelaufen, konnte mir meine frühe Begeisterung nicht mehr erklären.

Ich bin nie gern verreist, erlebe noch heute jede Abreise als Trennung. Sobald ich in einer fremden Stadt ankam, lief ich sofort ins Theater oder ins Museum, ohne mich für den Ort zu interessieren. Reiste häufig nach München, nur um Fritz Kortners umwegig-genaue Inszenierungen zu studieren; ich wollte bei ihm volontieren, wagte es aber nie, ihn im Café der Kammerspiele anzusprechen. Sah Klaus Kammer in Kafkas *Bericht für eine Akademie*: ein Wesen zwischen Mensch und Affe. In meinem Bekanntenkreis nahmen die Selbsttötungen zu. Täglich einsame Waldspaziergänge, sonntags mit meiner Mutter. Der grau-struppige Dackel, den ich ihr geschenkt hatte, sprang um uns herum. Er hat meine Mutter überlebt. Vor ein paar Monaten lag er morgens in seinem Korb, mit offenen Augen, steifen Beinen, einer zerknitterten blauen Zunge. Ich habe ihn im Garten begraben.

Weiterhin Angst vor Frauen, an die ich hybride Anforderungen stellte. Immer derselbe Typ, blond, kühl, langbeinig; das Gegenbild meiner Mutter, hoffnungslos. Schauerliche Ausgrabungen (jetzt in der Nacht, die Cointreau-Flasche vor mir): Kaum zu glauben, diese unbedingte Stimme, schrill vor Angst, soll meine sein? Schnitt mir demonstrativ Wunden in die Brust. Das falsche Pathos meiner Liebesbriefe, voll von Ich-Besessenheit und Beteuerung meiner Aufopferungsbereitschaft, selbstgerecht, bis ins Sadistische inhuman, aber sobald ich zupacken sollte, schnell ein paar Schritte zurück. Schmierenkomödiant, ohne Geduld und Verständnis. Wenn eine Affäre zu Ende war, kehrte ich befreit zu meiner Mutter zurück.

Frauen als Onaniervorlagen. Kopfbilder. Ein Stoß verklebter Comics, noch feucht aus Mülleimern gezogene Illustrierte. Meine Rollenfixiertheit, sicher gespeist aus einer primären Mutterbindung, die bis heute die Basis meiner wie immer scheinhaften Ich-Stärke ist. Jeder Mann ist in diesem klischierten Triebzusammenhang Feind, zumindest Konkurrent: auf dem Markt, um die Frau, um den Bildungsbesitz. Mich beschnitten, verstümmelt, bis so etwas wie eine Persönlichkeit sichtbar wurde, ein Charakter mit Furchen, verkaufbar, kein schöner Anblick. Berufsmäßiges Wahrnehmen, eine laute Stimme, die lange Satzperioden spinnt, berechnete Ausbrüche. Henry Fonda, der Mann mit den goldenen Colts, reitet in schwarzer Montur aus der Stadt, ohne einen anzusehen. Sich von allen abkapseln, härter werden, das Depressive durch Arbeit bekämpfen . . .

> »alter Traum ich mache nicht mit oder ich mache mit es hängt davon ab man sagt nicht wovon von den Tagen es hängt von den Tagen ab adieu Ratten das Schiff ist gescheitert etwas weniger das ist alles was man erfleht.«
>
> (Samuel Beckett, *Wie es ist*)

Ich schrieb in den frühen 60er Jahren eine Dramatisierung von Kleists *Die Marquise von O.*, eine Bearbeitung von Goethes *Götz*, einige Erzählungen und viele Gedichte. Das Schreiben war für mich eine Form des Überlebens. Aber ich faßte existentielle Not, pubertäre Angst, Mißtrauen und Liebesbedürfnis in ungeschaute, erfahrungsarme Bilder, in eine angelesene Diktion. Meine Gedichte glichen anderen Gedichten, die mich beeindruckt hatten, solchen von Trakl, Hölderlin, Lorca, Benn und Celan. Es waren Naturgedichte, aus den verschiedensten Sprachgesten und Rhythmen kunstvoll zusammengesetzt, eine Anhäufung von Metaphern, die sich gegenseitig erdrückten. Kopflose Gedichte, durchzogen von einer alles einschwärzenden Todessehnsucht, die mich jetzt beim Wiederlesen peinlich berührt. Ich war damals überzeugt, hier meine eigene Situation, meine geheimsten Wünsche adäquat ausgedrückt zu haben, schickte die Gedichte an viele Redaktionen und war maßlos verletzt, wenn die schweren Manuskripte wieder in meinem Briefkasten lagen, mit floskelhaften Begleitbriefen oder Vordrucken versehen. Auf jeden Mißerfolg reagierte ich mit destruktiver Selbstkritik, regredierte tagelang im Bett.

»Wut und Geduld sind nötig,
in die Lungen der Macht zu blasen
den feinen tödlichen Staub, gemahlen
von denen, die viel gelernt haben,
die genau sind, von dir.«
(Hans Magnus Enzensberger, *Verteidigung der Wölfe*)

Ich fing an, meine apolitische Verweigerung zu durchbrechen. Ich schrieb vereinzelt gesellschaftskritische Gedichte nach Enzensbergers Vorbild. Dessen frühe medienkritische Essays waren für mich die ersten, überraschenden Beispiele eines linken Diskurses. Ich schwankte zwischen ethischem Engagement und ästhetischen Autonomie-Forderungen. Die moralisch-liberale Erziehung mit relativ großen Freiräumen zeitigte bei mir früh Gerechtigkeitsliebe, Idealismus, eine deutschbürgerliche Innerlichkeit, die sich durch alle politischen Wandlungen hielt. Ich denke an Schulaufsätze zum Thema »Worin sehen Sie ein Beispiel menschlicher Größe?« In der Aufopferung für andere, schrieb ich. Albert Schweitzer war der Wundermann, mit dem sich die bürgerliche Jugend ködern ließ. Jaspers über die Schuldfrage. Mein Entsetzen, als ich die ersten Fotos von ausgemergelten KZ-Opfern sah – ein nacktes Kind hielt noch seinen Becher fest –, und dann auf der Straße diese selbstgerechten, verschlossenen Gesichter, denen ich auswich, an den Hauswänden entlang, Blick nach unten. Beinlose Kriegskrüppel, auf Krücken und niedrigen Holzwagen – so viele damals, jetzt alle tot?

»Ich gebe nur zu bedenken
daß sie ihr Handwerk

nicht hätten ausführen können
ohne die Unterstützung
von Millionen anderen.«

(Peter Weiss, *Die Ermittlung*)

Zu Beginn der 60er Jahre war das Theater ein Ort, an dem gesellschaftspolitische Fragen – Verdrängung und Fortleben des Faschismus in antikommunistischer Verkleidung; der Opportunismus der Massen und die Ohnmacht der Intellektuellen – erbittert verhandelt wurden. Stücke wie *Andorra* von Max Frisch, *Der Stellvertreter* von Rolf Hochhuth, *Zeit der Schuldlosen* von Siegfried Lenz, *Eiche und Angora* von Martin Walser, *Oppenheimer* von Heinar Kipphardt, *Marat* und *Die Ermittlung* von Peter Weiss haben wesentlich zur Fundierung eines linken Bewußtseins beigetragen, ließen uns erstmals nach dem Bedingungsrahmen der faschistischen Verbrechen fragen. Ich schämte mich, ein Deutscher zu sein, schrieb einen emphatischen Brief an Hochhuth, forderte in einem langen Essay ein der universellen Aufklärung verpflichtetes Theater, studierte Brechts Stücke aus der Zeit der Emigration und seine Schriften zum Theater. Mein Haß auf die offizielle Politik der auslaufenden Adenauer-Ära wuchs.

»Uns geht es prima! Feiert ohne Reue!«

(Schlagzeile der *Bild-Zeitung*, 24. 12. 1964)

Die Gesellschaft erschien mir, wie bei Genet, vom Tod gezeichnet, ein Wohlstandssumpf. Ich sah 1965 das »Living Theatre« mit *Mysteries*: am Ende der Auschwitz-Tod im Zuschauerraum zwischen den Bänken. Die Schuhe der Toten wurden an der Rampe aufgereiht, die Körper selber zum Scheiterhaufen geschichtet.

Angeregt durch ein literatursoziologisches Seminar las ich Arbeiten zur ästhetischen Theorie von Adorno, Benjamin, Lukács; auch Marx', Engels' und Lenins Schriften über Literatur und Kunst. Ohne Methodik und Sprache der Kritischen Theorie und des Marxismus in ihren politischen und wissenschaftsgeschichtlichen Kontext einordnen zu können, benutzte ich sie sogleich, um meinen Professor öffentlich anzugreifen, der das Seminar nur mit dem Ziel veranstaltet hatte, die Überlegenheit des l'art-pour-l'art-Standpunkts gegenüber der aufkommenden Literatursoziologie zu demonstrieren. Begriffe wie Klassenkampf, Ausbeutung, Ware und Kapital waren für mich weniger politisch-ökonomische Kategorien als moralische Signale eines subjektiven Aufbruchs. Klassenwidersprüche waren unübersehbar, auch wenn sie offiziell geleugnet wurden. Ich verstand mich als Sozialist, während mein ästhetischer Individualismus ungebrochen war. Ich wollte etwas Nützliches tun, wußte aber, daß die Kunst nur wenigen nützt. Ein Spätentwickler, unsicher, nach vielen Seiten hin offen, wartete ich auf etwas Unvorhersehbares.

1965 fanden die ersten Massendemonstrationen gegen den sogenannten Bildungsnotstand statt, mit dem Ziel der Durchsetzung einer technokratischen Hochschulreform. Ich lief im Schweigemarsch mit. Das sind ja Kommunisten! riefen uns Passanten zu. Da sind wir anders marschiert! Auch die Genossen vom SDS standen abseits und machten Witze über uns.

Im Bundestagswahlkampf 1965 verstanden es Grass und Brandt noch einmal, die kritische Intelligenz für die SPD als das ›kleinere Übel‹ zu mobilisieren. Ich klatschte dem Dichter der *Blechtrommel* zu, sympathisierte mit Willy Brandt, dem unehelich Geborenen, ehemaligen Emigranten und Antifaschisten. Ich besuchte die Wahlversammlungen der Parteien. Stand einmal auf der seitlichen Empore der Stadthalle, eingekeilt zwischen CDU-Anhängern, allein, während Bundeskanzler Erhard hinter geschwenkten Fahnen, von einem uniformierten Fanfarenzug begrüßt, in den Saal einzog. Und jetzt hörte ich zum erstenmal erstaunt meine Stimme in einer politischen Versammlung, ich brach das Schweigen, schluckte meine Wut nicht mehr, brüllte bis zum Heiserwerden: »HJ« und »Die Fahne runter!« Und um mich herum kam die Antwort: »Die Fahne hoch!« Eine alte Frau stieß mir den Regenschirm in den Bauch: »Das will Elite sein! Wie können Sie sich so schlecht benehmen!« Ich brüllte weiter. Hinter mir hatten sich längst Saalordner aufgebaut. Sie führten mich hinaus.

»Brandt: es ist aus. Wir machen nicht mehr mit.«
(F. C. Delius, *Abschied von Willy*)

Es war das letzte Mal, daß ich mich, »Willy« rufend, für die SPD engagiert und diese Partei gewählt habe. Am Tag nach dem Wahlsieg der CDU/CSU lief ich deprimiert durch die Stadt und traf einige SDS-Leute, die zwar DFU gewählt, aber ebenfalls auf die SPD gesetzt hatten. Es war der Triumph der Besitzenden, der Reaktionäre. Jetzt würden die Notstandsgesetze verabschiedet werden. Spätestens Ende 1966, nach der Bildung einer Großen Koalition zwischen CDU/CSU und SPD, wurde mir klar, daß auf parlamentarischem Weg eine grundsätzliche Änderung der Gesellschaft unmöglich war.

Wut und Hoffnungslosigkeit kehrten sich wieder nach innen. Ich ging nicht in den SDS, wo gerade Marx und Marcuse gelesen wurden; ich dachte nicht daran, Gewerkschaftsarbeit zu machen oder mich mit der wirtschaftlichen Rezession zu beschäftigen. Von der offiziellen Politik schnell enttäuscht, vertiefte ich mich in die Kunst, bereitete mein Examen vor und las Samuel Beckett.

> »Es ist besser, sagt ich mir, zur Biene zu werden und sein Haus zu bauen in Unschuld, als zu herrschen mit den Herren der Welt und, wie mit Wölfen, zu heulen mit ihnen.«
>
> (Friedrich Hölderlin, *Hyperion*)

Was mich schon bei Hemingway, gleichsam durch dessen konventionelle Schreibweise hindurch, fasziniert hatte: Pessimismus ohne Wehleidigkeit, Tapferkeit in der Niederlage (»Man kann vernichtet werden, aber man darf nicht aufgeben«) – diese existentielle Radikalität fand ich bei Beckett wieder in einer ungleich härteren, offenen, ausgebrannten Form, im Rhythmus individueller Verweigerung, nahe am Verstummen. Becketts Figuren leiden an der Einsamkeit und retten sich in das Ritual des Spiels, um die Leere zu überbrükken. Wäre das nicht eine Chance für mich?

Tatsächlich halfen mir Becketts Bücher, mich mit mir selber abzufinden, meine Widersprüche und Niederlagen auszuhalten. Mit den Illusionen nahmen auch die Depressionen ab. Ich fragte nicht mehr nach dem ›Sinn‹ und fühlte mich, indem ich alle Metaphysik verwarf, freier und stärker denn je. Ich fror meine Empfindsamkeit ein, verbreitete Kälte um mich, Schroffheit, ließ niemanden an mich ran. Saß steif auf einem Hocker, Karin gegenüber, den Hund an mich gepreßt.

Becketts reduzierte, plastisch geformte Sprache. Erregend

zuzusehen, wie sich die Wörter – von einem aktuellen Eindruck ausgehend – abmühen, die zerstäubenden Erinnerungen ausfindig zu machen und festzuhalten. In *Wie es ist* wird die Schwierigkeit solcher Trauerarbeit in den Schreibvorgang einbezogen. Am Ende des Textes werden die ohnehin spärlichen Erinnerungen und Wahrnehmungen zurückgerufen, als nicht existent bezeichnet; übrig bleiben nur: das Keuchen und Murmeln der Erzählerstimme, Dreck, Dunkelheit.

Andere Erinnerungsbilder stehen schmerzhaft deutlich vor mir. In dem Einakter *Das letzte Band* hört der alte Poet Krapp ein Tonband ab, worauf er als 39jähriger den Todesmoment seiner Mutter fixiert hat:

»Dort saß ich, als der Vorhang herunterging, einer jener schmutzigbraunen Rollos, während ich gerade für einen kleinen weißen Hund einen Ball werfen wollte, es traf sich so. Ich blickte zufällig auf, und da war es soweit. Endlich alles aus und vorbei. Ich blieb noch einen Moment mit dem Ball in der Hand sitzen, während der Hund danach jappte und tappte. Momente. Ihre Momente, meine Momente. Die Momente des Hundes. Schließlich reichte ich ihm den Ball, und er nahm ihn ins Maul, sachte, sachte. Einen kleinen, alten, schwarzen, harten, massiven Gummiball. Ich werde ihn in meiner Hand fühlen bis zu meinem Sterbetag. Ich hätte ihn behalten können. Aber ich gab ihn dem Hund.«
(Samuel Beckett, *Das letzte Band*)

Ich kultivierte meine asketisch-einsiedlerische Lebensform, wollte endgültig Schriftsteller werden: ein Tagesablauf zwischen Schreibtisch und Waldspaziergängen, außerhalb der gesellschaftlichen Institutionen, die meine Dienste abgewiesen hatten. Wahrnehmungen, Träume, Erinnerungen; Sprachfetzen, lauter Fragmente, lose zu einem Prosatext verknüpft; keine Fabel, kein geschlossenes Weltbild. Ich versuchte, die sinnlichen Dinge um mich zu greifen, sie in ihrer Abweisung zu beschreiben. Trotz dauernder poetologischer Reflexion kam ich aber mit meinem Prosatext nicht voran, war ich unfähig, meine Frustration produktiv zu wenden.

Oft fiel es mir schwer, die neuerworbenen Theoreme von der täglichen Selbstbestätigung durch Arbeit, vom Spiel in einer sinnfreien Welt aufrechtzuerhalten. Unruhige Träume, abgerissene Bilder vögelnder Körperteile, ich erwache mit stehendem Schwanz. Angst, auf der Straße einen anderen Fußgänger zu überholen; Angst, fremden Blicken zu begegnen; Angst in einer vollen Straßenbahn; Angst, meinen Text zu vergessen, den Auftritt zu verpassen. Unnatürlich aufrechter Gang. Auf dem Friedhof das Schild: Diese Gräber werden abgeräumt.

Ich las Proust, Joyce, Robbe-Grillet. Besuchte philosophische Vorlesungen. Karl Löwith war einer der wenigen Professoren, die mich anhaltend beeindruckt haben: ein kleiner Mann mit großem Kopf, der knapp über dem Stehpult zu schweben schien, und einer gleichförmigen, aber ungemein intensiven Vortragsweise. Sein Thema war die Kritik jeder Metaphysik. Ich sah mir Giacomettis ausgemergelte Skulpturen an, Menschen vorstellend, die nichts mehr erwarten und trotzdem aufrecht weitergehen. Sah Ölbilder von Dieter Krieg: verwesende Körper, in Stahlrohrmöbeln sitzend, in den grauen, gekachelten Badezellen der Altersheime und Krankenhäuser, schwarzer Anzug, das Gesicht mit einem Tuch bedeckt. Rosa verkrüppelte Hände lagen auf den schlaffen Oberschenkeln dieser Figuren – lebten sie noch? Wenn ich das weiße Tuch vom Gesicht ziehen könnte. Die Geschichte des irren Malers im *Endspiel*, der, aus dem Fenster schauend, nur Asche sieht, wo eigentlich Frühling ist. Bei längerem Betrachten wurde mir mein eigener Körper fremd und ekelhaft.

All diese geschrumpften Menschenbilder im Kopf, dachte ich mir, daß die Darstellung des Endes, des Zerfalls einmal umschlagen müßte in den Entwurf eines neuen Freiheitsraums. Wären erst die bürgerliche Welt, deren Werte und Sprache zerbrochen, würde es auch möglich sein, etwas Neues zu errichten, wobei ich, idealistisch, mehr an Kunst denn an Politik dachte.

Diese ästhetische Haltung zur Welt wurde bei mir unter dem Einfluß eines Freundes gefördert. M., ein Architekt und Bildhauer, stellte sich als naiv und organisch über die Kunst meditierendes Originalgenie dar. Wir nannten ihn den weichen Riesen. Gegenüber meiner neurotischen Disharmonie vertrat er selbstbewußt eher klassische Kategorien wie Form, Spiel, Freiheit des Einfalls.

Zwischen 1965 und 1967 besuchte ich ihn beinahe täglich, und wir sprachen, ohne M.s Frau und die Kinder weiter zu beachten, über immanent ästhetische Fragen, die für ihn und nach einiger Zeit auch für mich die wesentlichen waren.

Autodidaktisch entwickelten wir dabei für uns stufenweise quasi-philosophische Systeme, die zunächst an Heideggers Ontologie, dann an Husserls Phänomenologie, schließlich an den Positivismus des frühen Wittgenstein erinnerten, ohne uns voll bewußt zu sein, daß es diese Systeme in ausgearbeiteter Form schon gab. Wir hatten nur wenige philosophische Schriften gelesen und auch sie zum Teil mißverstanden. Im Kern ging es uns, in Abweisung aller Psychologie, um ein naives Erschauen der Objektwelt, um eine neue Autonomie der Kunst. Lebendig, einfallsreich, verspielt sollten die Kunstwerke sein, die wir machen wollten, ziellos, ohne Bedeutung.

M. erschien mir frei und unkonventionell, einer, dem Traditionen lästig waren. Er konnte fundamental über einen Gegenstand nachdenken. Eine raumgreifende Persönlichkeit mit vielen Bildungslücken und dem Geschick, in der Argumentation eines anderen sogleich den schwachen Punkt aufzuspüren, um dann den Sprecher, der immer Gegner war, unbarmherzig zu demütigen und seine Gedanken zu vernichten. M.s massiger Körper saß, wenn ich ins Zimmer trat, in einem tiefen Sessel inmitten des Raumes, zwischen organisch-sinnlichen Holzskulpturen, er sah mich ironisch-erwartungsvoll an: was hatte ich wieder gelesen, um es ihm zu referieren, damit er, der kaum Theoretisches las, es zerstören konnte?

Ein allabendlicher ritueller Kampf. Wir debattierten offiziell wie vor Zuschauern. Ich strengte mich an, die Vaterfigur endlich zu besiegen, doch obwohl ich oft die besseren Argumente hatte, verlor ich fast immer. Er hatte mich in seinen Bau gelockt, um mich auszuquetschen und umzudrehen, um sich selbst zu bestätigen; ein verkrampfter Patriarch, der seine Schwächen zu Stärken machte und sich kaum je eine Blöße gab. Ich hatte seine Bedingungen und Interessen erst einmal akzeptiert und bemühte mich, einen Rest von sozialer Verantwortung des Künstlers gegen M.s Autonomiepostulat festzuhalten, während er nur dasaß und lächelte, wenn ich unsicher von Vietnam sprach, von einer Persien-Kundgebung mit 50 Leuten auf dem leeren Uni-Platz; oder er wies langsam, mit ausgesuchten Worten, sich verhärtender, hoher Stimme und entschiedenen Handbewegungen alles ab, was ich gesagt hatte, ohne mich dabei anzusehen.

»Ein Herz von Marmelstein? Aber, horch einmal, Herr Holländer Michel, das muß doch gar kalt sein in der Brust.«

(Wilhelm Hauff, *Das kalte Herz*)

Ein homoerotischer Bund zweier extrem Isolierter, die einander brauchten. Aber wir sprachen nie über uns selber; das Psychische blieb bis 1968 völlig tabu. Wir unternahmen lange Waldspaziergänge – M. erklärte mir die Namen der Bäume, Blüten und Holzarten –, besuchten Museen, Ateliers, Töpferwerkstätten, sprachen über die Schönheit einzelner Dinge, über Form- und Farbwirkung. Lasen zusammen Proust, Joyce, Beckett. Sahen Filme von Fellini und Godard, Filme der Beatles. Ich profitierte von M., lernte, mich in die Gegenstände einzusehen, ging oft verunsichert nach Hause, notierte mir vieles, grübelte nach. Jedes Werk eine Welt für sich? Ich kippte um, sprach nicht mehr von engagierter Kunst.

Im Grunde stammte das ›Schöpferische‹, ›Eigene‹, ›ganz Neue‹, das M. vom Kunstwerk verlangte, aus zweiter Hand. Es war, einseitig ausgewählt, der klassischen Avantgarde verpflichtet: Hans Arp, Henry Moore, Brancusi; Georges Braque, Matisse, Paul Klee, Kandinsky und dem Künstler-Architekten Le Corbusier; an jüngeren Künstlern: Wols und dem von Heidegger besungene Bernhard Heiliger. Indem wir so die Möglichkeit ursprünglicher, ja mystischer Welterfahrung durch Kunst behaupteten, fiel es uns leicht, sämtliche Spielarten der Gegenwartskunst als ›ideologisch‹, ›unfrei‹, ›manipuliert‹ abzuweisen.

Ich übernahm M.s formale Theorien, obwohl ich insgeheim weiter gegen sie ankämpfte, weil sie meiner Erfahrung widersprachen. Er brachte mich in die Rolle dessen, der sich für seine Intellektualität – eine Verengung – noch rechtfertigen mußte, ließ mich verletzend merken, daß ich für ihn ein Wasserträger war, ein Schubladenmensch, unfähig zu originalen Gedanken, ein Zitator von Bildungsbesitz. Ich war getroffen, wie gelähmt, versuchte, wegzuhören. Wenn M. es allzu roh getrieben hatte, strafte ich ihn und blieb einige Wochen aus, bis er mir durch seine Frau eine Postkarte schreiben ließ.

Mein Mitteilungsbedürfnis fand in M. keinen Adressaten. Er blieb, auch aus Hilflosigkeit und Angst vor Introspektion, immer kalt und hochmütig. Um zu mir selbst zu kommen, mußte ich mich aus M.s Zwangszusammenhang lösen, wo nur seine Meinung galt; wo der Mensch ein Ding war wie jedes andere, eine Form; wo das Interesse an der eigenen Subjektivität und Geschichte dem Verdikt verirrter Metaphysik verfiel. Esoterik und Demokratiezweifel, mir selber nicht unbekannt, fand ich bei M. in gesteigerter Form. In Selbstüberschätzung wollte er die Geschichte außer Kraft setzen, sich aus der abendländischen Kulturtradition davonstehlen und entwarf für bundesweite Wettbewerbe die unvermittelte Utopie: phantastische Architekturen, organisch auswuchernde Formstrudel – so wollte er sein.

Ich wollte über meine Schwierigkeiten, meine kleinen Niederlagen schreiben, nicht über Formen im Raum und das romantische Gesamtkunstwerk. Anfangs mehr aus Protest gegen M. begann ich mich für die um 1965 in der Bundesrepublik aufkommende Pop-Art zu interessieren. Dieser neue Realismus brachte den Menschen wieder in die Kunst zurück, als deformiertes Zitat. Ich las geschichtsphilosophische Studien von Adorno und Szondi, sah einen Weg, M.s Schöpfergebärden, aus denen nichts als Lähmung hervorging, abzustoßen und das historisch Notwendige zu tun: die Umwelt in ihrer Trivialität wiederzuentdecken.

Auch in der Poesie begann sich der neue Realismus durchzusetzen. Ich verfolgte die Debatte um eine sich zur Wirklichkeit hin öffnende Lyrik, ausgelöst durch Höllerers *Thesen zum langen Gedicht*. Ich faßte wieder Mut zu meinen eigenen Erfahrungen, suchte nach härteren Dissonanzen.

> »O! Zünde mir einer die Fackel an, daß ich das Unkraut von der Heide brenne! die Mine bereite mir einer, daß ich die trägen Klötze aus der Erde sprenge!«
>
> (Friedrich Hölderlin, *Hyperion*)

Anfang 1967 entdeckten und mißverstanden wir den Maoismus, lasen für uns heraus die dynamische Kategorie der Bewegung, die wir an die Stelle des statischen Form-Begriffs setzten; Revolution in Permanenz, Vernichtung aller tradierten Normen, es klang berauschend: die Menschen aus ihrer Starre lösen, das Verbrauchte abstoßen, unsere eigene Karikatur; ein Leben aus zweiter Hand, das schien jetzt vorbei. Wir bemerkten durchaus den dialektischen Handlungsbezug dieser Theorie, aber wir wollten mit Politik nichts zu tun haben, beließen es vorerst beim Gedankenspiel einer dynamisch-utopischen Kunstproduktion.

Ich las Jürgen Beckers *Felder*, und mir fiel auf, daß dieser Prosatext wesentlich mehr Realität einfing als etwa Becketts *Wie es ist*. Sensible Notate: die Bewegung eines Bewußtseins durch eine Stadt, das Stimmengewirr, die Gleichzeitigkeit des Divergierenden. Ein Text, bereit, alles aufzunehmen, was dem Autor so einfällt, was mit ihm passiert. Ich nahm überall eine Bewegung nach vorn wahr. Die grellen Farben der Konsumwelt, sich überschreiende Signale erschienen mir nicht als Verbote, sondern als Herausforderung. Nicht nur in Kunsthallen, auch an Hauswänden, in den Schaufenstern der Kaufhäuser, in Supermärkten: Aggressionen. Keine andere Welt mehr: diese.

> »Was sich überhaupt sagen läßt, läßt sich klar sagen; und wovon man nicht reden kann, darüber muß man schweigen.«
> (Ludwig Wittgenstein, *Tractatus logico-philosophicus*)

Ich beschäftigte mich mit Sprachphilosophie, hielt ethische Fragestellungen für sinnleer. Mich faszinierte ein radikaler, auf Struktur und Komposition eines Kunstwerks zielender Empirismus, doch kamen mir die logischen und semantischen Analysen der Neopositivisten bald ebenfalls sinnleer vor. Ich raffte mich auf und schrieb einen langen, die Germanistik immanent kritisierenden Aufsatz über August Wilhelm Schlegel, der in einer literarischen Zeitschrift abgedruckt wurde.

Ich entdeckte die sprachexperimentelle Literatur der Wiener Gruppe, Heissenbüttels, Mons, Benses; noch ohne ideologischen Vorbehalt. Las Handkes *Publikumsbeschimpfung* als Essay gegen das überkommene Bedeutungstheater. Überraschende Genauigkeit der Beschreibungen. Sah den als Beatle kostümierten, damals noch dünnen Autor im Fernsehen mit ungeschickten, sehr distanzierten Gesten eine Rose ins Publikum kicken, mit biegsamen Handgelenken Kußhände werfen.

Am 2. Juni 1967 bestand ich das Magisterexamen ohne wissenschaftliche Schwierigkeiten. Der Professor tadelte, daß ich keine Krawatte trug, und einige saloppe Formulierungen, die einer akademischen Prüfung unwürdig seien. Gleich danach beteiligte ich mich an einem Schweigemarsch gegen den Besuch des Schahs von Persien in der Bundesrepublik. Die Bürger standen mißtrauisch hinter den Fensterkreuzen.

Meine Empörung über die Erschießung Benno Ohnesorgs durch einen Polizisten während des Schah-Besuchs in West-Berlin wurde überlagert durch die Selbsttötung eines befreundeten Arztes. Ich öffnete eines Abends die Tür seines Dachzimmers, da lag er auf dem Boden, direkt unter dem weitgeöffneten Fenster, wie zum Schlafen eingerollt, mit angezogenen Beinen, die Hände unterm Körper versteckt, in weißer Turnhose und mattgelbem Hemd, grauweiße Haut, Lippen und Nase dunkelblau. So fremd und abweisend, harte Konturen, als wäre alles Wasser aus diesem Körper gewichen. Ich sah ihn mir lange zitternd an. Das zerwühlte Bett, die Kochnische, der runde Tisch, auf dem vier leere Schlaftabletten-Kapseln lagen, ein dicker Satz noch im Glas. Überall Zigarettenkippen, Asche, Essensreste. Bücher von Dostojewski, Poe, Kafka, Pavese. Er hatte die Schinderei satt, es zerfiel ihm alles. Keine Perspektive. Sie warfen den steifen Körper in einen gewölbten Metallsarg und polterten mit ihm die Treppe hinunter. Wie leer das Zimmer war: er fehlte unter dem offenen Fenster. Während draußen die ersten Vögel zu schreien anfingen, kam ich mir wie ein Einbrecher vor.

> »Sind wir denn nicht in einem ewigen Gewaltzustand? Weil wir im Kerker geboren und großgezogen sind, merken wir nicht mehr, daß wir im Loch stecken mit angeschmiedeten Händen und Füßen und einem Knebel im Munde.«
>
> (Georg Büchner, *Brief an die Familie*)

Am folgenden Tag demonstrierten in Heidelberg 3000 Studenten gegen die Erschießung Ohnesorgs. Ich demonstrierte insgeheim auch für meinen toten Freund, stellvertretend für ihn, der zwar nie an einer Demonstration teilgenommen hatte, es aber jetzt, unter dem Eindruck der noch unbegriffenen Ereignisse von Berlin, vielleicht getan hätte, wäre ihm nicht einige Stunden zu früh alles sinnlos erschienen. Zu Anfang wurde ein Tonband abgespielt: Man hörte diffuses Pfeifen und Rufen, dann einen Schuß, dann lange Stille und dann, spontan einsetzend, fanatisch sich steigernd: »Mörder – Mörder – Mörder.« Ich stand auf dem Platz zwischen den anderen und hörte fiebrig in mich hinein. Ich genierte mich nicht mehr. Es waren meine eigenen Schreie, unsere hektischen Schreie. Endlich konnten wir schreien. Das Ende der pessimistischen Ästhetenzirkel. Die Isolation schien durchbrochen.

Ich hörte Rudi Dutschke sprechen über die Notwendigkeit einer gesellschaftlichen Umwälzung, über die Abschaffung aller autoritären Strukturen. Ich fühlte mich aufgerufen; seine kräftige, heisere, mutmachende Stimme, die auch bei Ausfall des Mikrophons den überfüllten Saal durchdrang. Dutschke zu begreifen war einfach. Er sprach nur aus, was ich mir selbst schon, wenn auch in anderen Begriffen, überlegt hatte. Er sagte die antiautoritären Ideen nicht einfach einschüchternd herunter wie andere SDSler, er verkörperte sie auch bis in die Gestik hinein, schien selber der freie Mensch, der sich den herrschenden Apparaten widersetzt. In Selbstgesprächen ging ich nach Hause, glaubte zu wissen, wo es langging. Die neue Gesellschaft, das waren viele einzelne wie ich, bereit, zusammen mit anderen innere und äußere Natur zu verwandeln.

Von nun an überstürzten sich die Lernprozesse. Ich hörte und sprach über Kuba, China, Vietnam und den Kampf der Farbigen in den USA. Demonstrierte gegen die Faschisten in Griechenland und bei uns. Skandierte den Satz: Es hilft nur Gewalt, wo Gewalt herrscht. Entwickelte, angeregt durch Marcuses Aufsatz *Repressive Toleranz*, Vorstellungen von organisierter Gegenwehr. Las Kursbuch 9: *Vermutungen über die Revolution*; Kursbuch 11: *Revolution in Lateinamerika*; Kursbuch 13: *Die Studenten und die Macht.* Wir stellten unseren Protest anfangs nicht in die Tradition der nationalen Arbeiterbewegung, sondern in den globalen Zusammenhang der Befreiungsbewegungen der Dritten Welt, ohne die unterschiedlichen Bedingungen in armen und in reichen Ländern zu bedenken. Zögernd sprach ich das Wort Imperialismus aus.

Ich interessierte mich für eine andere Gesellschaft vor allem, um meiner Vereinzelung zu entkommen, um selbst frei von Autorität zu leben. Alle Erfahrungen waren plötzlich politisch. Die Grenze zwischen privaten und öffentlichen Konflikten verschob sich. Ich konnte jetzt zu anderen von meinen Kindheitserlebnissen sprechen im Bewußtsein der politischen

Bedeutung meines Problems, was kurz vorher noch undenkbar gewesen wäre. Wir würgten nichts mehr herunter, kehrten unsere schäbigen Niederlagen, aufgestaute Wut, unsere ganze verletzte Sensibilität gegen die Institutionen und Personen, die uns traumatisiert hatten, und wir reflektierten unsere Aktionen gemeinsam. Für einen Augenblick zumindest kam niemand von uns auf die Idee, klinische Begriffe ins Gespräch einzuführen, um den anderen zu diskreditieren.

Schon bald aber sprachen einige abschätzig von der »kleinbürgerlichen Studentenbewegung«, andere nichtssagend von einer »Revolution der Gestörten«. Gewiß waren viele antiautoritäre Studenten neurotisch, doch wurde und wird offenbar nicht jeder Neurotiker zum Antiautoritären. Lassen sich besondere psychoanalytische Deutungsmuster angeben, die erklären, wieso gerade ein Teil meiner Generation rebelliert hat, nicht aber frühere oder spätere Jahrgänge? Ein poetischer Bericht wie dieser, auch wenn er längst nicht privat und schamlos genug ist, scheint mir doch Genaueres über die psychologischen und politischen Motive eines Antiautoritären auszusagen als etwa das bloß denunziatorische Buch des toupettragenden Psychologen Grossarth-Maticek, der sich 1968 in den Heidelberger SDS einschlich mit dem Ziel, die »Gestörtheit« der Linken wissenschaftlich »nachzuweisen«.

> »Mir ist in meiner eignen Haut nimmer wohl. Ich will mir weismachen, daß ich sie abstreife, indem ich von mir tue, was bisher unzertrennlich von meinem Wesen schien, vor allem den Theaterrock.«
>
> (Eduard Mörike, *Maler Nolten*)

In der Spielzeit 1967/68 war ich noch einmal am Theater tätig, als unbezahlter Regieassistent Hansgünther Heymes und Darsteller kleiner Rollen in Wiesbaden. Heymes Theater war mir zu laut, schrill, überdeutlich, rechtwinklig mechanisierte Positionen, zu sehr darauf bedacht, die überlieferten Stücke ideologisch umzupolen, ohne die dabei auftretenden Widersprüche genau zu bedenken. Keine Umwege, keine natürlichen Gesten, keine Alltagsdiktion. Kaltes, exaltiertes Sprechen. Jeder Satz kam im Kostüm daher. Heyme hatte nur ein Thema: die Denunziation des bürgerlichen Idealismus, auf den er negativ fixiert blieb. Ein unerbittlicher Arbeiter, der zwar mit sich diskutieren ließ, auch hier und da meine Ideen aufgriff, aber an seiner einmal gefaßten Stückdeutung unwandelbar festhielt.

> »Mam war immer da, wenn ich sie brauchte. Sie sagte immer: Du bist der Größte, Cody.«
> (James Cagney in dem Gangsterfilm *White heat* von Raoul Walsh)

Ich wohnte in einer Dachstube, die sich nicht heizen ließ, sparte am Essen, litt auch physisch unter der Trennung von meiner Mutter. Sie kam zu mir, sobald ich sie rief. Spaziergänge im herbstlichen Park; unser Beisammensein war intensiver, genauer als sonst. Tagsüber hielt ich mich im Theater auf, nachts saß ich frierend bei Kerzenlicht in meiner Bude und schrieb an einem Prosatext. Die Sonntage verbrachte ich meist auf Parkbänken nahe am Wasser und sah den Enten zu. Ich fand meine Tätigkeit unbefriedigend, fühlte mich nicht gefordert, ja überflüssig, konnte und wollte nicht Laufbursche sein, bekam mit einigen Mimen Konflikte.

> »Ich verlange in allem Leben, Möglichkeit des Daseins, und dann ists gut.« (Georg Büchner, *Lenz*)

Anfang 1968 begannen die Proben zu *Dantons Tod* von Büchner. Ich kannte das Stück fast auswendig. Immer, wenn ich mich elend gefühlt und allein nicht weiter gewußt habe, habe ich nach Büchners Werken und Briefen gegriffen. Vom ersten Probentag an waren die Differenzen zu Heyme unüberbrückbar. Er sah nur die gescheiterte Revolution, letzte Phase, einsame Helden, die alle Hoffnung aufgegeben haben; die Ähnlichkeit zwischen Danton und Robespierre: zwei rhetorische Statuen, Phrasen dreschende Automaten. Der Mensch, eingepaßt in eine sinnlose Geschichtsmaschine, war nach Heyme falsch konstruiert.

Ich sah im *Danton* die Chance, meine ästhetischen und meine politischen Interessen einmal zusammenzuzwingen. Das Stück, vor einem riesigen Guevara-Porträt inszeniert, sollte der Realität einer weltweiten Revolte standhalten. Ich meinte, wir müßten Büchners resignative Erfahrungen mit der revolutionären Bewegung um 1830 durch unsere eigenen kulturrevolutionären Erlebnisse korrigieren. Von SDS-Versammlungen her glaubte ich mir ausmalen zu können, wie es im Jakobinerclub und der Gesellschaft für Menschenrechte zugegangen war; auf keinen Fall derart steif, einfältig, verzopft und devot gegenüber den Führern, wie es auf der Bühne dargestellt wurde. Die auf Freiheit und Sozialismus zielende Bewegung, die einmal mit der Französischen Revolution eingeleitet worden war und noch unsere linken Bemühungen trug, durfte nicht unhistorisch denunziert werden.

Im Februar 1968 nahm ich zwischen zwei Proben an einer Vietnam-Demonstration in Frankfurt teil. Ich sah zum erstenmal die blau-roten Vietcong-Fahnen, mischte mich, Ho-Tschi-Minh rufend, von Wasserwerfern durchnäßt, unter die Menge vor dem amerikanischen Konsulat. Das Anrennen gegen die Polizeiketten hat sich mir tiefer eingeprägt als die Begriffe Demokratie und Freiheit, die wir dabei im Mund führten. Einzelne griffen mit Knallkörpern und Latten die berittene Polizei an. Waffen für den Vietcong! stand in großen Lettern an einer Hauswand.

Im Theater fand ich von all dem keinen Reflex. Ich war enttäuscht von Heyme, der als linker Regisseur galt, aber sich unsere Demonstrationen und teach-ins höchstens im Fernsehen ansah. Die Revolution hätte vor seinem Theater ausbrechen können, ohne daß er deswegen eine Probe abgesagt hätte. Er hielt Massenbewegungen generell für gefährlich, blieb der bürgerliche Einzelne, der alles mies fand und ästhetisch denunzierte. Theater war für ihn jene andere, abgehobene Welt, die ich gerade verlassen wollte. Indem ich ihn angriff, griff ich meinen eigenen Ästhetizismus an. Ich war entschlossen, auf Kunst zu verzichten zugunsten eines politischen Engagements. Wollte endlich konkret werden, zusammen mit anderen arbeiten, mich selbst und die Gesellschaft ändern.

> »Es genügt nicht, sich die Sonntagsreden dieser Herren anzuhören. Man muß dabei sein, wenn die Charaktermaske unter dem Ansturm derer fällt, die sich von den Schmierenkomödianten nicht mehr hypnotisieren lassen.«
>
> (Aus einem Flugblatt des SDS Heidelberg, 1968)

Indem wir die herrschenden Politiker in ihren Versammlungen heimsuchten, ihre Monologe störten, sie zur Diskussion zwangen, ihnen die Mikrophone wegnahmen, den Ton abdrehten, das Kabel aus der Wand rissen, merkten wir schnell, daß sie keine Argumente hatten außer ihrer Macht, die für den Augenblick ungültig war. Wir wurden, indem wir bislang unbetretene liberale Spielräume überraschend ausnutzten, zu einem kleinen gesellschaftlichen Machtfaktor. Wir sangen, brannten Wunderkerzen ab, verzierten die Herren mit Eierschalen und Tomatensaft, drückten Scheiben und Türen ein, pflückten die Verwalter von ihren Sesseln, nahmen sie in unsere Mitte als die wahren Rädelsführer, schleiften sie durch die Stadt. Leute, die mich sonst keines Blickes würdigten, Professoren, etablierte Künstler, sprachen mich vertraulich an, luden mich ein, um mit mir zu diskutieren. Jüngere Unternehmer tauchten bei teach-ins auf.

Neben der Theaterarbeit schrieb ich einen Prosatext, der kurz vor Ostern fertig wurde und später im *Kursbuch 15* erschien. Die Bedeutung dieses Textes scheint mir darin zu liegen, daß er Bewußtsein und Triebstruktur eines Antiautoritären authentisch, das heißt: nicht durch historischen Abstand korrigiert, festhält. Dieser Versuch einer poetischen Selbstbefreiung zeigt mich als Einzelnen, zappelnd im Netz des Systems. Eine assoziative Schreibweise, inspiriert von Beckett und Jürgen Becker, auf künstliche Weise verwirrt und atemlos, die Verwirrung nur weitergebend statt sie perspektivisch aufzulösen. Ergebnis einer Frustration. Herrisches Aufbegehren, das aus Unsicherheit kommt, Formglaube, Desolidarisierung, Kontaktlosigkeit, Ekel, anarchische Aggressivität – alles aufgezeichnet im Ton eines pubertären Eigensinns.

Es ist der Moment vor dem Ausbruch, wo noch keine realen Befreiungsmöglichkeiten gesehen werden, nur individuelle Ausflüchte. In diese chaotisch verinnerlichte Kunstwelt dringen die ersten Signale der Studentenrevolte ein, Wörter, Gefühle, die noch gar nicht begriffen sind, die aber jetzt ihr Umfeld, das formalistisch montierte Sprachmaterial aufbrechen und verwandeln. Ja, der Text stößt sich, den Aufwind der linken Bewegung im Rücken, vom Vorbild Beckett ab.

Am 11. April 1968 wurde Rudi Dutschke von einem verhetzten Menschen durch drei Pistolenschüsse lebensgefährlich verletzt. Ich lief in meinem Wohnviertel herum und klebte das Flugblatt des SDS an die Litfaßsäulen. Für die Protestdemonstration am folgenden Tag befestigte ich einen Besenstiel an einer Styroporplatte, worauf ich schrieb: »Die Rhein-Neckar-Zeitung hetzt gegen Minderheiten.« Trat unsicher zwischen die Menschen, mein Transparent hochreckend. Fuhr anschließend mit den Genossen nach Esslingen, um die Auslieferung der *Bild-Zeitung* in der Bechtle-Druckerei zu verhindern.

»Bechtle, Bechtle – ist des Springers Knechtle!«
(Megaphon-Parole in Esslingen, Ostern 1968)

Wir bauten Barrikaden aus zerbrochenen Telegraphenmasten und Autosperren. Ich stand untergehakt in Menschenketten, hinter Autos geduckt, rief die Sprechchöre mit. »Brecht/die Macht/ der Mani/pula/teure!« Wasserwerfer, Tränengaspatronen. Bis fünf Uhr morgens hielten wir die Ausfahrt blockiert. Einmal saßen wir auf den Barrikaden und versuchten, die Internationale zu singen, stolperten über manche Textstellen, lachten. Wir wärmten uns und schwenkten unsere dampfenden Kleider über brennenden *Bild-Zeitungen*, die aus einem abgefangenen Lieferwagen stammten. Der politische Erfolg unserer Aktionen, die die Herrschenden einen Augenblick lang überrascht hatten, machte uns selbstbewußt. Wir wähnten uns groß, und die Figuren wackelten. Bewiesen schien damit, daß entschlossene Minderheiten der Staatsgewalt widerstehen konnten, sofern sie bereit waren, einige Regeln zu brechen.

Ich versuchte vergeblich, unsere Aktionen und Ideen ins Theater zu vermitteln. Die Schauspieler, die gerade Revolutionäre spielten, hatten blanke Angst, daß wiederkomme, was sie zu kennen glaubten: Weimar, Krieg und Chaos. Sie wollten ihre Ruhe haben. Auch der Intendant fühlte sich von mir bedroht. Da Heyme nichts für mich tat, bekam ich keinen Vertrag mehr und mußte mich wieder in Heidelberg von meiner Mutter ernähren lassen. Herausgefallen aus den Institutionen, unreif, ohne ordentlichen Beruf, blieb mir nur noch das Schreiben. Auf einmal konnte ich schreiben.

»Die Scheußlichkeiten der Bourgeoisie sind nur mit noch größerer Scheußlichkeit zu bekämpfen.«
(Aus *Week-end* von Jean-Luc Godard)

Die Osterrevolte brachte die ersten Toten und den Beginn der innerlinken Debatte über die Legitimität der Gewalt. In der Tat waren meine neuen Erfahrungen zunächst körperlich befreiend. Ich besuchte nun regelmäßig montags die überfüllten Mitglieder-Versammlungen des Heidelberger SDS, einer theoretisch unorthodoxen, aber faktisch von wenigen bestimmten Gruppe, wo ich mühsam in Auseinandersetzungen politisches Denken lernte. Unsere nächtlichen Beschlüsse hatten Folgen, setzten sich in Flugblätter um, in Aktionen. Ich nahm an fast allen Veranstaltungen teil, gliederte mich aber nicht voll in den SDS ein.

1968 übersah ich die Baumblüte vor lauter roten Fahnen und Begeisterung für die Revolution. Ich lernte, Flugblätter zu schreiben und sie den Leuten anzubieten. Hilflos bei Straßendiskussionen mit Passanten, ungeduldig, wenn die Argumente kamen: Haare schneiden, waschen, zu Ulbricht gehen, vergasen! Ich lernte, vor vielen Menschen zu reden, hektisch selbstvergessen mich produzierend mit liquidatorischen Gesten, in meinen narzißtischen Wünschen bestätigt, endlich akzeptiert und bewundert von den weniger Eloquenten. Ich wurde von Polizisten geschlagen, an den Haaren geschleift, schrie panisch in kreatürlicher Angst wie als Kind, wenn mich die Lehrerin schlug. Besoffene Jungarbeiter droschen mit Fahrradketten auf uns ein. Ich las Marx, Bakunin, Freud, Reich und Lukács durcheinander; es waren die ersten Raubdrucke, die herauskamen. Am Tag vor meinem 30. Geburtstag schrieb ich auf eine Wandzeitung: »Nur ein Akt der Zerstörung ist ein Akt der Befreiung.«

Was von außen als lebensgeschichtlicher Bruch erscheinen mag, als abrupte Wandlung von einem Augenblick zum andern, meist noch diktiert von wichtigen historischen Daten, vollzieht sich eigentlich in kleinsten, gewundenen Lernschritten über Jahre hin, wobei die Protestsubstanz ziemlich unverändert bleibt. Meine Opposition war längst subdominant verankert, bevor sie sich systemkritisch im Kopf festsetzen konnte. Die Studentenbewegung mobilisierte widerständige

Erinnerungen, Gefühle wie Trauer und Wut über den plötzlich wahrgenommenen Untergang der Gebrauchswerte und den unaufhaltsamen Tod des bürgerlichen Subjekts als allseitig gebildetes, selbstbewußt freies – linke Energien also, die ich bis dahin vor allem symbolisch in ästhetischer Reflexion sublimiert hatte.

Noch immer war ich der Ansicht, die Künstler müßten ihre eigene, ästhetische Revolution machen, die gesellschaftliche Gewalt in literarische Methoden übersetzen. Weitergehend erschien mir die künstlerische Produktion beispielhaft für menschliche Selbstverwirklichung und Produktivität überhaupt. Erst wenn es gelänge, alle zu Künstlern zu machen, das heißt zu Revolutionären, wäre das Ende der Ausbeutung erreicht.

Ich breche hier ab. Eine kollektive politische Erfahrung läßt sich kaum zutreffend durch ein einzelnes Bewußtsein literarisch fassen (was auch die mißlungenen Romane zur Studentenbewegung belegen). Ab 1967 scheint alles von Orientierungssystemen und Interpretationen zugestellt. Die Erfahrungen sind bereits begrifflich, sie legen sich über die Erscheinungen. Fast unmöglich, die literarischen Entsprechungen herauszugraben, imaginative Sätze, Bilder, die neben den großen Ereignissen liegen und noch nicht Klischee geworden sind. Wichtig für den Fortgang meiner Geschichte ist nur, daß ich nicht aufgegeben habe, obwohl es ja Gründe zum Resignieren genug gibt und uns ein Freiraum nach dem anderen weggeschnitten wird. Vor ein paar Tagen erst haben hier morgens um sechs Uhr 1500 Polizisten mit Spezialausrüstung 150 müde Studenten aus dem Collegium Academicum, dem letzten selbstverwalteten Studentenheim, gejagt. Im Flutlicht der Polizei stand ich ohnmächtig wütend vor den Absperrungen, ließ mich fotografieren und sah zu, wie die Möbel durch die Fenster gekippt wurden, hinter denen wir einmal gelebt und gearbeitet haben.

»Wir sind emporgewachsen über die Mitte des Lebens, wo es grünt und warm ist. Aber es ist nicht das Schlimmste, was die Jugend überlebt.«
(Friedrich Hölderlin, *Hyperion*)

Alfred Andersch, Hans Magnus Enzensberger
Die Literatur nach dem Tod der Literatur. Ein Gespräch

ENZENSBERGER Gespräche über die deutsche Nachkriegsliteratur könnten zu Reminiszenzen verführen. Ich glaube aber, es ist hier nicht unsere Absicht, in jene gerührte Stimmung zu verfallen, die bei Jubiläen nur allzu nahe liegt. Wenn ich trotzdem an der Absicht festhalte, Dich zu Deiner Person zu befragen, dann ist damit keine private Neugier gemeint. Ich will auf etwas anderes hinaus. In Deiner Biographie und in Deiner Person verkörpern sich gewisse Positionen, die für uns auch theoretisch interessant sind und die ihre Relevanz keineswegs eingebüßt haben. Aus diesem Grund, und nur aus diesem Grund, würde ich gern ein paar Stationen dieser Biographie andeuten. Mir fällt dabei folgendes auf: Du warst im Jahre 1933, als die herrschende Ideologie in Deutschland der Faschismus war, organisiert in der Jugendorganisation der Kommunistischen Partei. Das war eine Position, die der »Tendenz« absolut konträr war. Du bist in den Jahren 1945 bis 1948, nach der amerikanischen Kriegsgefangenschaft, sofort in einen deutlichen Konflikt mit der amerikanischen Militär-Administration in Deutschland geraten. Du bist dann in den 50er Jahren, als die dominierende Ideologie in Deutschland der Antikommunismus war, sehr vehement gegen die Denkweise aufgetreten, die der kalte Krieg gepflegt und gefördert hat. Du bist dann Ende der 50er, Anfang der 60er Jahre, als es in Deutschland zu einem gewissen Literatur- und Medienboom kam, aus diesem Boom fast demonstrativ ausgestiegen. Du hast Dich in den Jahren 1968 und 1969, als hierzulande die Studentenbewegung das ausschlaggebende ideologische Moment war, dieser Bewegung gegenüber äußerst distanziert verhalten. Wenn ich dem glaube, was über Deinen neuen Roman zu hören ist, verhältst Du Dich auch heute wieder vollkommen »gegenläufig«, denn Du hast in dem Moment, da es in Deutschland einen deutlichen »backlash« gibt, d. h. eine Rückwendung zu konservativen Denkformen, einen marxistischen Roman geschrieben. Diese Aufzählung ist sicher zu kurzatmig und in ihrer Gedrängtheit vielleicht auch zu schematisch. Aber unbestreitbar erscheint mir daran doch eins, nämlich, daß es sich hier um ein antizyklisches Denken handelt, d. h. um ein Denken, das zu den dominierenden Strömungen dessen, was man den Zeitgeist nennt, konträr verläuft.

ANDERSCH Ich möchte mit dem Anfang anfangen, also mit dem ersten literarischen Hervortreten überhaupt, das ja ein politisch-publizistisches Auftreten war, nämlich mit der Zeitschrift *Der Ruf*, die ich mit Hans-Werner Richter zusammen gemacht habe, und dann mit dem Beginn der »Gruppe 47«. Es stimmt schon, daß das Verbot des *Ruf* durch die Publications Section der amerikanischen Militärregierung in Bayern ganz danach aussieht, als hätten wir – also Richter und ich – damals Widerstand gegen die amerikanische Politik geleistet. Ich persönlich halte dieses Verbot für eine Dummheit von subalternen amerikanischen Militärs. In Wirklichkeit möchte ich die Zeit des *Ruf* und des Beginns der »Gruppe 47« als die Ära unserer demokratischen Illusionen bezeichnen. Ich kam damals zurück aus amerikanischer Kriegsgefangenschaft, ich habe damals sozusagen an die Demokratie geglaubt. Wir waren von einem gewissen demokratischen Optimismus erfüllt, wir fühlten uns zum ersten Mal in unserem Leben, soeben dem faschistischen System entronnen, frei oder befreit und haben von dieser Position aus Publizistik und später Literatur betrieben. Das war der erste Punkt der literarischen Vita, die Du da entrollt hast.

ENZENSBERGER Aber dieses Ernstnehmen der Demokratie enthielt ja auch schon den Keim des Konflikts, und insofern war dieses Verbot vielleicht nicht nur ein Zufall. Mag es auch ein Militär gewesen sein, der es ausgesprochen hat, so hat sich darin doch bereits etwas anderes angezeigt. Die Weichen für die Restauration des Kapitalismus waren damals im Grunde schon gestellt. Insofern war dieser Konflikt doch eigentlich ganz repräsentativ. Die Leute des *Ruf* im ganzen und ganz besonders Du, ihr habt damals schon gesehen, wohin die Reise ging.

ANDERSCH Das weiß ich nicht. Jedenfalls kam in den 50er Jahren ein hochbegabter katholisch-konservativer Staatsmann namens Konrad Adenauer ans Ruder, der ein sehr klares Verhältnis zu Machtfragen hatte, und es kam das zustande, was man heute die bürgerliche Restaurations-Epoche in Deutschland nennt. Gegen diese bürgerliche Restaurations-Epoche, die außenpolitisch gekoppelt war mit der Entwicklung des kalten Krieges zwischen den USA und der Sowjetunion, haben damals die Schriftsteller – ich sage es einmal sehr explizit: *die* Schriftsteller – Stellung genommen. Das ist eine Erscheinung, die wir festhalten müssen: Es gab einen konsequenten Kampf der damals in Deutschland neuen Literatur, der Schriftsteller, die damals begannen zu schreiben, gegen die restaurativen Tendenzen der deutschen Politik.

ENZENSBERGER Die politischen Prämissen, unter denen das geschehen ist, wären im einzelnen zu diskutieren, aber in Deinem Fall ist die Sache ganz klar: Du hast damals einen publizistischen Kampf geführt, Du hast kulturpolitisch sehr wichtige Positionen aufgebaut – ich erinnere an die Zeitschrift *Texte und Zeichen*, die ein deutlicher Ausdruck dieser Konflikte war . . .

ANDERSCH *Texte und Zeichen* begann 1955 und endete 1958. Besonders aber im Rundfunk, in den Redaktionen der Rundfunkanstalten begann sich die Widerstandstendenz, von der Du sprichst, zu kristallisieren. Das wird dem Rundfunk ja heute noch von seinen reaktionären Gegnern vorgeworfen.

ENZENSBERGER Um so auffälliger scheint mir Dein nächster Schritt, und das ist eine Frage, auf die ich nie eine klare Antwort gefunden habe, deswegen möchte ich die Gelegenheit ergreifen, Dich danach zu fragen: Du hattest damals eine Position aufgebaut, diese Position war nicht privater Natur, es war nicht die Machtposition eines Einzelnen, die er für seine eigenen Zwecke verwendet hätte, sondern es war eine gesellschaftlich wichtige Position. Du hast in einer Rundfunkredaktion mit einer ganzen Reihe von Schriftstellern, von Philosophen, von Essayisten, von Komponisten eine konsequente Kulturpolitik geführt, hast neue Leute entdeckt und herangezogen – dazu war auch Deine Zeitschrift ein Instrument –, es hatte sich da also ein Nukleus gebildet, eine ausbaufähige kulturpolitische Position, und dann hast Du zu einem bestimmten Zeitpunkt diese Position aufgegeben. Du hast sie geräumt. Wenn man diesen Rückzug nicht als eine Laune beschreiben will, dann müssen ihm bestimmte Einsichten zugrunde gelegen haben. Ich weiß nicht, wodurch dieser strategische Rückzug bedingt war. Was war seine Begründung? War es Resignation? Die Kritiker haben in Deinen Büchern immer wieder das Motiv des Rückzugs und der Flucht, der Emigration gut gefunden. Hat es damit etwas zu tun?

ANDERSCH Ich möchte sagen, daß die Literatur in den 50er Jahren eine Art Vorläuferfunktion zur Studentenbewegung, die dann in der Mitte der 60er Jahre einsetzte, gehabt hat. Man wußte, seinerzeit, daß die Schriftsteller »dagegen« waren. Das war nur so ein Gefühl in der deutschen Öffentlichkeit: ›Die Schriftsteller sind dagegen.‹ Sie haben das juste milieu der deutschen Restauration gestört, sie fanden das nicht alles sehr schön, und sie fanden, daß ›die Sache falsch läuft‹. Von daher gesehen kommt dieser Literatur eine erhebliche kritische Bedeutung zu, die dann retrospektiv nicht mehr richtig gesehen wurde. Darf ich einen Satz aus einem Aufsatz, den Du in den 60er Jahren geschrieben hast, zitieren? Da heißt es: »Die Literatur sollte eintreten für das, was in der Bundesrepublik nicht vorhanden war, ein genuin politisches Leben. So wurde die Restauration bekämpft, als wäre sie ein literarisches Phänomen, nämlich mit literarischen Mitteln. Opposition ließ sich abdrängen auf die Feuilleton-Seiten, Umwälzungen für die Poetik sollten einstehen für die ausgebliebene Revolutionierung der sozialen Strukturen, künstlerische Avantgarde die politische Regression kaschieren.« Das finde ich rückblickend ziemlich ungerecht. Die Schriftsteller der 50er Jahre, besonders der zweiten Hälfte der 50er Jahre, haben eine erhebliche politische Rolle gespielt. Das drückte sich auch aus in Angriffen wie der berühmten »Pinscher«-Rede des damaligen Bundeskanzlers Erhard. Auch den kalten Krieg haben die jüngeren deutschen Schriftsteller nicht mitgemacht. Es gab damals als eine kulturelle Institution des kalten Krieges eine Einrichtung, die nannte sich »Kongreß für die Freiheit der Kultur«. Sie wurde initiiert von Leuten wie Koestler oder Burnham und war eine absolute CIA-Angelegenheit. Wenn man sich überlegt, daß sogar Leute wie Adorno daran teilgenommen haben, die jüngeren deutschen Schriftsteller aber nicht, dann müßte man heute zu einer Neueinschätzung dieser Literatur kommen.

ENZENSBERGER Die Gerechtigkeit, die Du verlangst, scheint mir tatsächlich geboten; aber es wäre ein Teil dieser Gerechtigkeit, festzustellen, daß die Schriftsteller natürlich politisch überfordert waren durch die Rolle, die ihnen zugefallen war.

ANDERSCH Sie waren überfordert, und sie hatten auch nicht das, was man marxistisch eine Massenbasis nennt.

ENZENSBERGER Sie hatten zum überwiegenden Teil nicht einmal ein Minimum von theoretischem Rüstzeug, das ihnen geholfen hätte. Sie waren ja waffenlos. Sie hatten nichts als ihre Feder, und zwar in einem ganz primitiven Sinn: die jüngeren Schriftsteller waren im Faschismus aufgewachsen, sie hatten von ihrer ganzen Sozialisation her nie die Chance gehabt, Politik zu erlernen, ihre Jugend war politisch weiß geblieben. Es waren zwar Erfahrungen vorhanden, aber keine Kenntnisse. Sie hatten vieles nicht gelernt. Und auch deshalb waren sie überfordert. Natürlich ist es sehr billig und sehr leicht, das post festum festzustellen. Die historische Gerechtigkeit müßte eben darin bestehen, daß man die Bedingungen offenlegt und untersucht, unter denen wir damals operiert haben. Dann würde man sicher zu einer Einschätzung kommen, die dem sehr nahe kommt, was Du sagst.

ANDERSCH Da schließt sich eine weitere Frage an: Warum sind die Schriftsteller in ihrer Mehrzahl in den 60er Jahren nicht mit den Studenten gegangen?

ENZENSBERGER Zuvor noch eines. Dein Fall unterscheidet sich von dem der andern darin, daß Du ja bereits mit einem marxistischen Bewußtsein in die Arena getreten bist. Das ist ja eine der auffälligen Seiten an *Texte und Zeichen*: diese Zeitschrift, die mitten im kalten Krieg erschienen ist, war doch in vieler Beziehung von den Grundeinsichten des Marxismus deutlich geprägt – wobei über ihre Ästhetik noch im einzelnen zu sprechen wäre, denn das war wirklich alles andere als eine offiziell marxistische Ästhetik. Aber politisch gesehen waren diese Gesichtspunkte vorhanden. Daher habe ich, noch bevor wir zu den 60er Jahren kommen, die Frage nach dem gestellt, was ich den strategischen Rückzug von Alfred Andersch nenne. Diese Frage gehört zu Deiner Biographie. Vielleicht war es eine Reaktion des Ekels, vielleicht war es eine Einschätzung der deutschen Situation, die Dich dazu geführt hat zu sagen: Ich mache dieses Spiel nicht mehr mit.

Andersch Ich möchte diese Frage, die vielleicht ein bißchen allgemein klingt, auf die andere Formulierung zurückleiten: Warum sind die Schriftsteller nicht mit den Studenten gegangen? Dabei muß man allerdings sagen: Es gab ja Ausnahmen, es gab ja einige Schriftsteller, die es getan haben.

Enzensberger Man müßte nun im einzelnen sehen, was es bedeutet, ›mit der Studentenbewegung zu gehen‹. Im Fall eines Schriftstellers wird eine solche Verbindung nie eine nahtlose sein können. Außerdem wäre zu fragen, wie weit die Schriftsteller wirklich der Studentenbewegung genützt haben und wie weit es ein umgekehrter Effekt war, wie weit nämlich diese Schriftsteller von der Studentenbewegung als einer gesellschaftlichen Bewegung auch sehr viel gelernt haben. Insofern lag das auch im eigenen Interesse dieser Autoren. Sie konnten sich dem gar nicht entziehen. Aber wenn ich sage, es gab Leute, die konnten sich einer solchen Erscheinung nicht entziehen, so trifft das eben für einen Typus, für eine Person wie Dich nicht zu. Du warst sehr wohl in der Lage, Dich den Erscheinungen zu entziehen, und das geht durch Deine ganze Biographie hindurch. Dieses Bedürfnis nach Distanz, diese Fähigkeit zur Distanz hat vielleicht etwas zu tun mit dem langen, konsequenten Schweigen, das Du Dir als Schriftsteller von 1933 bis 1945 auferlegt hast ...

Andersch Weil man da nicht schreiben konnte ...

Enzensberger Ja, das sagst Du, aber solche Fälle waren damals äußerst selten.

Andersch Das führt uns auf das Problem der Literatur unter einer faschistischen Diktatur. 1945 hat man bekanntlich erwartet, daß sich die berühmten Schubladen öffnen würden. Es hat sich dann bald erwiesen, daß in den Schubladen nichts drin war. Das kann man heute kaum noch darstellen, und es sollte vielleicht auch gar nicht Aufgabe dieses Gespräches sein zu klären, warum unter einem Regime wie dem Nationalsozialismus eben wirklich nicht geschrieben werden konnte, außer in der Emigration.

Enzensberger Gut. Ich erwähnte es auch nur aus einem bestimmten Grund. Das Erlernen der Isolation, das Ertragen der Isolation, die Fähigkeit zur Distanz, die Fähigkeit des Rückzugs – das alles muß in Deinem Leben ja irgendwo entstanden sein.

ANDERSCH Trotzdem wäre das natürlich keine Erklärung für mein Schweigen zu der Erscheinung der »nouvelle gauche«, also dem plötzlichen Aufbrechen marxistischer Tendenzen gegen Mitte der 60er Jahre.

ENZENSBERGER Deine Isolation stammt aber aus einer anderen Zeit, denn Du bist in einem Augenblick aus Deutschland weggegangen, als die deutsche Literatur ihre erste Hochkonjunktur nach dem Krieg hatte. Genau in der Zeit wurden die großen Verlagsgeschäfte gemacht, die großen Positionen in den Medien wurden in dieser Zeit aufgebaut, und genau in diesem Augenblick bist Du verschwunden. Auch Dein Verhältnis zur »Gruppe 47« belegt, was ich sage. Von einem gewissen Moment an hast Du nicht mehr teilgenommen.

ANDERSCH Ich weiß nicht, ob man verschwindet, wenn man von Stuttgart nach Berzona umzieht. Ich könnte mich jetzt auf eine ganz privatistische Antwort versteifen, indem ich sage: Ich habe ab 1956 mit größeren Prosaformen zu arbeiten angefangen. Ich habe damals meine ersten beiden Romane geschrieben, *Sansibar* und *Die Rote*, und dazu braucht man eine gewisse Abgeschlossenheit und Konzentration.

ENZENSBERGER Das ist alles andere als eine privatistische Erklärung, das ist eine ganz bewußte, langfristige Entscheidung, die Du getroffen hast und die ihre Gründe haben muß. Diese Gründe könnten uns sehr weit führen. Sie könnten vielleicht auch Dein Verhältnis zur Studentenbewegung erklären. Du hast damals gegen den Literaturbetrieb optiert, Du hast auf Deine politische Position innerhalb der Medien verzichtet, Du bist weggegangen. Du hast – um es nun mit einem großen Wort zu sagen – für die Kunst optiert. In diesem Moment hast Du für die Kunst optiert.

ANDERSCH Aber nun könnte es ja noch andere Erklärungen geben dafür, daß – jetzt spreche ich wieder einmal im Plural – die Schriftsteller, mit den bewußten Ausnahmen, sich nicht zu einem bestimmten Zeitpunkt in die Universitäten begeben haben, und eine dieser Erklärungen wäre ganz schlicht der Mangel an Mut. Ich möchte das aber nicht in dieser negativen Form stehen lassen. Man hatte damals sofort das Gefühl, daß diese Bewegungen an den Universitäten eine sehr ungewisse Richtung nahmen. Man wußte nicht genau, wohin die Bewegung laufen würde. Auch aus diesem Grunde hat man Distanz gehalten. Ich möchte nur ein Beispiel dafür geben: Man sah sofort, daß diese ganze Bewegung in sehr expliziter Weise das Gewalt-Problem aufwarf. Das war etwas völlig Neues oder Überraschendes, daß in einer ganz pazifizierten Gesellschaft plötzlich dieses Problem auftauchte. Man sagte sich also, ganz vulgär gesprochen, »da wolln wa mal erstmal abwarten, was dabei herauskommt«.

ENZENSBERGER Dazu kam die Traumatisierung durch den Faschismus.

ANDERSCH Ja, prompt fiel ja auch das Stichwort vom Linksfaschismus. Hinzu kam aber noch etwas anderes. Von dieser linken Bewegung wurde ja dem Schriftsteller zugemutet, seinen Beruf aufzugeben. Ich möchte sagen, die Literatur war der einzige Berufsstand, von dem im Namen der Revolution verlangt wurde, daß er wenigstens temporär oder in Hinsicht auf bestimmte Formen nicht mehr das machen dürfe, was er bisher gemacht hatte. Du selbst hast in Deinem berühmten Aufsatz im *Kursbuch 15* gesagt – ich trivialisiere das jetzt mal ein bißchen –, wir sollten aufhören, Romane und Gedichte und Theaterstücke zu schreiben, und sollten Reportagen, politische Artikel usw. verfassen ...

ENZENSBERGER Dieser Aufsatz ist mehr berüchtigt als berühmt, und zwar berüchtigt im Sinne des Gerüchts ...

ANDERSCH Ich habe ihn sehr genau gelesen.

ENZENSBERGER Von den Kritikern, die ihn immerfort zitieren, kann man das leider nicht behaupten. Sie behaupten hartnäckig, ich hätte darin den Tod der Literatur verkündet oder gar verlangt. In Wirklichkeit habe ich festgestellt, was eigentlich jeder Literaturstudent wissen müßte – nur bis zu den deutschen Kritikern hat es sich offenbar immer noch nicht herumgesprochen –, nämlich daß der »Tod der Literatur« selber eine literarische Metapher von ehrwürdigem Alter ist, und ich habe mich über diese Rhetorik des Absterbens lustig gemacht. »Seit wenigstens hundert Jahren« – entschuldige, wenn ich mich selbst zitiere, ich tue es ungern – »befindet sich die Totgesagte, nicht unähnlich der bürgerlichen Gesellschaft, in einer permanenten Agonie, und wie diese hat sie es verstanden, die eigene Krisis sich zur Existenzgrundlage zu machen.« Ihr Leichenbegängnis ist eine Veranstaltung, die seinerzeit das deutsche Feuilleton ergriffen hat. Das kann ich mir nur so erklären, daß die Redakteure und Rezensenten meine *Gemeinplätze* als einen Angriff auf ihre Existenzgrundlage aufgefaßt haben. In ihrer Panik waren sie nicht einmal mehr in der Lage, einfache Sätze vom Blatt zu lesen. In Wirklichkeit handelte der Aufsatz von einer ganz anderen Frage, nämlich davon, daß die meisten Schriftsteller, wie andere Leute auch, das Bedürfnis haben, gesellschaftlich sinnvolle Sachen zu produzieren, daß aber für rein literarische Produktionen ein solcher gesellschaftlicher Sinn sich nicht mehr nachweisen läßt. Das habe ich allerdings behauptet, nicht weniger, aber auch nicht mehr. Nicht behauptet habe ich zum Beispiel, Literatur sei schädlich. Ich habe nur gesagt, daß wir in dieser Frage sozusagen in der Luft hängen, daß sich ein triftiger Beweis nicht finden läßt: »Für literarische Kunstwerke läßt sich eine wesentliche gesellschaftliche Funktion nicht angeben.« Das ist alles, und dabei möchte ich bleiben.

Natürlich kommt eine solche Auffassung keiner Gewißheit gleich, und schon gar nicht ließe sich mit ihr ein Berufsverbot für Künstler begründen. Wenn einer sagt, daran kann ich nichts ändern, ich möchte meine Sache auf eigenes Risiko, sozusagen auf Verdacht weiterbetreiben, auch wenn ich keinen Beweis dafür erbringen kann, daß dadurch das Los der Menschheit befördert wird – dann ist er nicht zu widerlegen. Schließlich lassen die wenigsten Berufe heute eine schlüssige Rechtfertigung aus ihrem gesellschaftlichen Sinn zu – warum sollten die Schriftsteller es in diesem Punkte besser haben als andere? Im übrigen bin ich in dieser Sache ja kein neutraler Beobachter, ich bin selber Interessierter, und das Harakiri als politischen Ausdruck weiß ich ganz und gar nicht zu schätzen. So viel also zu diesen Äußerungen aus dem Jahre 1968.

Übrigens finde ich es ganz gut, daß die Studentenbewegung die kulturellen Phänomene insgesamt plötzlich relativiert hat. Das gilt ja nicht nur für die Literatur. Die Kultur war immer eine stark mit Prestige aufgeladene Sache, und darauf sind besonders die Künstler selber oft hereingefallen. Ihre Selbsteinschätzung ist merkwürdig genug. Am deutlichsten sieht man das im Musikbetrieb, wo bis auf den heutigen Tag irgendeine Sängerin zum Beispiel, nur weil sie dieses bestimmte hohe C oder A besonders gut bringt, es ganz normal findet, daß man ihr dafür DM 20 000,– an einem Abend gibt. Ich finde das nicht unproblematisch.

ANDERSCH Aber die Studentenbewegung hat doch die Sängerin eigentlich gar nicht in Frage gestellt. Ihr hohes C hat man ihr doch verziehen und auch gesagt: »Es ist vielleicht wirklich ganz schön, daß jemand in der Lage ist, das zu singen, und es könnte ja unter Umständen sogar aus revolutionären Gründen wichtig sein, daß an irgendeinem Punkt ein hohes C erklingt.« Aber die Literatur wurde in toto, ja sogar in ihrem Grund für fragwürdig, nicht nur für fragwürdig, sondern für absolut – wie hast Du geschrieben – »nicht mehr gerechtfertigt« erklärt. Ich möchte noch einmal Deinen Aufsatz zitieren: »Wer Literatur als Kunst macht, ist damit nicht widerlegt, er kann aber auch nicht mehr gerechtfertigt werden.« Das ist ein sehr deutlicher Satz.

ENZENSBERGER Zu diesem Satz würde ich auch noch heute stehen. Ich bin aber gar nicht so sicher, ob die Studentenbewegung meine Ansicht geteilt hat. Sie war in dieser Hinsicht merkwürdig gespalten. Überhaupt ist in diesen ganzen Politisierungsversuchen, die sich auf den Überbau beziehen, immer ein merkwürdiger Widerspruch enthalten. Man hat auf der einen Seite gesagt: Was soll uns diese ganze Sache mit der Kunst, das ist doch vielleicht überhaupt überflüssig. Die andere Seite des Widerspruchs bestand darin, daß man von eben den Leuten, die man derart in Frage gestellt hat, zugleich Wunderdinge erwartete, nämlich daß die Intellektuellen, nicht nur die Schriftsteller, sondern die Intellektuellen überhaupt, in der Lage wären, als Detonator einer gesellschaftlichen Bewegung zu funktionieren. Darin kam die alte Überschätzung der Intellektuellen in neuer Gestalt wieder zum Vorschein. Die ganzen Erwartungen, die man an die sogenannte Kulturrevolution, innerhalb einer durchaus kapitalistischen Gesellschaft, geknüpft hat, waren völlig absurd. Die Studentenbewegung hat die Intellektuellen eher überschätzt als unterschätzt. Sie hat von ihnen etwas erwartet, was sie gar nicht leisten können, und aus der Enttäuschung darüber, daß diese Erwartungen nicht erfüllt worden sind, sind dann die bilderstürmerischen und antiintellektuellen Strömungen innerhalb dieser Bewegung hervorgegangen.

ANDERSCH Allerdings. Das war auch einer der Gründe,

warum ich mich von ihr ferngehalten habe. Die Kritik an der Literatur, so wie sie da vorgetragen wurde, ist doch eine Tatsache, die nicht einfach aus der Welt geschafft werden kann. Sie hat auf seiten der Neuen Linken ein unhistorisches und damit unmarxistisches Denken bloßgelegt, das für mich als einen im klassischen marxistischen Denken erzogenen Menschen unannehmbar war. Ich konnte also gar nichts tun, als dazusitzen und abzuwarten, ob sich ein Marxismus, der mit ästhetischen Kategorien arbeitet, durchsetzen würde.

ENZENSBERGER Da ergeben sich nun allerdings sehr interessante Fragen, vor allem die Frage nach einem marxistischen Kulturbegriff, den Du voraussetzt und den Du in der Neuen Linken vermißt ...

ANDERSCH Der marxistische Kulturbegriff ist für mich völlig klar, seitdem Marx darüber nachgedacht hat, ohne eine Antwort darauf zu finden, warum eigentlich die Werke von Sophokles, obwohl sie über zweitausend Jahre zurückliegen, einen immer noch anrühren, warum Sophokles immer noch die Welt bewegt. Diese Frage hat Marx sich in einer berühmten Studie vorgelegt, aber er hat sie nicht beantworten können, er hat darauf keine Antwort gehabt und auch ganz bewußt darauf verzichtet, eine Antwort zu versuchen.

ENZENSBERGER Die Logik des Gesprächs führt auf die Frage, ob die Entscheidung, die Du seinerzeit getroffen hast, ›Kunst zu produzieren‹ (mit diesem Wort sind wir nun mal geschlagen), etwas mit solchen Überlegungen zu tun hatte. Bist Du nach wie vor der Meinung, daß ein Kulturbegriff tragfähig wäre, der es auf die großen unvergänglichen Werke abgesehen hat, auf die sozusagen ohne Rücksicht auf das, was geschichtlich passiert, ohne Rücksicht auf die gesellschaftlichen Bedingungen, unter denen man arbeitet, zu pochen wäre? Scheint Dir ein solcher Begriff tragfähig für Deine eigene Arbeit?

ANDERSCH Meine Praxis hat mich gelehrt, daß ich nur etwas zustande bringe, wenn ich mich konzentrieren kann, wenn ich meine Ruhe habe. Wenn ich etwas halbwegs Anständiges zustande bringen will, darf ich mich nicht stören lassen, d. h. ich bin dann ganz und gar der Mann, der am Schreibtisch sitzt und etwas, z. B. einen Roman von 682 Schreibmaschinenseiten, produziert. Wir sind uns doch darüber einig, daß wir in einer arbeitsteiligen Gesellschaft leben. Und innerhalb dieser arbeitsteiligen Gesellschaft übernimmt der Künstler beispielsweise die Arbeit, einen langen Roman herzustellen. Andere Arbeiten kann er dabei nicht übernehmen. Die Frage ist allerdings, ob man diese durch die Arbeitsteilung erzwungenen Funktionen gelten lassen will, und da habe ich heute den Eindruck, daß die Neue Linke sie nicht gelten lassen will.

Enzensberger Vielleicht sollte man dabei unterscheiden zwischen einem politischen und einem moralischen Denken. In der Neuen Linken gibt es in der Tat eine ungeheuer starke Beimischung von moralistischem Denken, das mit Politik in meinen Augen sehr wenig zu tun hat. Und diese moralische Seite der Sache drückt sich dann eben in bestimmten Rechtfertigungsritualen aus, in dem Zwang, alles, was man tut, moralisch legitimieren zu müssen. Vor wem eigentlich? Wer ist die Instanz, vor der man sich zu rechtfertigen hätte? Diese Instanz ist nichts weiter als ein Gebäude von Sätzen. Ich halte das für unsinnig. Es ist schon methodisch falsch und läßt sich nur aus bestimmten Traditionen des bürgerlichen Denkens erklären. Was mich interessiert, ist eher die politische Seite der Frage. Wenn man Arbeitsteiligkeit von vornherein anerkennt, was folgt daraus? Was sind die politischen Konsequenzen? Begibt man sich damit nicht in eine totale Passivität? Läßt man sich zu einer Betrachterrolle verurteilen, die auch die Erkenntnisfähigkeit beschädigen könnte? Man hat Beispiele. Unter den neueren Schriftstellern gibt es Leute, deren erster Roman von der Schwierigkeit handelt, einen Roman zu schreiben, der zweite Roman handelt dann von der Iteration dieser Schwierigkeiten usw. usw. Das sind Leute ohne gesellschaftliche Erfahrungen, ohne Praxis, die aber sagen: »Ich mache doch Kunst, ich habe doch mit euch gar nichts zu tun.« Du wirst das vielleicht als Karikatur empfinden, aber ich versuche nur, an einen Extremfall anzuknüpfen, um die Frage der künstlerischen Distanz politisch zu diskutieren.

Andersch Natürlich muß der Schriftsteller, insbesondere der junge Schriftsteller, unbedingt Erfahrungen erwerben. Das sind aber Platitüden, selbst wenn manche jungen, sehr ästhetisch eingestellten Schriftsteller das anders sehen. Für mich ist das selbstverständlich. Aber was der Künstler dann mit seiner Erfahrung macht – ob er sie nun in der Fabrik oder im politischen Kampf oder in persönlichen Erlebnissen gesammelt hat –, das kann eben kein anderer machen als er. Hier wirkt es sich verhängnisvoll aus, daß der Marxismus, bis jetzt jedenfalls, keine Anthropologie entwickelt hat, so daß er nicht in der Lage ist, die Existenz von Leuten zu begreifen, deren Leben, deren Wesen, deren Struktur darin besteht, daß sie Bilder malen, Musik komponieren, Romane und Gedichte und Theaterstücke schreiben.

ENZENSBERGER Auch das Bedürfnis danach bleibt unerklärt ...

ANDERSCH Darin liegt eine große Überlegenheit der bürgerlichen Ideologie, die begreift das nämlich. Die Großbürger wissen das, sie wissen, daß es das gibt; der Marxismus und die Arbeiterbewegung wissen es nicht, obwohl Marx es genau gewußt hat, auch Lenin hat es gewußt. Da liegt ein Dilemma.

ENZENSBERGER Das hat gravierende Konsequenzen. Solange das Bedürfnis nach der Kunst ebenso wenig erklärt ist wie die Fähigkeit zur Kunst, bleibt man immer wieder auf der Frage sitzen: Wer schreibt? Warum schreiben überhaupt manche? Warum sind manche Künstler und manche nicht? Auch die Arbeitsteilung nimmt ja einen skandalösen Charakter an, wenn es sich hier – wie wir vielleicht gemeinsam vermuten – um ein Bedürfnis handelt, das alle Leute teilen, das nicht ein Spezialbedürfnis von bestimmten Leuten ist, sondern ein Bedürfnis, das allgemein vorhanden ist.

ANDERSCH Das gebe ich Dir alles zu. Der Zirkel ist natürlich nicht ganz so geschlossen, wie Du ihn jetzt darstellst, nicht einmal bei dem egoistischen Künstler, der sich sagt: »Ich will überhaupt nichts wissen, ich will meine Sachen schreiben, und sonst kümmere ich mich um nichts« – das ist nämlich eine reine Fiktion, das gibt es nicht. Doch ich möchte noch einmal auf die Frage zurückkommen: ›Warum beteiligen sich Künstler oder warum beteiligen sich Schriftsteller überhaupt an der Politik?‹ Darauf gibt es für mich zwei Antworten. Einmal aus ihrem Gewissen heraus – sie können nicht anders, als sich über Ungerechtigkeiten zu empören, sie greifen ein, sind auf diese Weise ständig beschäftigt mit Politik; und dann gibt es leider eine zweite Sorte, bei der man das Gefühl hat, sie tun's, um im Gerede zu bleiben. Es gibt ja heute auch ein Engagement aus Publicity-Gründen.

Enzensberger Es gibt rechten Opportunismus, linken Opportunismus, alle Spielarten, selbstverständlich, in reicher Menge.

Andersch Und außerdem gibt's den Künstler, der weder zur Kategorie 1 noch zur Kategorie 2 gehört, der nicht mitmacht, sondern sich in sein Zimmer einschließt, weil er einen Roman schreiben will. Und das erscheint Dir nicht akzeptabel?

Enzensberger Entschuldige, aber für mich gibt es noch eine dritte Möglichkeit, weshalb einer, der schreibt, sich auf die Politik einläßt, nämlich aus seinem Erkenntnisinteresse heraus. Dieses Interesse ist ja nicht zu befriedigen dadurch, daß er Bücher über Politik liest, sondern es erfordert einen realen Zusammenhang.

Andersch Ich erinnere Dich an die letzte Tagung der »Gruppe 47«, die ich mitgemacht habe. Das war zu einem Zeitpunkt, als Augstein gerade verhaftet worden war, und gleichzeitig hatte die Kuba-Krise ihren Höhepunkt erreicht. Wir waren damals alle in Berlin versammelt, und da haben wir zu der Verhaftung von Augstein eine Resolution verfaßt, in der wir uns auf eine sehr radikale Weise für Augstein eingesetzt haben, in einer Weise, die Augstein selber gar nicht genehm war, denn der hat sich ja damals bereits auf juristischer Basis verteidigt, während wir in dieser Resolution, die uns beinahe einen Prozeß eingetragen hätte, rein politisch argumentierten. Ich erinnere mich noch, wie Du, Johnson und ich den Text entworfen haben, und ich gebe Dir ohne weiteres zu, mit solchen Aktionen können erhebliche Erkenntnisse gesammelt werden. Plötzlich brach die gesamte bürgerliche Presse in einen Entsetzensschrei aus über diese Resolution der »Gruppe 47«. Dabei war es gar nicht die »Gruppe 47«; es gab Stimmen in der Gruppe, die erbittert gegen diese Resolution votierten ...

Enzensberger Das waren trotz allem ruhige Zeiten, verglichen mit heute. Wenigstens kommt es einem heute so vor. Ich möchte aber noch auf etwas anderes hinaus, nämlich auf die Hypothese, die ich jetzt riskieren will, daß der Schriftsteller Andersch als der, der er ist, undenkbar wäre ohne seine eigene politische Praxis.

Andersch Ja, selbstverständlich.

Enzensberger Siehst Du! Ein Schriftsteller, der sich von vornherein auf den Standpunkt stellt: ›Ich bin Künstler, ich habe das nicht nötig‹, der wird zu Einsichten, wie sie in Deiner Prosa zu finden sind, zu *diesen* Einsichten jedenfalls niemals kommen, er wird dazu gar nicht in der Lage sein.

Andersch Dennoch darf er erwarten, daß ihm Verständnis entgegengebracht wird, wenn er sich auf eine große Arbeit konzentrieren will.

Enzensberger Ich fürchte, Verständnis darf ein Schriftsteller nie erwarten.

Andersch Doch. Von einer Bewegung, die im Sinne von Hegel, den ich nicht besonders mag, den Weltgeist in ihren Reihen reiten läßt, müßte eigentlich Verständnis auch in diesem Punkt zu erwarten sein.

Enzensberger Ich weiß nicht, ob das gegen die Bewegung oder gegen den Weltgeist spricht. Ich für meinen Teil würde auf ein solches Verständnis bei irgendeiner Sache, die ich anfange oder unterlasse, niemals rechnen. Gesellschaftliche Bewegungen sind in diesem Sinne ohnehin verständnislos. Große historische Bewegungen müssen sogar verständnislos sein.

Andersch In diesem Sinne ist aber auch die künstlerische Aktion verständnislos.

Enzensberger Das ist sehr interessant. Da kommt der Widerspruch vielleicht auf einen theoretischen Nenner ...

Andersch Nein, auf einen praktischen ...

Enzensberger Und auf eine praktische Konsequenz.

Andersch Immer, wenn ich an eine große Arbeit gehe, erwarte ich von mir als Schriftsteller, daß ich mich dabei nicht auf die gängigen Sprachregelungen und Alternativen einlasse, sondern neue Strukturen schaffe. Die werden dann, wenn die Arbeit gelingt, Folgen haben – nicht sofort, aber vielleicht auf längere Sicht.

Enzensberger Du hältst also an der Vorstellung fest, daß das literarische Werk, das aus der Distanz geschaffen wird, auf irgendeine Weise in die Gesellschaft zurückkehrt und dort seine Wirkungen ausübt?

Andersch Ja. Es ist ja ein Teil der gesellschaftlichen Realität. Es kommt aus gewissen historischen Erfahrungen und wird sich auf andere Erfahrungen auswirken.

ENZENSBERGER Dann sendest Du aus der Distanz des Schriftstellers Dein Buch als Boten. Ich bin da skeptischer als Du, weil ich glaube, daß dieser Bote wirklich ins Ungewisse reitet.

ANDERSCH Das Wort ›Bote‹ hat für mich etwas Idealistisches. Wenn ich mir vorstelle, daß ich als Schriftsteller am Schreibtisch sitze, um Botschaften auszusenden, ich glaube, dann würde ich am liebsten aufhören zu schreiben. Es gibt einen Satz von André Gide: »Mit den guten Gefühlen macht man schlechte Literatur.« Diese radikale Absage an alle didaktische, erzieherische oder weltanschauliche Literatur teile ich. Ich habe zwar meine bestimmten oder auch unbestimmten politischen, philosophischen und sonstigen Ansichten, aber am Schreibtisch, wenn ich schreibe, dann hört das auf.

ENZENSBERGER So war das aber nicht gemeint. Ich spreche von einem ganz nüchternen Sachverhalt. Du schickst Dein Buch ins Unbekannte. Die ganzen Wirkungszusammenhänge von Literatur sind etwas, worüber es keine zuverlässigen Aussagen gibt. Wir sind weder theoretisch noch empirisch in der Lage vorauszusagen, was dabei geschieht. Was ist der Gebrauchswert dieses Produkts? Darüber können wir eigentlich keine Aussage machen, darüber können wir nur Vermutungen anstellen. Darunter leiden diese ganzen Diskussionen, was Literatur kann, soll, bewirkt usw. Wir wissen es nicht.

ANDERSCH Wenn Du ein Paar Schuhe, die ein Schuster herstellt, als Botschaft betrachtest, dann stimme ich mit Dir überein. Wenn mir jemand ein gutes Paar Schuhe macht, das ist für mich eine Botschaft.

ENZENSBERGER Das ist aber insofern ein zu einfacher Vergleich, als der Hersteller von Schuhen sehr genau vorher wissen kann, was mit diesen Schuhen geschehen wird. Einer zieht sie an und geht damit spazieren, er geht damit herum, er geht damit zu seiner Arbeit. Er benutzt diese Schuhe, der Gebrauchswert dieser Schuhe ist ganz klar.

ANDERSCH Der Gebrauchswert des Buches auch: es wird gelesen.

ENZENSBERGER Was passiert, wenn ein Buch gelesen wird, ist aber ein völlig unerforschter Prozeß. Man weiß es nicht, es gibt keine literarische Wirkungsforschung. Was sich so nennt, ist Soziologen-Kauderwelsch, Projektion oder bloße Statistik.

Insofern hängen alle Hypothesen darüber, ob Bücher eine Wirkung haben – und wenn ja, welche Wirkung sie haben –, in der Luft, sie haben rein vorwissenschaftlichen Charakter, es sind nur Vermutungen. Niemand weiß, was angerichtet wird, wenn Bücher publiziert werden. Selbst die Zensur hat darüber nur Vermutungen, meistens absurde.

Andersch Trotzdem. Trotzdem werde ich weiter ein Paar Schuhe nach dem andern machen.

Enzensberger Ich glaube z. B., daß es den Romanleser, den ein Autor wie Balzac selbstverständlich vorausgesetzt hat, nicht mehr gibt.

Andersch Aber das ist gerade ein Grund mehr, zu sagen: Ich weiß nicht, für welche Leser ich schreibe. Ich habe schon Diskussionsabende erlebt, in deren Verlauf ich z. B. gefragt wurde – im besten Stil der modernen Werbewirtschaft –: Welche Zielgruppen haben Sie im Auge gehabt bei Ihrem neuen Buch? Da kann man ja nur noch kichern, wenn man solche Fragen hört. Man schreibt doch nicht für Zielgruppen, also für Studienräte oder für . . .

Enzensberger Man hat aber nicht einmal mehr ein Vorbewußtsein davon, für wen man schreibt. Das war, glaube ich, früher in einem stärkeren Maß vorhanden als heute. Also auch hier wieder eine Verunsicherung der literarischen Institution. Ich finde die Hartnäckigkeit, mit der Du diese Unsicherheit trägst und Dich in ihr behauptest, beachtlich. Das hat eine sehr lange Geschichte, die Deine ganze Biographie einbegreift. Ich glaube aber auch, nur mit Voraussetzungen, wie Du sie als Person mitbringst, kann man daran so fugenlos festhalten. Leute, die später geboren sind, die jene Verunsicherung schon als Leser in dem Moment der Sozialisation, wo man die ersten Bücher liest, erfahren haben, haben vermutlich ein Bewußtsein, das ganz anders determiniert ist. Die Lektüreerfahrungen, die Du gemacht hast, die bis zu einem gewissen Grad auch ich noch gemacht habe, sind, glaube ich, bei jüngeren Leuten gar nicht mehr vorauszusetzen. Das heißt aber auch, daß sie, wenn sie dann zu Produzenten werden, wenn sie anfangen zu schreiben, jenseits aller vordergründigen Polemiken über Literatur in einem ganz anderen Grad auch als Produzenten verunsichert sind.

Andersch Dazu kann ich wenig sagen. Ich bin der Meinung, daß jede jüngere Generation weniger gelesen hat als die jeweils vorausgegangene, die ja drei oder vier Jahrzehnte länger Zeit hatte. Auf so einfache praktische Fragen reduziert sich das doch. Übrigens ist es ja auch ein Vorteil, daß der junge Schriftsteller voraussetzungsloser produziert als der ältere. Da möchte ich ein Wort in die Diskussion einführen, das mir tief unsympathisch ist: das sind Ewigkeits-Faktoren, die da eine Rolle spielen.

Enzensberger Damit kann ich mich absolut nicht abfinden. Ich kann das nur bestaunen. Ich kann es nur bestaunen, wenn ein Autor ein zeitloses Verhältnis zu seiner eigenen Produktionsweise konstatiert. Das ist mir völlig unverständlich. Eine Produktionsweise, die zeitlos wäre, existiert in keinem anderen gesellschaftlichen Bereich. Wie sie im Bereich der Kunst gedacht werden könnte, weiß ich nicht.

Andersch Und ich kann nicht verstehen, mit welchem Recht jemand, der im 20. Jahrhundert Gedichte macht, sich sagen kann, wenn er ein Gedicht macht, dann sei das etwas völlig anderes als das, was Lukrez vor zweitausend Jahren tat. Das ist doch dasselbe. Natürlich macht er ein ganz anderes Gedicht. Aber er macht ein Gedicht, und darauf kommt es an.

Otto F. Walter, W. Martin Lüdke
»Es hat sich etwas verändert . . .«
Ein Gespräch über die literarischen Folgen einer politischen Bewegung

Vorbemerkung

Otto F. Walters letzter Roman *Die Verwilderung*, im Herbst 1977 erschienen, der vierte Roman des bald fünfzigjährigen Schweizer Autors, steht nicht nur thematisch in einem engen Zusammenhang zur Studentenbewegung. Denn anders als etwa Uwe Timms *Heißer Sommer* oder Roland Langs *Hai in der Suppe*, anders auch als Peter Schneiders *Lenz* hat Walter radikale Konsequenzen aus den politischen Erfahrungen gezogen, die er als Schriftsteller, zum Teil sicher auch unfreiwillig, mit der Studentenbewegung, durch sie gemacht hat. Das heißt, Walter hat als Schriftsteller auf diese Erfahrungen reagiert, literarisch also, formal. Während Uwe Timm z. B. das Muster des bürgerlichen Bildungsromans ungebrochen übernimmt, ungeniert mit den progressiven Inhalten der Studentenbewegung auffüllt und so am Ende einer traditionellen Erzählweise den Transport politischer Gehalte aufbürdet, die der Form seines Romans völlig äußerlich bleiben, geht Walter sowohl in den *Ersten Unruhen* (1972) als auch in der *Verwilderung* einen – entscheidenden – Schritt weiter.

Die Inhalte, die *Die Verwilderung* im besonderen transportiert – es sind die Inhalte der Studentenbewegung, politische Inhalte mithin –, werden literarisch bearbeitet, das heißt, auch formal reflektiert: gebrochen in einer Darstellungsweise, die ihre oft widersprüchlichen Implikationen zu berücksichtigen sucht. Was sich in der *Verwilderung* darstellt, ist das Ergebnis eines Prozesses, der leicht hinter seinem Resultat zu verschwinden droht. Weil sich die literarische Bedeutung von Otto F. Walter zugleich als eine politische erweisen läßt, scheint es mir wichtig zu versuchen, beides, Prozeß und Resultat, festzuhalten.

LÜDKE Herr Walter, Sie stammen aus einer bürgerlichen Familie. Sie haben als Schriftsteller angefangen in einem ungebrochenen Verhältnis zur bürgerlichen Tradition, zur allerdings avancierten bürgerlichen Literatur. Sie haben eine Entwicklung durchlaufen, die nicht allein vom Resultat her, sondern mehr noch von dem Prozeß her gesehen interessante Züge zeigt: Brüche, Zäsuren.

WALTER Kein Zweifel, daß die Anfänge in einer höchst

bürgerlichen Umwelt, sehr katholischen Umwelt eines fast großbürgerlich geführten Hauses, stattfanden. 1928 wurde ich geboren, Volksschule in einem winzigen Dorf, 500 Einwohner, danach Gymnasium in der nahen Stadt, aus dem ich dann rausflog.

LÜDKE Warum?

WALTER Das war ein Gemisch von schlechtem Betragen und, wie man das so nannte, mangelnden Leistungen. Ich war da in einem Provisorium, wo ich mir eigentlich nichts mehr hätte leisten können an Aufsässigkeit. Ich kam dann, nachdem mein Vater, als ich 16 war, gestorben war und meine Mutter keine Lust mehr hatte, mich weiter akademisch ausbilden zu lassen, in eine Buchhändlerlehre, schloß die ab, das ging 3 Jahre und fand in Zürich statt. Ich machte dann ein Volontariat in einer Druckerei in Köln 1949/50, was für mich übrigens eine ungeheuer brutale Erfahrung war, eine Stadt wie Köln damals kennenzulernen aus dieser gesicherten Schweiz. Ich geriet schließlich in den von meinem Vater gegründeten Walter-Verlag in Olten. Ich hab alles durchlaufen, »von der Pike auf« – vom Buchlager über Auslieferung bis zur Werbe-Abteilung usw. Wichtig für mich war übrigens in dieser beruflichen Weiterentwicklung, daß der alte Jacob Hegner, Emigrant, Jude, aus London zurückkam und in der Schweiz seinen Verlag neu gründete. Der erklärte mir dann plötzlich, als er mich sah: »Ich weiß gar nicht, was die alle haben, so ganz unvernünftig schauen Sie eigentlich nicht aus. Haben Sie nicht Lust, mal zu mir zu kommen?«

Er wurde für mich so etwas wie ein richtiger Lehrmeister für die Verlegerei, ich wurde Lektor und habe mich dabei sehr wohlgefühlt. Das war eigentlich der Start zu einer Verlagstätigkeit, die weiterging bis Mitte der 60er Jahre im Walter-Verlag, wo ich dann literarischer Leiter war. Inzwischen aber, spät eigentlich, mit 25, begann ich Kurzgeschichten zu schreiben, schickte die an Werner Weber an der *Neuen Zürcher Zeitung*. Zu meiner Überraschung hat er mich angerufen auf die erste dieser Sendungen hin, hat die Geschichten gedruckt und mir viel Mut gemacht. Das bewog mich dann zusätzlich, das Schreiben fortzuführen. Inzwischen hatte ich auch geheiratet. Ich schrieb dann 1957/58 mein erstes Buch, den Roman *Der Stumme*.

LÜDKE Sie hatten also von frühester Jugend an mit Büchern zu tun, in den ersten Jahren mehr mit der Herstellung, dem Vertrieb von Büchern. Wie kam es dann zu dem Umschlag – dazu, daß Sie auf einmal Interesse fanden, selber Literatur zu schreiben, Schriftsteller zu werden. Denn beide Bereiche berühren sich zwar intensiv, haben aber, genauer betrachtet, nichts miteinander zu tun.

WALTER Sie haben recht, im Grunde genommen haben die beiden Dinge zunächst sehr wenig, außer einer gewissen Vorliebe vielleicht für den Gesamtbereich, miteinander zu tun. Wie das eigentlich begann, kann ich nicht recht rekonstruieren. Ich weiß nur, daß ich mich wohlfühlte oder wohler, wenn ich etwas zu schreiben hatte, als wenn ich's nicht hatte – was für mich auch heute eines der Hauptmotive des Schreibens ist. Immerhin kam ich durch diese Tätigkeit im Buchhandel mit Autoren und mit Texten zusammen, beispielsweise wurden wichtig für mich sicher Faulkner, Elio Vittorini, Isaak Babel, das waren, Anfang der 50er Jahre, Heroen für mich.

LÜDKE Mir ist aufgefallen, betrachtet man Ihr erstes Buch, daß es deutlich an die Moderne anschließt, an moderne Strömungen der Literatur zwischen Joyce und Faulkner im besonderen, gleichzeitig aber die formalen erzählerischen Mittel auf einen Bereich überträgt, der später als »Literatur der Arbeitswelt« firmierte, auch etwas vom »Heimatroman« hat, von der Art Ihres Schweizer Kollegen Walther Kauer, sehr viel später freilich, doch mit ähnlichen Mitteln. Wieder die Trennung von zwei Bereichen und der Versuch, beide zusammenzuhalten, in dem Roman *Der Stumme*.

WALTER Darin äußert sich sicher mein damaliges, wahrscheinlich bis heute erhaltenes Interesse. Ich faßte Literatur immer auf als eine weiter zu entwickelnde Ausdrucksmöglichkeit. Anders gesagt: Wenn ich Brüche, wenn ich Revolten, in welcher Weise jetzt auch immer, darstellte – das steht immer irgendwo im Zentrum dessen, was ich schreibe –, dann versuchte ich, diesen Bruch mit der bürgerlichen Umwelt und der Konvention auch des Romans in formaler Weise zu signalisieren.

LÜDKE Ja, Sie stützen sich ja im Grunde genommen auf die bürgerliche Tradition, Sie übernehmen, für die Schweiz vielleicht weniger überraschend als für das Nachkriegsdeutschland, die modernen Formen der europäischen bzw. der Welt-Literatur. Die beiden zentralen Orientierungspunkte sind sicher Joyce und Faulkner, formal bestimmend für den *Stummen*. Gleichzeitig ist aber zu erkennen, daß Sie das, was Sie Revolte nannten, sehr vorsichtig angehen, wenigstens partiell auch wieder zurücknehmen, schon durch die Ausdrucksmittel. Schließlich verfügt der Stumme als Stummer nicht über die Sprache. Er bleibt stumm, sprachlos.

WALTER Und das signalisierte sicher damals für mich mein Interesse an elementaren Lebensweisen, an dem, was ich, und so unpolitisch war das eben damals, am ehesten als Arbeitswelt zunächst vorfand, plus oder inclusive ein humanitär-soziales Interesse natürlich an Unterdrückten, mit denen ich mich in einer konfusen Weise verbunden sah. Daß das ein direkt politisches Interesse gewesen wäre, kann man nicht sagen, obgleich ich meine, daß, sagen wir mal, die Klassenlage der Straßenarbeiter im *Stummen* aus heutiger Sicht ablesbar ist.

LÜDKE Ja, ich glaube aber, das hat in der Konzeption des Romans keine Rolle gespielt, weil die Zentralfiguren des *Stummen*, der Sohn und sein Vater, da noch in dem Bezugsrahmen einer, sagen wir mal, Familiengeschichte gesehen werden, die indessen nicht psychologisierend beschrieben wird. Wenn man Ihren ersten Roman einmal im Kontext Ihrer Biographie betrachtet, dabei bedenkt, daß Sie im Verlagswesen gearbeitet haben und zugleich auch als Schriftsteller, wenn man also beobachtet, wie Sie auf dem bürgerlichen Hintergrund Ihrer Erziehung und Ihrer Tätigkeit versucht haben, bestimmte Inhalte aufzugreifen, bestimmte literarische Formen weiterzuentwickeln, fällt doch wieder diese Dichotomie auf und, damit verbunden, die Anstrengung, das Auseinanderfallende zusammenzuhalten. So ist schon zu vermuten, daß Ihre gleichsam gespaltene Existenz den Prozeß gefördert hat, dessen Resultat man kritisches Bewußtsein nennen könnte.

WALTER Zweifellos hat der Umstand, daß ich zunächst in einer ganz üblichen abhängigen Tätigkeit war, zu einem Bewußtsein der Abhängigkeit geführt. Ich war überdies gezwungen, allmählich die Machtverhältnisse in einem Unternehmen, wie das ein größerer Verlag ist, mir durch den Kopf gehen zu lassen: aus ganz direkt praktischer Notwendigkeit.

Lüdke Sie waren doch auch Mitbesitzer?

Walter Das machte die Sache nicht einfacher, das komplizierte das Ganze auch in meinem Bewußtsein, weil ich da dauernd in eine völlig klare Konfliktsituation gekommen bin, zumal dieser Mitbesitz sich in erster Linie nicht auf mich, sondern auf meine Verwandtschaft, also meinen Clan, bezog, demgegenüber ich wieder in Revolte war, ganz individuell zumindest. Gleichzeitig gab es ein Wahrnehmen von öffentlichen gesellschaftspolitischen Vorgängen, wo ich im Zweifel mich dann doch immer auf der Seite der Angegriffenen, der Abhängigen wiederfand. Beispiel: Es gab zum Ende der 50er Jahre eine große Debatte in der Schweiz über die sehr theoretische Frage, ob die Schweizer Armee Atomwaffen übernehmen oder grundsätzlich darauf verzichten sollte, ob nicht sogar ein Verfassungsartikel aufgenommen werden müßte mit dem grundsätzlichen Verbot. Damals habe ich die erste öffentliche Aktion mit bestritten, die von Schriftstellern initiiert wurde, zusammen mit Kurt Marti, dem alten Hermann Hesse, Max Frisch. Das waren Aktionen, die bei der Politisierung meines Bewußtseins durchaus eine Rolle spielen. Das setzte sich dann fort z. B. im Engagement gegen den Algerienkrieg. Als immer deutlicher wurde, wie sehr französische Autoren damals unter öffentlichen Druck gerieten, publizierten wir Solidaritätsaufrufe. Aber das alles blieb im Rahmen verbaler Überbau-Aktionen. Politisch direkt aktiv war ich nicht, ich begann allerdings in meiner Verlagstätigkeit Bücher ins Programm einzubeziehen, die oppositionelle Vorstellungen enthielten, Bücher von Autoren wie A. Andersch, Wolfdietrich Schnurre, Elio Vittorini. Und das stärkte im Grunde genommen meine Kraft zur Kollision, auch meine Möglichkeiten, innerhalb der gesellschaftlichen Strukturen etwas zu riskieren, z. B. ein progressives Verlagsprogramm zu machen.

Lüdke Würden Sie dennoch zustimmen, wenn man diesen Teil Ihrer Biographie noch unter den Titel »individuelle Revolte« stellte, da ja Ihr Widerstand noch vor allem gegen den Familienclan zielte?

Walter Ja. Erst allmählich führte – das ist wichtig – meine Schreibarbeit, der Prozeß des Schreibens, des Umgangs mit

Sprache, auch mit der Sprache und den Manuskripten »meiner« Autoren, zu einem Verständnis meiner Arbeit als einer politischen Tätigkeit im größeren Zusammenhang, das heißt: innerhalb von Machtverhältnissen.

LÜDKE Bislang scheint mir die Darstellung, die Sie gegeben haben, darauf hinzudeuten, daß Ihre Art von individueller Revolte sehr wohl noch in Einklang mit den liberalen Traditionen des Schweizer Bürgertums stand, d. h. daß Ihre Kritik – sehr vorsichtig – dort ansetzte, wo die Gebrochenheit dieser Liberalität bereits unübersehbar wurde, wo man also erkennen mußte, wie diese Liberalität Stück für Stück zurückgenommen wurde. Vielleicht kann man Ihre Einstellung damals mit den Begriffen liberaldemokratisch-humanitär bezeichnen. Erst später ist uns ja die Doppelbödigkeit dieser Formeln deutlich geworden.

WALTER Kein Zweifel, es blieb zunächst bei dem von Ihnen skizzierten Interesse. Wir waren »Nonkonformisten«, wir waren hellhörig als Antifaschisten, wir verfolgten – reichlich dumpf, reichlich instinktiv – einen auf Abbau von Fremdbestimmung, einen auf Emanzipation gerichteten Kurs. Immerhin läßt sich sagen, daß es allmählich auch zu einer inhaltlichen Verschärfung des Programms kam, in den Arbeiten der Autoren des Verlags, wobei ich allerdings immer wieder versucht habe, auf Projekte hinzuarbeiten, in denen sich *formal* legitimierte, was inhaltlich als Revolte angelegt war, legitimierte gegen den bürgerlichen Kanon von Literatur. Interessant war, daß das alles zunächst vom Verlag und vom bürgerlichen Lesepublikum akzeptiert wurde. Erst ein Buch, das als völlig formalistisch denunziert werden könnte, führte dann zur wirklichen Auseinandersetzung: das Buch *laut und luise* von Ernst Jandl, das von Heissenbüttel und mir herausgegeben worden war. Das hat dann jenen Kanon ganz grundsätzlich im Bereich des scheinbar nur Formalen verletzt.

LÜDKE Das halte ich für einen sehr interessanten Fall, weil sich hieran zeigt, daß auch die literarische Modernität, die literarische Form als solche, jenseits der politischen Inhalte so etwas wie einen politischen Kern hat, der damals vermutlich noch gar nicht als politisches Faktum erkannt wurde, wobei Sie aber wahrscheinlich (dunkel) ahnten, daß da auch politische Zusammenhänge aufgebrochen waren.

WALTER Gar kein Zweifel, Gespräche beispielsweise mit Heissenbüttel haben bei mir damals zu Erkenntnissen, Einsichten geführt in diese Zusammenhänge zwischen dem formalen Bereich und dem politischen. Das Resultat dieser Jandl-Debatte war, daß man mir fristlos kündigte. Ich wurde vor die Alternative gestellt, entweder das Programm zu ändern, es konventionell weiterzuführen oder aber zu gehen.

LÜDKE Das scheint mir auch deshalb bemerkenswert, weil Kritik bei Jandl beschränkt ist auf Sprachkritik, vorrangig zumindest, und man ja durchaus vermuten darf, daß Verlagskaufleute, Verlagsteilhaber, Aktionäre nicht in der Lage sind, den schwierigen Zusammenhang zwischen Sprachkritik und einer Kritik, die über die Sprache als Sprache hinausgeht, zu durchschauen.

WALTER Sicher läßt sich die Kritik an der Sprache, um bei Jandl zu bleiben, von einer Kritik an den allgemeinen Zuständen letzten Endes nicht trennen. Da gibt es einen Konnex, der offensichtlich von den Leuten, die den Verlag in der Hand hatten, deutlich empfunden wurde. Wenn beispielsweise ein Gedicht, das sich über den ersten Vers der *Genesis* – »Im Anfang war das Wort« – sprachspielerisch äußert, diesen Satz umdreht, »verhunzt«, wie man das nannte, so stellt es wohl ein ganzes Weltbild in Frage. Dies war der Punkt, an dem sich die politische Auseinandersetzung entzündete.

LÜDKE Nochmal zu diesem Gedicht von Jandl. Ich vermute, daß Sprachkritik eine Kritik an der Legitimationsbasis bürgerlicher Gesellschaft am Ende impliziert. Das wurde vermutlich von Ihren Verlagsleuten, aber auch von Ihnen, zunächst nur mehr oder weniger intuitiv erfaßt. Wodurch ist dieser Zusammenhang dann klar, klarer geworden?

WALTER Klar war zunächst, daß ein solches Gedicht die Diskrepanz zwischen dem moralischen Anspruch des Bürgertums und seiner Praxis aufzeigt. Ich erinnere mich an ein Gespräch mit Heissenbüttel in Zürich, wo wir schließlich auf die kühne These kamen, daß Sprache – ihre Struktur: Subjekt, Objekt, Prädikat –, eine Hierarchie darstellt, die sich ableitet aus einem theologischen Verständnis der Welt, und daß dieses hierarchische Denken unsere gesamte Gesellschaft durchdringt und bestimmt. Daß die Sprache dieses Wirklichkeitsverständnis immer wieder mit reproduziert und produziert, war ein Phänomen, dem wir auf verschiedenen Ebenen beizukommen versuchten.

LÜDKE Zur gleichen Zeit wurde dieser Zusammenhang in Deutschland von der Kritischen Theorie herausgestellt: der Zusammenhang von Herrschaft und Sprache, von formaler Logik, Herrschaft und Sprache. Doch auch da hat man erst sehr viel später diese Einsichten auf konkrete politische und gesellschaftspolitische Probleme zu beziehen versucht.

WALTER Klar ist, daß das in meinem Bewußtsein nicht zu einem unmittelbaren »Umschlag«, schon gar nicht zu politischen Aktionen geführt hat. Aber es blieb nicht folgenlos.

LÜDKE Der Bruch wäre wohl auch zu abrupt gewesen.

WALTER Ja, das denke ich auch. Aus meiner Biographie heraus gab's da noch viele Bremsen.

LÜDKE Ich vermute, daß der Sprung nur möglich gewesen wäre, wenn sich bestimmte Perspektiven damit hätten verbinden lassen. Es gab ja nichts, woran Sie sich organisatorisch oder auch nur theoretisch hätten wirklich schon orientieren können.

WALTER Im Gegenteil, ich geriet in eine fundamentale Krise, ich verließ sozusagen die Sicherungen meiner Biographie, fand aber noch keine neuen Haltepunkte. Die Folgen waren schwere psychische Probleme und immer heftigere Auseinandersetzungen mit meinem Clan, der mich geradezu überwältigte sowohl in verlegerischen Angelegenheiten als auch in der unmittelbaren Lebenssituation.

LÜDKE Soweit, wenn ich das richtig sehe, drückt sich darin auch etwas von dem professionellen Elend des Schriftstellers oder des bürgerlichen Schriftstellers aus: die nahezu totale Isolation, das Zurückgeworfensein auf das private, individuelle Dasein – bei Ihnen noch verstärkt durch die Einbettung in deutlich fremdbestimmte ökonomische Zusammenhänge, die das Problem ja noch verschärfen. Warum sind Sie nicht den, sagen wir mal, normalen Weg des bürgerlichen Autors gegangen, der diese Probleme objektiviert, indem er sie aus sich herausschreibt?

WALTER Nach meinem ersten Buch *Der Stumme* schrieb ich den Roman *Herr Tourel*, der 1962 erschien und sehr deutlich ein Krisensymptom aufweist. Ich versuchte eine thematische Hinwendung zu dem, was man damals Unterschicht nannte.

Der Roman kreist um das Grundproblem Lebenslüge, ist also wohl ein, wenngleich schüchterner, Versuch der Objektivierung. Man muß das durchaus im Zusammenhang sehen damit, daß sich die Auseinandersetzung im Verlag verschärfte. Ende 1966 kam es zum Bruch mit dem Walter-Verlag, dann – 1967 – der Übergang zum bundesdeutschen Luchterhand-Verlag, damit der totale Szenenwechsel, den ich mir nicht gewünscht hatte. Und hier erwartete mich viel Arbeit, fünf Jahre lang und zwölf Stunden täglich.

LÜDKE Ich möchte nochmal auf den anderen Punkt kommen. *Herr Tourel* greift die Problematik bürgerlicher Individualität auf, die aber eher phänomenologisch erfaßt wird, ohne daß sichtbar würde – das ist ja gerade die entscheidende Differenz zu Ihren späteren Arbeiten –, wie sehr diese Problematik durch andere Faktoren bestimmt ist. Es gibt eine Stelle in *Herr Tourel*, wo davon die Rede ist, daß er, Tourel, der Fotograf, der Wirklichkeit auf eine klarere Weise habhaft werde. Als ich das las, dachte ich an Brecht, der schrieb, daß man von einer Fotografie der IG Farben wenig über das Wesen der IG Farben erfährt. Auch wenn die Äußerung zum Teil wieder zurückgenommen wird, sie ist symptomatisch für den Anspruch, die Phänomene exakt und präzise zu beschreiben.

WALTER Sicher ist im *Tourel* diese idealistische Vorstellung von Welt noch dominant. Das Ganze kreist um privat verstandene Probleme wie Schuld oder Nicht-Schuld, auch wenn es in dem Roman die Darstellung eines Streiks und von Solidarisierung gibt – das steht alles ganz deutlich im Vorfeld von Politik und Politisierung.

LÜDKE Ich will gar nicht so weit gehen, von Politisierung zu sprechen, sondern erstmal davon, daß Gestalten wie der Stumme und Tourel sich selber als isolierte, private Subjekte begreifen und auch von Ihnen im Kontext der Bücher so begriffen wurden. Es wird nicht gezeigt, wie solche Subjekte sich konstituieren – als Subjekt und nicht als Objekt der Verhältnisse.

Sie sind nach Ihrem Konflikt in der Schweiz, in Ihrem Verlag, in die Bundesrepublik gegangen; Sie haben aber gleichzeitig aufgehört zu schreiben. Es ist hier eine sehr deutliche Zäsur auszumachen. Mir scheint darin auch eine

Konsequenz zu stecken. Sie haben ja vorhin gesagt, daß Sie keine Möglichkeit sahen, Ihre Probleme, die teilweise individueller Natur waren, teilweise bereits politisch-ökonomisch im weiteren Sinne vermittelt und als solche auch durchschaut waren, als Schriftsteller zu lösen, d. h. wieder auf eine individuelle Bewältigungstechnik zurückzugreifen.

WALTER Das ist sicher einer der Gründe für die lange Pause, abgesehen von den äußeren, die es im Verlag gab. Ich fand keine Methode, literarisch gesprochen, um die Prägungskraft gesellschaftlicher Strukturen, auch für individuelle Konflikte, darzustellen. Ich habe mich mit zwei Bühnenstücken in dieser Zeit herumgeschlagen, das war 1965 und 1967 (Aufführung), geschrieben 1962/63.

LÜDKE Eines kommt wohl noch hinzu: Sie kamen nach Deutschland zu einem Zeitpunkt, als eine allgemeine Politisierung des gesamten Kulturbereichs begann, die Studentenbewegung ihrem Höhepunkt zustrebte und im Zusammenhang damit die Frage nach der Legitimation der Literatur immer schärfer, nachdrücklicher gestellt wurde, auf eine Weise, die den Autoren eine vorschnelle Abwehr dieser Frage nicht eben leicht gemacht hat.

WALTER Die Ankunft in der Bundesrepublik war tatsächlich ein Eintauchen in eine hochpolitisierte Unruhe, die sich sowohl im Verlag, wo ich direkt mit einem soziologisch-progressiven Programm, auch mit marxistischen Lektoren konfrontiert wurde, als auch im gesellschaftlichen Umfeld spiegelte. Ich reagierte zunächst mit Abwehr. Zugleich wurde ich angezogen von dem Revolteelement, das meine Neugier weckte. Ich wehrte ab, wo ich das Argument heraushörte, daß Literatur bloßer Überbau oder Privatvergnügung sei. Darauf habe ich mit Schreiben geantwortet. Genauer: ich habe weitergemacht, allerdings aus neuen Erfahrungen und Irritationen heraus. Ich habe mein drittes Buch, *Die ersten Unruhen* (1967), zu schreiben begonnen. Es dauerte fünf Jahre, bis es fertig und erschienen war.

LÜDKE Ich glaube, es ist falsch, die theoretischen Überlegungen der Studentenbewegung zur Literatur auf die These zu reduzieren, Literatur sei gesellschaftlich funktionslos. Natürlich gab es solche Vorwürfe. Aber die entscheidende Kritik ging doch dahin, die Verwirklichung der emanzipatorischen

Gehalte der Literatur einzuklagen, zu fragen, inwieweit Literatur mit ihren eigenen Mitteln in der Lage ist, zu dieser Verwirklichung beizutragen. Hierin steckt zumindest ein Ansatz zur Politisierung der Literatur.

WALTER Es gab durchaus Ablehnung der Literatur, die Forderung: Schreibt endlich so, daß die Arbeiter euch verstehen!

LÜDKE Enzensberger hat in seinem berühmten Aufsatz im *Kursbuch 15* keineswegs davon gesprochen, daß die bürgerliche Literatur nun tot sei, sondern nur davon, daß sich eine wesentliche gesellschaftliche Funktion der Literatur nicht mehr angeben ließe. Verkürzt rezipiert, lief das dann als These vom »Tod der Literatur« um. Ich denke, daß die in die Auseinandersetzungen involvierten Autoren, zu denen man Sie wohl zählen darf, gar nicht von dem Vorwurf der völligen Nutzlosigkeit, ja, der Schädlichkeit von Literatur getroffen wurden, sondern von Argumenten, die differenziert zu klären suchten, welche gesellschaftliche Funktion die Literatur tatsächlich hat, wie das, was in der Literatur an Gehalten, Versprechungen, Forderungen impliziert ist, gesellschaftlich realisiert werden kann.

WALTER Immerhin, es gab das Pamphlet von Walter Boehlich. Jedenfalls liegt die für mich wichtige Erfahrung mit der Bewegung von damals darin, daß ich provoziert wurde, Probleme wahrzunehmen, die mich zwangen, selber weiterzudenken.

LÜDKE Mich interessiert da besonders die Frage, inwieweit Sie theoretische Anstöße von der Studentenbewegung bzw. von der Theorie überhaupt empfangen haben und inwieweit Sie sich vom proklamierten Legitimationsentzug der Literatur betroffen fühlten.

WALTER Es gab da zunächst meine unmittelbare Praxis. Ich befand mich erneut in einer Konfliktsituation. Ich war mir darüber im klaren, daß ich, wenn ich wieder in der abhängigen Situation des Lektors verlegerisch arbeiten würde, in ähnliche Schwierigkeiten wie zuvor geraten würde. Gleichzeitig verband ich mit meiner neuen Position, der des Geschäftsführers, die Hoffnung, ein progressives Programm schützen zu können vor Zugriffen. Das war zweifellos naiv gedacht. Denn natürlich ist auch eine Managerfunktion eine abhängige Funktion. Immerhin wurde mir vorgeführt, daß ich zugleich Kapitalvertreter war gegenüber einem Programm, das genau die Abschaffung solcher Hierarchien, wie meine Funktion sie verkörperte, intendierte. Ich geriet durch diese Funktion alsbald in den Zwang, unsinnige Dinge aufrechtzuerhalten usw. – Konflikt also sowohl mit der Kapitalseite als auch mit denen, mit denen ich mich verbunden fühlte, mit den Abhängigen. Auf diese neue Konfliktlage traf die erwähnte Theoriediskussion, die mich zunehmend zu interessieren begann. Und sie hatte sehr konkrete praktische Auswirkungen, zum Beispiel während der Frankfurter Buchmesse 1968, als die Polizei das Bild beherrschte und Luchterhand als erster Verlag erklärte, unter diesen Bedingungen werde er nicht ausstellen. Dazu kamen persönliche Begegnungen mit Leuten der Bewegung und damit eine Beschleunigung meines Reflexionsprozesses, auch in bezug auf meine Lage.

LÜDKE Sie haben gesagt, daß der Roman *Die ersten Unruhen* 1967 begonnen wurde. Mir scheint es reizvoll, die Schichten bzw. den Prozeß seiner Entstehung anzusehen. Können Sie etwas darüber sagen, wieweit die ursprüngliche Konzeption im Verlauf der Arbeit durch Einflüsse der Studentenbewegung, der Theoriediskussion, der Verlagsarbeit verändert worden ist, inwieweit diese Faktoren in dem Roman ihren Niederschlag gefunden haben?

WALTER Ich ging aus von einer Faszination, die im nachhinein durchaus begründbar ist: der Möglichkeit, ein Kollektiv auch formal adäquat darzustellen. Ich versuchte das, indem ich in der ersten Person Plural erzählte. Das wies zweifellos in die Richtung der Darstellung gesellschaftlicher Prozesse, aber ich hatte gewissermaßen noch nicht ganz die antagonistische Struktur erfaßt, die sich dann im Verlauf des Schreibens, beeinflußt durch die erwähnten Aktionen, immer deutlicher herausstellte. Z. B. gibt es in diesem Buch, das eine Stadt als Kollektiv darstellt, einen Gegenpol zu diesem »Wir«: einen Uhrenkonzern. Ihn habe ich erst in die Komposition eingeführt, nachdem ich einiges gelernt hatte aus diesem Prozeß.

LÜDKE Ich möchte an diesen Punkt anknüpfen: Kollektiv und kollektives Subjekt. Die Wir-Form ist die Erzählform, in der die Geschichte vorgetragen wird. Dieses kollektive Subjekt bleibt aber abstrakt in doppelter Hinsicht: erstens insofern, als sich das Wir im Roman nicht näher konkretisieren läßt, als von der Bevölkerung der Stadt »Jammers« die Rede ist (worauf man nochmal zurückkommen sollte, um herauszufinden, welche Rolle die Kontinuität von Jammers spielt), zweitens in einem gesellschaftstheoretischen Sinne, da in der Wir-Form die entscheidenden Differenzen gleichzeitig wieder verdeckt werden. Die Artikulation der ersten Unruhen, wenn man den Titel als Metapher begreift, schließt die Stadt als solche ein und macht gleichwohl nicht deutlich, wo die antagonistischen Strukturen innerhalb der Stadt, innerhalb der verschiedenen Hierarchien wirklich zu finden sind. Das ist ein Widerspruch. Sehen Sie das heute auch so?

WALTER Nein, das kann man nicht so sehen, weil sich gerade diese Polarität im Buch inhaltlich ausdrückt. Aber Sie haben recht mit dem Einwand, daß dies mit der gewählten Erzählform allein nicht zu bewerkstelligen ist. Das Buch zeigt übrigens die Entstehung von Faschismus und Terrorismus in der Schweiz, einer hochindustrialisierten Gesellschaft.

LÜDKE Bedeutsam scheint mir an dem Roman, von heute aus gesehen, inwieweit die Kontinuität Ihrer erzählerischen Arbeiten durchgehalten wird. Die Stadt Jammers ist der (lokale) Brennpunkt – darin bekundet sich eine Anknüpfung an Traditionen moderner Literatur, Faulkner etwa. Zugleich versuchen Sie, diese Kontinuität sowohl durchzuhalten als auch zu durchbrechen, nicht nur inhaltlich, sondern auch formal, durch die Verwendung neuer erzählerischer Mittel im engeren Sinn. Was hat sich also im Vergleich mit den früheren Arbeiten verändert? Die »Wir-Form« selber erscheint mir trotz allem widersprüchlich, doch markiert sie einen weiten Schritt von dem älteren Stand Ihrer Entwicklung weg.

WALTER Es ist sicher ein Schritt weg insofern, als der Versuch gemacht wird, Institutionen oder gesellschaftliche Kräfte ebenso wie Historie in den Roman hereinzuholen und sich durch eine eigene Sprache selber darstellen zu lassen – was zu einem zitathaften Arbeiten und zu einem Gebrauch gegensätzlichen Materials führte, wobei mir das als Methode potentiell erlaubte, nun tatsächlich in gesellschaftliche Vorgänge, die gewissermaßen im O-Ton sich selber darstellen, beschreibend einzugreifen.

LÜDKE Mir scheint, daß die Verwendung des Montageprinzips in den *Unruhen* sehr weit vorangetrieben ist. Das erzählerische Subjekt im traditionellen Sinne kommt nicht vor. Die Geschichte, die der Roman darstellt, ist die Geschichte einer Stadt und damit eines gesellschaftspolitisch und ökonomisch eingrenzbaren Bezirks, der niemals individuelle Züge annimmt.

WALTER Es gibt so etwas wie Gegensignale ...

LÜDKE ... die aber in sich auch wieder gebrochen sind. Die Figur der Barbara Frankenstein, die fast leitmotivisch auftaucht, wird in Anlehnung an frühere Arbeiten ironisch aufgenommen und gleichzeitig destruiert, indem sie, aus wechselnden Perspektiven wahrgenommen, mit sich identisch bleibt und sich zugleich ganz grundlegend verändert.

WALTER Für mich war es zunächst ein Spiel, diese Person als einziges Individuum in diesem Kollektivroman agieren zu lassen, ein Relikt der Romanfiguren des 19. Jahrhunderts, auch als Kontrapunkt zum Kollektiv und fernes Bild aus dem großen Roman der bürgerlichen Epoche.

LÜDKE Ja, aber diese Figur ist sozial deklassiert; sie reduziert im Grunde genommen die grandiose bürgerliche Subjektivität auf die Originalität des Dorftrottels, wobei das Originelle nur noch eine Art Randgruppenexistenz signalisiert, die besonderen Eigenschaften fast das Gegenteil des honorigen bürgerlichen Subjekts anzeigen.

WALTER Genau: ironisch gezeichnet, auch dadurch, daß sie als von diesem Roman-Wir erfundene Gestalt dargestellt wird, als eine im Grunde gar nicht mehr existierende Gestalt.

LÜDKE Was heißt »nicht existierende Gestalt«?

WALTER Sie wird so dargestellt wie ein Fabelwesen, von dem man zwar eine Menge kauziger Eigenschaften kennt, aber das, was man darüber als Leser erfährt, ist widersprüchlich, was darauf schließen läßt, daß diese Figur tatsächlich eine kollektive Erfindung ist.

LÜDKE Interpretiert aus wechselnden Perspektiven, von wechselnden Bedürfnissen her jeweils anders gesehen?

WALTER Immerhin, die Beschreibungen, wie diese Figur in der Stadt ankam, widersprechen einander. Die eine Version lautet, sie sei angeschwemmt worden vom Fluß, der Aare – eine ins Mythische weisende Ankunft; eine andere, sehr viel realistischere, behauptet, sie sei mit dem Motorrad angekommen; eine dritte, sie habe die Stadt in einer achtspännigen Kutsche erreicht. Die Figur wird zu einer Art von Fabelwesen gemacht.

LÜDKE Richtig. Sie haben vom Mythos gesprochen. Die modernen Mythen sind wohl eher Trivialmythen. Haben Sie eine solche Form des modernen Mythos im Sinn?

WALTER Der Name Frankenstein ist darauf eine Anspielung.

LÜDKE Also ein doppelter Bezug zur Tradition – einmal auf Frankenstein, die literarische Figur, und dann auf das Monsterhaft-Mythische dieser Gestalt. Dieses Monsterhafte erscheint als das letzte Rudiment individueller Existenzweise in Ihrem Roman. Das führt zu der Frage, wie Ihr neuer Roman, *Die Verwilderung*, hier einzuordnen ist – als Weiterführung dieses Stranges oder eher als Zurücknahme der Radikalität?

WALTER *Die Verwilderung* kann in einzelnen Momenten als ein Schritt zurück bezeichnet werden.

LÜDKE Ein Schritt zurück in welchem Sinne?

WALTER In dem Sinne, daß in einer vorwiegend beschreibenden Literatursprache Individuen mit ganz klar erkennbaren Gesichtern dargestellt werden, allerdings Individuen, die in einen gesellschaftlichen Zusammenhang gestellt und deutlich erkennbar sind als von diesem Zusammenhang bestimmt.

LÜDKE Ja. Nur scheint mir das zurückzulenken auf das Problem des kollektiven Subjekts. Das kollektive Subjekt in den *Ersten Unruhen* war, meiner Ansicht nach, mehr abstrakt bestimmt. Die Radikalität war hier sehr weit, zu einem Endpunkt getrieben worden – möglicherweise Ihre Form der unmittelbareren Verarbeitung der Studentenbewegung. Der Versuch war doch, Erzählformen zu finden, die Ihren politischen Erfahrungen und Ihren gesellschaftstheoretischen Einsichten entsprechen sollten. Sie haben aber dem nur teilweise entsprechen können, weil das, was der Motor gesellschaftlichen Fortschritts ist, von Subjekten getragen wird. Das Subjekt war, wo es vorkam, als Subjekt zurückgenommen, eingegangen in das Kollektiv einer Stadt. Von hier aus begründet sich wohl der Rückgang zu einzelnen Personen, zu Individuen, die freilich nur noch in ihrer Gebrochenheit dargestellt werden, dargestellt werden können in der *Verwilderung*.

WALTER Gebrochen, ja. Aber auch als Objekte einer allgemeinen Programmierung.

LÜDKE Welche Funktion haben die eingeschobenen Passagen aus Kellers *Romeo und Julia auf dem Dorfe*? Es ist ja nicht nur der große bürgerliche Realismus, der hier zitiert wird, sondern auch dessen – inhaltliche – Bedeutung.

WALTER Es gibt mehrere Ebenen, es gibt mehrere Zitatstränge, die das Buch durchziehen. Der von Ihnen genannte ist einer. Er hat eine doppelte Funktion. Einmal bildet er so etwas wie eine historische Folie, so etwas wie einen wunderschönen Goldteppich aus dem 19. Jahrhundert, der hinter dem ganzen Geschehen hängt und den Vordergrund um so deutlicher hervortreten läßt. Gleichzeitig ist die Geschichte der beiden Liebenden, die einander nicht treffen dürfen, es dennoch tun und damit in Konflikt mit ihrer Familie und Umwelt geraten, aber ihre Liebe im gemeinsamen Tod zu vollenden suchen, ein Beispiel dafür, wie im Grunde Liebe von der Literatur – von den Troubadouren über Tristan und Isolde bis zu Romeo und Julia – mitgeprägt ist – letzten Endes ein Beispiel für eine Art von Liebe, gegen die dieses Buch eigentlich revoltiert: gegen die bürgerliche Auffassung von der Einmaligkeit des Partners und der einmaligen Konstellation, in der zwei Menschen aufeinander treffen, die sie durchhalten gegen alle Widerstände, um erst im Tod endgültig vereint sein zu können.

LÜDKE Das ist die Linie, die sich durch das gesamte Buch zieht, die Geschichte bürgerlicher Individualität in ihrer Spätform und damit auch die Verfallsgeschichte von bürgerlicher Individualität, von der Gottfried Keller das Moment des Verfalls schon deutlich gemacht hat im Scheitern der Individuen, die erst im Tod zueinander finden. Dieses Moment wird von Ihnen aufgegriffen; es wird allerdings umgewendet. Die Form humaner Existenz, die darin eingeschlossen ist, die Form von Identität, von Identitätssicherung tritt ins Zentrum. Die Fixierungen, die von der bürgerlichen Kleinfamilie geprägte Struktur unserer sämtlichen Beziehungen – das macht doch den zentralen Konflikt in der *Verwilderung* aus.

WALTER Das ist das zentrale Feld der Fragen, von denen das Buch handelt. Das Buch fragt immer wieder neu nach den Voraussetzungen, unter denen menschliches und menschenwürdiges Zusammenleben möglich ist. Es fragt nach den Kräften, die uns selbst in unserer Sexualität, selbst in unseren erotischen Beziehungen bestimmen. Daher hat diese »Romeo und Julia«-Linie im Roman die Funktion, den Charakter einer möglichen Tradition solcher Kräfte aufzuzeigen.

LÜDKE Ich möchte es noch weiter verschärfen. Mit dem Rückgriff auf die Tradition bürgerlicher Literatur ist ein bestimmter Anspruch in dem Buch festgeschrieben – ein Anspruch und zugleich die Darstellung der gesellschaftlichen Kräfte, der Mechanismen, die ihm entgegenwirken. Es wäre nun wichtig, die Methoden zu bestimmen, mit denen Sie diese Kräfte literarisch zu bearbeiten gesucht haben. Das scheint mir der entscheidende Punkt zu sein. Die *Verwilderung* ist einer der ersten Versuche, die Erfahrungen der Studentenbewegung, die politischen und gesellschaftlichen Erfahrungen, die die Studentenbewegung in Gang gesetzt hat, mit genuin literarischen Formen zu erfassen. Welcher Mittel haben Sie sich dazu bedient?

WALTER Es gibt eine Figur in dem Buch, Blumer, ein heruntergekommener Journalist, eine Art Pilotfigur auch des Autors, die ganz unmittelbar aus der 68er Bewegung herauskommt, allerdings völlig resigniert, jedenfalls am Anfang des Buches, weil jene Hoffnungen, die er mit der Bewegung verknüpft hat, sich nicht erfüllt haben. Blumer ist Journalist, er soll als eine Art von Co-Autor dem Buch eine Struktur geben. Er arbeitet mit den Mitteln, die beispielsweise von einer Zeitung angewendet werden, wenn sie informiert, das heißt mit einer Montage von Texten, die zum Teil einander widersprechen, zum Teil einander ergänzen, die ganz verschiedene Bereiche betreffen, die aber hier in einer, sagen wir mal, künstlerischen Manier eingesetzt sind. Es werden aus den verschiedensten gesellschaftlichen Bereichen – Historie, Statistik, Wirtschaft – Meldungen empfangen und aufgenommen, die ich in einem assoziativen Verfahren den eigentlich traditionell erzählten Texten beigeordnet habe, nicht als Ornament, sondern um den Kern herum, um über die individuelle Geschichte der Beteiligten hinauszuweisen.

LÜDKE Heißt das, daß damit im Gegensatz zum Prinzip des Journalismus verfahren wird? Der Journalist greift gesellschaftlich-historische Prozesse auf, indem er sie zerstückelt, als Meldung, als Information weitergibt, indem er sie also aus dem Prozeß, dem sie sich verdanken, löst. In der *Verwilde-*

rung soll doch durch die Verwendung dieses Prinzips genau das Gegenteil erreicht werden, nämlich die sinnliche Darstellung des Prinzips der Totalität – es wird die Gesellschaft als Ganzes thematisiert, allerdings nicht, wie in den *Ersten Unruhen*, in einem kollektiven Erzählsubjekt, sondern hier in Form von Montage, kurzen eingestreuten Passagen, Statistiken, ökonomischen Daten, Tagesmeldungen, Zustandsberichten aus einem Wohnblock.

WALTER Ja, auch dadurch. Indem solche Brüche, eine Diskontinuität der einzelnen Erzählstränge hergestellt werden, werden Freiräume geschaffen für den Leser. Es gibt bei mir eine vage Vorstellung, die Hoffnung, daß sich auf diese Weise das Erzählen auch formal legitimiert, analog zum Material. Das Erzählen wäre so zu demokratisieren, daß der Leser Vorschläge und Angebote bekommt, die einzelnen Elemente des Buches aufeinander zu beziehen, daß er sie mit eigenen Erfahrungen ergänzen kann, daß er zu einer größeren Bewegungsfreiheit kommt in dem Buch, als wenn er von einem festgelegten Konzept geführt wird.

LÜDKE Dieses Prinzip wird noch unterstützt durch Angebote, die immer auch als solche ausgewiesen sind, so die »Theorie für Liebhaber von Theorie«, ein Anstoß auch zum Weiterlesen. Es werden an bestimmten Punkten, wo theoretische Probleme auftauchen, diese dadurch benannt, daß Theoriefragmente vorgestellt werden; die Erzählung wird gesprengt und bleibt dennoch Erzählung. D. h. die Erzählung treibt dort, wo ihre Mittel unzulänglich sind, über sich hinaus. Es wird das Defizit, dem mit genuin literarischen Mitteln nicht mehr beizukommen ist, kenntlich gemacht. Damit ist eine bestimmte Offenheit, Offenheit auch im Sinne der Einsicht in die Unzulänglichkeit literarischer Mittel, angedeutet.

WALTER Weiter verschärft oder verdeutlicht wird dies, ich hoffe es zumindest, durch die Eintragungen des Autors (wobei offenbleibt, ob sie nicht auch Eintragungen des Blumer sind) unter dem Titel »Skizzenbuch«. Hier habe ich versucht, meine jeweiligen Überlegungen öffentlich zu machen, dem Leser zu zeigen, an welchen Punkten sich für mich welche Fragen ergeben, um die jeweils nächste Etappe anzugehen, Fragen etwa, wie die Figur auf dieses oder jenes Ereignis reagieren könnte, welche Möglichkeiten des Verhaltens sie ausprobieren könnte etc.

LÜDKE In den *Ersten Unruhen* heißt es über »meine Möglichkeiten, etwas zu tun: Verlegerei, eine Zeitschrift machen, einen Film machen, Schreiben, alles ein Versuch, an eigenem Denken und Empfinden und im Bewußtsein und Empfinden einiger Leser, Teilnehmer etwas in Gang zu setzen. Etwas dagegen tun. Etwas dafür tun. Lehrer werden, lernen und lehren, mit welcher Legitimation. Als Alibi? Wie kann das weitergehen?« Ich glaube, die gleichen Skrupel und die gleichen Begründungszwänge und Probleme finden sich in der *Verwilderung* wieder. Das Buch ist das Resultat eines Erfahrungs- und Lernprozesses. Sie versuchen, die theoretischen Einsichten als theoretische Einsichten festzuhalten und gleichzeitig – das macht meiner Ansicht nach die Bedeutung dieses Versuches aus – sie literarisch umzusetzen. Die Figur des Blumer, des Journalisten, ist konfrontiert mit Figuren, die viel unmittelbarer, spontaner und viel unbelasteter von der Vergangenheit in diesen Prozeß involviert sind. Aber alle sind konfrontiert mit den gesamtgesellschaftlichen, den spezifisch schweizerischen Umständen.

WALTER Die Frage, was zu tun sei, wird in dem Roman *Die Verwilderung* in der Tat immer wieder aufgenommen. Sie läßt sich endgültig nicht beantworten. Allerdings ist die Tatsache, daß die beiden Bücher entstanden sind, auch Teil einer Antwort.

LÜDKE Kann man *Die Verwilderung* als einen Versuch deuten, gegen den Legitimationsentzug der überlieferten Literatur anzuschreiben? Dafür sprechen, scheint mir, die Form des Zitats bürgerlicher Literatur des 19. Jahrhunderts, das Wiederaufgreifen herkömmlicher Erzählformen in der *Verwilderung* und das Durchbrechen dieser Traditionen.

WALTER Es also instrumental einzusetzen, in dem Bemühen, den inhaltlichen Anspruch auf die Form übergreifen zu lassen, eine Form, die Innovation, Protest gegen Traditionen und Konventionen ebenfalls wiedergibt. Das finde ich nach wie vor eine spannende Tätigkeit. Beiläufig, als Ergänzung: die Form im Roman *Verwilderung* hat mir auch erlaubt, andere Autoren wirklich einzubeziehen, um von dem einsamen Schreiben ein wenig wegzukommen dadurch, daß ich beispielsweise ein Textstück von Peter Bichsel aufgenommen habe, daß ich eine Reportage des mit Blumer entfernt verwandten Reporters Nicklaus Meienberg, daß ich Helga M. Novak und andere zitiert habe.

LÜDKE Ja, das ist das eine, und das andere ist die Kehrseite dieses Prozesses. Es wird ja die individuelle Isolation in doppelter Weise aufgebrochen. Was Sie eben formal definiert haben, läßt sich auch inhaltlich nachvollziehen. Denn es wird gezeigt, daß der Versuch, neue Lebensformen zu begründen, mit einer gesellschaftlichen Umwelt zu rechnen hat, die solche Lebensformen nicht etwa befördert, sondern verhindert. Hier kommen Form und Inhalt weitgehend zur Deckung, sie kommen insofern zur Deckung, als nicht nur formal versucht wird, den Vorgang des Schreibens als isolierte private Tätigkeit aufzubrechen, indem Sie andere Autoren mit einbeziehen. Zugleich ist der Gegenstand der Erzählung das, was beschrieben wird, das Problem, wie man zu neuen Formen des Zusammenlebens gelangen, wie man aus der Isolation der privaten Existenz herauskommen kann, ohne Sprung, sondern langsam, in einem mühsamen Prozeß. Selbst der Tod der beiden Protagonisten am Schluß des Buches liegt in der Konsequenz dieser Geschichte einer möglichen Befreiung. Die immer prekäre Identität des bürgerlichen Subjekts, nur unter sehr hohen Kosten zu bewahren, ist durch solche Versuche herausgefordert. Fast zwangsläufig werden deshalb Aggressionen mobilisiert. Auch das wird deutlich gemacht: die unabhängigen Versuche der Leute in der Huppergrube, die Versuche, ein Kollektiv zu gründen, und das Leben in der Neubausiedlung der Stadt Jammers hängen miteinander zusammen.

WALTER Und sind aufeinander bezogen.

LÜDKE Ihr Buch *Die Verwilderung* nimmt explizit eine Reihe von Forderungen und Gehalten der Studentenbewegung auf. Man kann hier den Komplex Sinnlichkeit nennen, die Entwicklung neuer Verkehrsformen, den Begriff der Verdinglichung und auch den Begriff von Freiheit in einem sehr spezifischen Sinne, aber auch den Begriff der Entfremdung.

WALTER Ja, vor allem da, wo in dem Buch beschrieben wird, wie, nennen wir es mal so, egalitäres Dasein praktiziert werden könnte. Da steckt natürlich ein utopisches Element drin, eine positive und eine negative Utopie, die dieses Buch durchziehen und die die Entwicklung in der Gesellschaft Schweiz darstellen. Die eine Utopie ist eine auf demokratischem Weg herbeigeführte grundsätzliche Veränderung der Gesellschaft, mit dem Ziel – das dann auch erreicht wird –, die Produktionsmittel in die Selbstverwaltung der Produzenten zu überführen in der gesamten Schweiz, insbesondere Unternehmen mit über 10 Millionen Umsatz. Daß das am Schluß böse ausgeht und sich diese positive Utopie mit der negativen, die ebenfalls beschrieben ist, trifft, ist, so hoffe ich, eine Konsequenz. Die negative Utopie besteht darin, daß das faschistoide Potential in der Schweizer Gesellschaft, auch in der Schweizer Gesellschaft, dargestellt wird, das dann tatsächlich in der Machtübernahme durch die sogenannten Ordnungskräfte kulminiert.

LÜDKE Ja, darin steckt ein Moment von negativer Utopie oder vielleicht, genauer gesagt, ein Moment des Verlustes von Utopie, die trotz allem gewünscht und erhofft wird. An diesem Punkt sehe ich wieder die bürgerliche Tradition im Spiel. Mir scheint, daß die während der Studentenbewegung erhobene Forderung, bürgerliche Literatur müsse ihre eigenen Gehalte, ihre eigenen Postulate, ihre eigenen Ansprüche realisieren helfen, ernst zu nehmen war. Mir scheint, daß diese Forderung von Ihnen aufgenommen und mit literarischen Mitteln erfüllt wird, daß aber gleichzeitig sichtbar gemacht wird, in welcher Gebrochenheit diese Tradition zu sehen ist, welche Möglichkeiten bestehen, aus dieser Tradition auszuscheren.

WALTER Die Utopie auf einem Prüfstand, auf dem die ungeheure Eingeschränktheit der Realisierung von Utopie, der Utopie von damals, vielleicht sichtbar werden kann. Da liegt ja ein Hauptproblem – bei den Leuten im Roman, die in diesen Freiraum hineingehen, um ein neues Zusammenleben zu inaugurieren. Von deren Schwierigkeiten wird dann gehandelt. Ich halte es durchaus für eine mögliche Funktion von Literatur, solche Bilder von einem besseren Leben vorzustellen.

LÜDKE Das hieße: Antizipation des objektiv Möglichen, also Bilder zu schaffen, die diese Hoffnung aus dem abstrakten Bereich von Utopie heraus in unsere Anschauung holen und wieder dort verankern, wo sie ihren wirklichen Platz hat.

Walter Als etwas Machbares.

Lüdke Das Ende des Romans ist allerdings, wie mir scheint, mit sehr viel Resignation behaftet.

Walter Sie empfinden es offensichtlich so. Meine Vorstellung ist, daß es in diesem Schluß so etwas wie ein Gelingen im Scheitern gibt, daß hier zwar die alten Mächte zuschlagen, aber gerade dadurch, daß sie auf ihre stupide alte Weise zuschlagen, sich als das Alte ausweisen, und daß das, was sie zu zerschlagen glauben, als das erscheinen könnte, was Zukunft hat.

Lüdke Der letzte Satz lautet: »Wir machen doch weiter?« Am Ende des Satzes steht ein Fragezeichen. Ich habe ihn ähnlich interpretiert wie Sie, als einen Versuch, die ununterdrückbare Hoffnung und das ununterdrückbare Bedürfnis nach neuen, anderen, besseren Lebensformen durch eine Art von Appell zu signalisieren. Aber es ist nicht mehr als ein Appell. Das Buch geht nicht weiter: es hält den gegenwärtigen Stand unserer gesellschaftlichen Entwicklung und zugleich eine Hoffnung fest, eine Hoffnung, die vor gut zehn Jahren theoretisch artikuliert, zum Teil auch, freilich sehr begrenzt, in Wirklichkeit umgesetzt wurde.

Walter Gar kein Zweifel, daß es die Studentenbewegung war, die mich mit all diesen Überlegungen in Verbindung gebracht und mich zumindest animiert und motiviert hat, in dieser Richtung zu lernen und weiterzuarbeiten. Was im übrigen für mich Folgen hatte insofern, als ich an meinem 44. Geburtstag beschloß, die Verlagsleitung bei Luchterhand aufzugeben, eine Entscheidung, die fällig war, zur Lösung sowohl des Konflikts zwischen Verlegerrolle und meiner politischen Entwicklung als auch zwischen Verlagsarbeit und meinem Schreiben.

Lüdke Das heißt, Sie sehen einen engen Zusammenhang zwischen der Literatur und der politischen Praxis des Autors?

Walter Ja. Ich mag nicht von ästhetischer Moral reden. Aber ohne einen neuen, höheren Grad von Verbindlichkeit geht's wohl auch literarisch nicht weiter.

Lothar Baier, Detlev Claussen
Die Intellektuellen nach der Revolte. Ein Gespräch

BAIER Statt für mich allein Reflexionen darüber anzustellen, was die Studentenbewegung auf dem Gebiet der Literatur und für die Intellektuellen ganz allgemein bedeutet hat, halte ich es für produktiver, wenn wir uns gemeinsam ein paar Gedanken zu diesem Thema machen. Als Vorbemerkung dazu will ich nur soviel sagen: Was mich angeht, so hat meine Beschäftigung mit der Literatur – allgemeiner: meine Schreibpraxis – nichts so nachhaltig beeinflußt wie die Studentenrevolte, obwohl ich an der Studentenbewegung selbst nur sehr vermittelt teilgenommen habe. Mit diesem Einfluß hat es zum Beispiel zu tun, wenn ich heute ganz selbstverständlich neben Rezensionen und literarischen Essays Artikel schreibe, die sich mit Regionalismus oder mit Bauernkämpfen befassen. Als wir einander um 1967/68 kennenlernten, hätte ich mir alles andere eher vorstellen können, als daß wir eines Tages in derselben politischen Zeitung – in *links* – Artikel veröffentlichen. Du hast damals zum Frankfurter SDS gehört, kamst für mich also aus dem Zentrum jener Revolte, der Leute wie ich, ziemlich unpolitische Literaten, mit einer Mischung aus Faszination und Abwehr zugesehen haben – Faszination, weil in dieser Revolte die eigene Revolte eine ganz neue Sprache fand, Abwehr, weil die Studentenbewegung gerade das in Frage stellte, was für jemanden wie mich der unbefragte Inbegriff der Revolte war: Kunst und Literatur. Auf der einen Seite gab es die Studentenbewegung, die der ziemlich begriffslosen Empörung gegen den Krieg in Vietnam eine politische Dimension gab; auf der anderen Seite erklärte dieselbe Studentenbewegung die literarische Form der Revolte zum bloßen Schein, verlangte von einem Verbündeten also mehr als nur eine begrenzte politische Übereinstimmung. So etwa sah für mich der Konflikt aus, der sich bei der Berührung mit der Studentenbewegung abzeichnete, wobei ich mich heute frage, was damals tatsächlich von der Studentenbewegung ausging, und was in sie hineinprojiziert war.

Claussen Zunächst einmal spreche ich nicht mehr von Studentenbewegung, sondern von Protestbewegung, weil der Ausdruck Studentenbewegung viel zu wenig von dem wiedergibt, was zwischen 1967 und 1969 passiert ist. In unserem Selbstbewußtsein haben wir uns das damals nicht klar gemacht. Uns ist erst später aufgegangen, daß es um ein neues Verhältnis der Intellektuellen zur Politik gegangen ist. Traditionellerweise hatten die Intellektuellen ein passives Verhältnis zur Politik oder sie waren Kader, was in der Arbeiterbewegung zu diesen ganzen merkwürdigen Kulten geführt hat, von denen der sogenannte »Personenkult« der berühmteste ist. Die traditionelle Politik gerade der marxistischen Intellektuellen ist immer eine Art Verkleidung gewesen; dagegen haben wir, was uns zunächst noch gar nicht bewußt war, als Intellektuelle die eigenen Interessen radikalisiert, weil wir gemerkt haben, daß auch sie, und nicht nur die Interessen der Arbeiter, etwas mit Sozialismus und etwas mit Emanzipation zu tun haben.

Baier Hängt das nicht auch damit zusammen, daß bei uns, im Unterschied zu Ländern wie Frankreich oder Italien, die Tradition der Arbeiterbewegung zerstört war und daß deshalb auch nur von einem rekonstruierten Verhältnis der Intellektuellen zur Arbeiterbewegung gesprochen werden kann?

Claussen Aus diesem Grund konnte der SDS zunächst den Kern der Revolte bilden. Gegenstand unserer theoretischen Beschäftigung ist immer wieder die Frage gewesen, wie es in Deutschland dazu kam, daß wir keine lebendige Arbeiterbewegung mehr haben. Daraufhin ist das Verhältnis Intellektuelle-Arbeiterbewegung thematisiert worden. In der Revolte wurde zum Beispiel intensiv über *Geschichte und Klassenbewußtsein* diskutiert. Der extreme Subjektivismus, der in *Geschichte und Klassenbewußtsein* vorherrscht, hat unter anderen geschichtlichen Umständen auf das Intellektuellen-Veränderungsproblem durchaus gepaßt; was wir nicht mehr mitmachen konnten, das war die Idealisierung der Arbeiterklasse, weil diese Klasse nicht mehr existierte in der Bundesrepublik, als strukturierte Klasse für uns nicht mehr bestand. Wobei allerdings auch eine gewisse Borniertheit bei uns mitspielte, denn im SDS wußte man nicht sehr viel über wirkliche

Arbeitskämpfe und ähnliche Auseinandersetzungen. Merkwürdigerweise war bei denjenigen, die vor uns die politische Linie im SDS bestimmt hatten und die wir als SDS-»Rechte« beschimpften, immer noch ein Zusammenhang mit der Arbeiterbewegung vorhanden, Vertrautheit mit den Problemen der Gewerkschaftsarbeit. Ein hemmender Faktor war diese »SDS-Rechte« insofern, als sie in der Revolte nichts als Humbug sah. Der antiautoritäre Kern des SDS hatte dagegen das Gefühl, aus eigener Kraft etwas zu tun, was eine Wirkung hat, etwas in Bewegung zu bringen. Es war ja eine Bewegung in Gang gekommen – vorher haben wir mit zwanzig Leuten diskutiert, nun waren es plötzlich zweitausend. Solche Erfahrungen, auf die sich unser Selbstbewußtsein gegründet hat, wird man so schnell nicht mehr los. Wenn heute Leute im Rahmen von K-Gruppen, wozu ich auch die DKP rechne, ihre Frontorganisationen mobilisieren und das dann Anti-Berufsverbote-Bewegung nennen, geht das in meinem Kopf nicht mit dem Begriff Bewegung zusammen. Denn die Erfahrung von Veränderung und Selbstveränderung, die sich mit der Bewegung in unserem Sinn verbindet, ist in dieser Art rigider Organisationstätigkeit vollkommen abgeschottet. Das Selbstbewußtsein, das wir aus der Bewegung zogen, hat allerdings auch seine Kehrseite: wir haben geglaubt, es genüge, im richtigen Augenblick die richtige Politik zu machen, und alle, die etwas begriffen haben, seien schon dabei. Erst später haben wir gelernt, daß man sich anstrengen muß, um die Individuen an der politischen Arbeit zu beteiligen. Während der Revolte waren wir dieser Problematik gegenüber absolut wahrnehmungslos.

Baier Das ist nicht verwunderlich, denn von außen gesehen hat die Revolte keine eigene mobilisierende Begründung mehr nötig gehabt. Was da zusammentraf: Vietnamkrieg, Zerbrechen des Adenauerstaates, Notstandsgesetze, Hochschulkrise, war als Motiv der Protestbewegung für jedermann identifizierbar. Betroffenheit mußte nicht wie heute erst hergestellt werden, es war selbstverständlich, daß man sich von der Revolte betroffen fühlte. Problematisch wurde für mich die Konfrontation mit der Studentenbewegung in dem Augenblick, als die antiautoritäre Revolte den Kulturbereich erfaßte. Mir leuchtete nicht ein, weshalb sich die Studenten immer wieder Figuren der literarischen Intelligenz als Objekte exemplarischer Kritik herausgriffen, wo es für meinen Begriff sehr viel eindeutigere Gegnerschaften gab. Ich habe mich oft gefragt, ob die Studenten die Kulturproduktion nicht einfach deshalb so wichtig genommen haben, weil die Kultur in ihrer Sozialisation eben eine große Rolle gespielt hat. Oder gab es im SDS so etwas wie eine theoretische Einschätzung der literarischen Intelligenz und, allgemeiner, der Kulturproduktion, mit der die verschiedenen Aktionen – z. B. auf der Buchmesse – in einem Begründungszusammenhang standen?

Claussen Das gab es sicher nicht, außerdem sind theoretische Beschäftigung und praktisches Verhalten oft genug auseinandergefallen. Aber wenn wir von der Literatur sprechen, sollten wir ein wichtiges Moment nicht vergessen: in den fünfziger und frühen sechziger Jahren war der Sozialismus bei uns in der inneren Emigration; wenn überhaupt einmal ein Wort über Sozialismus fiel, wie sektiererisch auch immer, dann in der Gruppe 47. Als dann die sozialistische Bewegung in Gang kam, die sich diese Intellektuellen immer gewünscht hatten, reagierten sie mit Verständnislosigkeit und Abwehr. Was da vor sich ging, entsprach nicht im geringsten ihrer Vorstellung von einem mit klassischer Aufklärung kombinierten Sozialismus. Daraus ist auch Habermas' Linksfaschismus-Vorwurf zu verstehen: mit dem klassisch aufklärerischen Impetus vertrug es sich nicht, daß es in einer Bewegung, die auf Veränderung aus ist, auch Momente von Sprachlosigkeit gibt, Punkte, an denen man aufhört zu reden, um etwas zu tun. Und ein Mann wie Grass, der uns immer mit Wut verfolgt hat, hat wohl gespürt, daß seine politische Funktion durch die Protestbewegung ins Wanken geraten war. Es ist unendlich schwierig für Intellektuelle traditionellen Stils, zu akzeptieren, daß man sich selbst verändern muß, wenn man etwas verändern will. Und weil diese Veränderung nur kollektiv geschehen kann, muß sich der Intellektuelle als Individuum selbst in Frage stellen.

Baier Das betraf aber vor allem jene Intellektuellen innerhalb oder außerhalb der Gruppe 47, die bis dahin als die Statthalter aller Opposition und Kritik aufgetreten waren. Wie anachronistisch diese Präzeptorenrolle mittlerweile geworden war, hat sich ja dann während der Revolte gezeigt, als die traditionelle Kundschaft der Gruppe 47 teilweise mit fliegenden Fahnen zu den Studenten überlief. Gerade bei den jüngeren Intellektuellen aus dem Kulturbetrieb hat es vielfach eine Überidentifikation mit der Protestbewegung gegeben, die dann oft in Resignation umgeschlagen ist oder ganz abenteuerliche politische Rückentwicklungen nach sich gezogen hat.

CLAUSSEN Euphorische Reaktionen hat es gegeben, in Funkhäusern und Zeitungsredaktionen, wo die Leute begriffen haben, daß man sich in der Institution, in der man arbeitet, auch wehren muß. Die antiautoritäre Bewegung hat diese Leute mit einem großen moralischen Anspruch konfrontiert: daß es nicht genügt, festzustellen, wie schlecht die objektive Lage ist, daß man vielmehr von seinen Fähigkeiten Gebrauch machen muß, von dem, was man gelernt hat. Diese Forderung, sich nicht herauszureden, sondern sich hier und jetzt zu verhalten, erscheint mir auch heute noch unverändert berechtigt und richtig.

BAIER Dieser Anspruch, glaube ich, ist ganz entscheidend, wenn ich mich danach frage, was sich bei mir, als Schreiber, durch die Berührung mit der antiautoritären Revolte verändert hat. Das war nicht nur irgendeine abstrakte Politisierung, das war vor allem das Bewußtsein: Wenn du schreibst, vergiß nicht, daß das hinterher auch jemand liest, der dich fragt, was du da eigentlich gemacht hast. Da wurde, wenn auch nur punktuell, erfahrbar, was Öffentlichkeit heißt, nämlich sich denjenigen stellen zu müssen, an die man sich wendet. Das war etwas vollkommen Neues, denn die Adressaten dessen, was man da produziert hat, waren sonst niemals identifizierbar gewesen. Dieses Bewußtsein, daß es nicht gleichgültig ist, wie und was man sagt, weil es nicht nur einen anonymen Markt gibt, auf dem man seinen Platz behaupten muß, sondern auch Subjekte, die Ansprüche stellen können, erscheint gerade jetzt, wo sich überall Depression breitmacht, als eine fast lebenswichtige Produktivkraft.

CLAUSSEN Ganz sicher, denn die Rückentwicklung, die bei vielen erkennbar ist, hat ungeheuer demoralisierende Folgen, und zwar nicht nur für diese Leute selber, sondern auch für die Generation, die alle diese Erfahrungen noch nicht gemacht hat. Was Horkheimer einmal über das Verhältnis der Intellektuellen zur Arbeiterklasse gesagt hat, gilt heute für das Verhältnis der Intellektuellen zur Gesamtgesellschaft: daß man die Arbeiterklasse dadurch, daß man sie verklärt, schwächer macht, als sie sein muß. Zu der Radikalisierung der Individuen gehört auch, daß der Kategorische Imperativ nicht nur gesamtgesellschaftlich gilt, sondern für jeden einzelnen. Du kannst nicht auf der einen Seite sagen, ich denke kommunistisch, und auf der anderen Seite tust du, als Intellektueller, so, als wüßtest du von nichts. Du mußt Farbe bekennen, nicht in dem schrecklichen Sinn, daß die Gesinnung »auf den Tisch gelegt« wird, sondern im praktischen Verhalten. Es geht darum, Sätze zu schreiben, zu denen man stehen kann und die einer, der sie aufmerksam liest, auch versteht. Nach meinem Begriff vom Schreiben ist das viel wichtiger als die Reproduktion von Parolen.

Baier Wenn sich diese Erkenntnis schon früher durchgesetzt hätte, wie viele unnötige Konflikte, wieviel Kräfteverschleiß und Frustration wären uns allen erspart geblieben! Denn zunächst einmal haben es viele Linke als einen unverzeihlichen Makel angesehen, wenn du für die etablierten Medien gearbeitet hast: du prostituierst dich, läßt dich vereinnahmen, endest bei der Journaille. Wie viele entsetzliche Pseudokonflikte hat es gegeben, wenn frisch politisierte Intellektuelle bürgerliche Zeitungen mit Flugblättern verwechselt haben und glaubten, einen erbitterten Streit um politische Positionen zu führen, wo es in Wirklichkeit nur um Verbalradikalismen ging. Mit der Zeit haben einige aber, glaube ich, begriffen, daß der Zwang, der von den Medien ausgeht, auch ein Zwang zu intellektueller Disziplin sein kann. Du kannst dich nicht darauf verlassen, daß die Leute immer schon wissen, was gemeint ist, du mußt vielmehr präzis begründen, was du sagst, mußt begriffliche und historische Vermittlungen finden. Natürlich steckt in der Praxis der Sklavensprache immer auch die Gefahr der latenten Korrumpierung, aber wenn ich mir die Blätter der verschiedenen »scenes«, Gruppen oder Parteien anschaue, dann finde ich eine Sprach- und Gedankenschlamperei, die eher noch schrecklicher ist. Die Sprache selbst hat dort vielfach ihre Funktion geändert: sie dient nicht zur genauen Bezeichnung dieser oder jener Sache, sondern der Identifizierung des Schreibers, wie ein Ausweis: schreibend zeige ich, zu wem ich gehöre, ob es nun die Spontis sind oder die Albanien-Freaks.

CLAUSSEN Vieles, was in den linken Blättern steht, ist deshalb so schlecht, weil die Leute dort nur für sich selber schreiben, das heißt für die, mit denen man ohnehin übereinstimmt. Daher kommt dieser Gestus: Wir verstehen uns schon. Die verstehen einander schon, aber sie begreifen nichts, das ist das Problem. Der Zwang, dich in den Institutionen auseinanderzusetzen, ist auch deshalb wichtig, weil er einen genauer denken macht. Die Angst vor Korruption war in der Protestbewegung besonders virulent: Die integrieren uns! Diese Angst hat selbstzerstörerische Züge. Wenn man nämlich versucht, »dranzubleiben«, erwirbt man die Fähigkeit, auf die Leute einzugehen, man lernt dabei. Was du heute beobachten kannst, gerade im studentischen Milieu, ist ein Retraditionalisierungsprozeß, ein Zurückgehen hinter die Protestbewegung, das sich allerdings in Formen äußert, die von der Protestbewegung hervorgebracht worden sind, zum Beispiel im Leben in der Kleingruppe. Man rückt ganz eng zusammen, um nicht der fürchterlichen Realität ausgeliefert zu sein. Diese Leute wollen einen Punkt außerhalb der Gesellschaft finden, wo die Realität sie nicht kaputtmacht; aber draußen sind sie nur in ihrem Bewußtsein, in Wirklichkeit sind sie mittendrin, weshalb die »staatstragenden Kräfte« mit ihnen, ob es nun ein Mescalero ist oder eine K-Gruppe, auch so schön Politik machen können. Was hier geschieht, ist eben nicht das Neue, sondern das ganz Alte, und dafür ist in dieser Gesellschaft kein Platz mehr. Den »individuellen Weg« zu gehen, halten nur ganz wenige durch, und diesen Weg gehst du besser nicht als sozialistischer Intellektueller, sondern als ein Liberaler, im ernsten, nicht im politisch prostituierten Sinn des Wortes. Nimm einen Mann wie Böll, der sicher kein Liberaler im politischen Sinn ist, sondern ein liberaler Charakter, wozu unter anderem Respekt vor der Freiheit gehört. Zweifellos hat sich auch Böll in den vergangenen Jahren verändert, ganz individuell; aber nicht aus Angst hat er sich verändert, wie Grass, der seine Felle davonschwimmen sieht, weil er im Volk der Dichter und Denker nicht länger den Sinngeber spielen kann. Wenn sich die Intellektuellen kollektiv entwickeln, dann ist für sie diese Art Sinndeuter-Tätigkeit überflüssig geworden.

BAIER Ich bin nicht sicher, ob sehr viele Intellektuelle, die durch die Protestbewegung verändert worden sind, etwas gelernt haben, sich in dem genannten kollektiven Sinn verändert haben und nun in der Lage sind, Konflikte in Institutionen durchzustehen. Was viele aus dem Marxismus für sich herausgezogen haben, ist eine vulgäre Dialektik von Taktik und Strategie, die sie nun benutzen, um jede Anpassung zu rationalisieren: sie betrachten es als bloß taktischen Rückzug, wenn sie hier klein beigeben und dort zurückweichen, die strategische Hauptsache bleibt ja unangetastet. Ein Mann wie Böll dagegen kann heute deshalb eine wichtige Rolle spielen, weil er überhaupt nicht in Begriffen politischer Strategie denkt, während andere ihre marxistische Theorie als Wissenschaft von der taktischen Anpassung begreifen. Wenn wir die Intellektuellen neuen Typs von den alten unterscheiden wollen, müssen wir, glaube ich, noch genauer nach den Funktionen der Intellektuellen, nach ihrem sozialen und politischen Ort hier und heute fragen.

CLAUSSEN Dazu müßten wir ausholen und zum Beispiel auf die Kategorie der Gesamtarbeit zurückkommen, wie sie in den *Grundrissen* entwickelt ist. Es ist merkwürdig, daß Rudolf Bahro für die DDR am selben Punkt ansetzt. Gesamtarbeit heißt Konstituierung anderer Klassenbeziehungen, und zwar im großen gesellschaftlichen Sinn. Gerade in Deutschland ist dieser Vorgang besonders manifest, wo der Faschismus an der Substanz der bürgerlichen Klasse gezehrt hat. Zwischen dem harten Kern der bürgerlichen Klasse, den Kapitalisten, und den Exekutoren der bürgerlichen Politik gibt es Verbindungen nur noch über Lobbyisten. Die andere Seite der Entwicklung ist, daß der gesellschaftlich-politische Sinn über die Politik vermittelt wird, und das bedeutet, daß die alten Intellektuellen nur noch schmückende Funktionen haben, den gesamten kulturellen Zusammenhang nicht mehr repräsentieren. Der Typus des Intellektuellen, der sich in der Entfremdung, die die herrschende Klasse produziert, auch noch wohlfühlte, existiert nicht mehr. Den alten Gymnasiallehrer gibt es nicht mehr – heute sind das unsere alten Genossen, die 1967/68 auf die Straße gegangen sind. Sie rechnen sich etwas anderem zu, mit allen Widersprüchen, verhalten sich anders. Sie wissen, daß es nicht ihre Lebensaufgabe ist, den Oberstudienrat zu spielen und sich in ihrer gesellschaftlichen Rolle warm einzurichten. Das gilt auch für Juristen – kaum einer von denen, die an der Revolte teilgenommen haben, ist Staatsanwalt oder Richter geworden. Der Begriff der bürgerlichen Klassenjustiz im ganz engen Sinn stimmt auch nicht mehr. Das klare dichotomische Bewußtsein, das auch das traditionelle Arbeiterbewußtsein ist, ist heute falsches Bewußtsein. Daran haben wir während der Revolte angesetzt, deshalb der lange Marsch durch die Institutionen – jeder kämpft zunächst da, wo er arbeitet. Die Politisierung des Individuums bedeutete auch die Ablehnung der Rollenschemata: du kannst dich im Beruf nicht anders verhalten als zu Hause. Auf der Straße den politischen Kämpfer und zu Hause den Familienvater zu spielen, das funktioniert nicht mehr, wie sich spätestens in der Frauenbewegung gezeigt hat. Bösartig ausgedrückt heißt das: das Individuum wird gesellschaftlich kontrolliert, es gibt kein stilles Kämmerlein mehr. Es gibt nicht mehr auf der einen Seite die große Politik und auf der anderen Seite das kleine Individuum, das vor sich hinwurstelt: die politischen Kategorien sind auch praktische Kategorien, die bei dir selbst im Alltag virulent werden. Das deutet darauf hin, daß sich die Klassen in diesem Sinn umzustrukturieren beginnen, und darin haben wir als Intellektuelle unsere Rolle. Es sind die Individuen, die solche Entwicklungen vermitteln, es ist nicht irgendein großer historischer Prozeß.

Baier Der Schriftsteller Adolf Muschg hat ganz richtig gesehen, daß das, was heute in den Resten von Familien, in Wohngemeinschaften und Beziehungen aller Art passiert, eminent gesellschaftliche Arbeit ist.

Claussen Weil die bürgerliche Gesellschaft nicht mehr in der Lage ist, Subjektfähigkeit auszubilden, geschieht das auf dieser Ebene. Auch auf ganz unpolitische Weise wird versucht, Subjekte zu konstituieren, die Leute zu befähigen, ihre Angelegenheiten in die eigene Hand zu nehmen. Diese Fähigkeit ist ja nicht vorausgesetzt. Der traditionelle Marxismus hat diesen Punkt ausgelassen. Von ein paar Andeutungen bei Marx abgesehen, hat man sich die Klassenkonstitution viel zu einfach vorgestellt. Es ist keineswegs klar, wie diejenigen, denen es besonders dreckig geht, die fast immer nur Objekt im gesellschaftlichen Leben sind, zur Subjektfähigkeit gelangen sollen. Gegenüber den vulgären Theorien, die in der II. und III. Internationale umliefen, kann ich nur sagen: Zusammenbruchstheorie, nein, danke! Was zusammengebrochen ist, sind die alten Organisationsformen und mit ihnen ungeheure gesellschaftliche Hoffnungen, die man nicht unterschätzen darf. Solche Hoffnungen auf gesamtgesellschaftliche Veränderung sind ja zum letzten Mal mit der Protestbewegung aufgekommen und von den Sozialliberalen massiv ausgebeutet worden, was allerdings auch mit der Unfähigkeit der Protestbewegung zusammenhing, ihre Massenbasis an sich zu binden. Aber diese Abwanderung hatte auch ihre guten Seiten. Ich glaube nämlich, daß diejenigen, die Erfahrungen mit der etablierten Politik gemacht haben, eher fähig sind, sich aktiv an allen diesen Prozessen zu beteiligen. Warum jammert denn Peter von Oertzen über die Grünen Listen? Doch nicht wegen der Wahlen! Er weiß ganz genau, daß die Aktiven es satt haben, sich immer nur deckeln zu lassen, daß sie dort agieren wollen, wo sie etwas in Bewegung bringen können. Was in den letzten Jahren stattgefunden hat, ist ein ganz materieller Auszehrungsprozeß; Leute, die in der §-218-Kampagne Erfahrungen mit dem Parlament und dem Überparlament in Karlsruhe gemacht haben, sind nie mehr in eine nach bürgerlichen Schemata funktionierende Organisation hineinzubringen. Als politisierte Intellektuelle haben wir die Aufgabe, in diesen Lernprozessen aktiv zu werden. Wenn die gesellschaftlichen Hoffnungen, die da enttäuscht wurden, liegengelassen würden, wäre das katastrophal, gerade auch im Zusammenhang mit der ökonomischen Krise, die keine klassische Krise ist, sondern die ganze Gruppen auch ökonomisch aus dem gesellschaftlichen Leben ausschließt. Daher rührt diese Unsicherheit: Wie soll man reagieren, wie soll man sich organisieren, was kann man tun? Unsere Aufgabe nun wäre es, etwas von der Art zu vermitteln, wie von 1967 bis 1969 Politik gemacht worden ist.

Baier Dazu müßten die Intellektuellen aber erst einmal selbst begriffen haben, was für eine Politik das gewesen ist. Wenn ich an die Intellektuellen denke, die als Schriftsteller die Fähigkeit erworben haben, etwas zu vermitteln, sehe ich ein nur sehr kleines Potential für den von dir beschriebenen Prozeß. Was sicher viele verstanden haben, ist: man muß

Politik machen; aber die Politik, die sie machen, ist meistens die alte Politik – Resolutionen unterzeichnen, dieses oder jenes Komitee unterstützen oder sich einen Parteiausweis besorgen. Der Parteiausweis ist ganz offensichtlich ein bei Schriftstellern ziemlich beliebtes Schriftstück, denn es gestattet ihnen, noch einmal die alte Stelle einzunehmen, wenn sie von einer der vielen Avantgarden des Proletariats als verbündete Kulturschaffende begrüßt und gefeiert werden. Und wenn sie da und dort Repressionen zu spüren bekommen, können sie sagen: Wir Kommunisten werden verfolgt. So gewinnen sie wenigstens als Opfer eine gesellschaftliche Identität. Es ist ja weniger die Repression als die Art und Weise, wie viele Intellektuelle darauf reagieren, was einen zuweilen ganz mutlos machen kann.

Claussen Tatsächlich sehen viele alte Freunde und Genossen in der Repression nur das Elend und nehmen nicht wahr, daß diese Art des Elends auch ein produktives Moment hat. Da gibt es noch eine Dialektik, die funktioniert. Denn was im Augenblick geschieht – Berufsverbot, Kontaktsperre, Schikanen in den Medien usw. –, geht eines Tages bös nach hinten los. Was die Herrschenden versuchen, ist, die gesellschaftlichen Institutionen gegen gesellschaftliche Tendenzen und Impulse abzuschließen, zu denen gerade auch die subjektive Produktion gehört, der Aufbau von Wohngemeinschaften usw. Es werden ja heute Leute nicht eingestellt, weil sie in Wohngemeinschaften leben. Wenn wir da nicht locker lassen, produzieren sie selbst einen so schreienden Widerspruch, daß sie eines Tages nicht mehr damit fertig werden. Insofern hat das Elend auch eine produktive Seite, wenn nämlich die politischen Möglichkeiten, die sich dabei ergeben, auch individuell genutzt werden. Während der Revolte hätten wir solche Perspektiven sicher als Vertröstung zurückgewiesen, aber heute ist klar, daß wir uns in einem langen historischen Prozeß befinden, der heißt: Konstituierung des historischen Subjekts. Die Protestbewegung war *ein* Moment in diesem Prozeß, in dem sich ein historisches Subjekt bildet, das eben nicht nur die Abstraktion »die Arbeiterklasse« ist, sondern etwas viel Größeres und deshalb möglicherweise auch viel Erfolgreicheres. Gramsci hat diese Entwicklung vorausgeahnt, obwohl er seine Theorie in einem gesellschaftlichen Kontext entwickelt, in dem die Entfaltung der Produktivkräfte noch aussteht, es noch gar nicht um die qualitative Produktion geht. Für uns heute geht es jedoch um die qualitative Produktion, damit auch um die Bedürfnisse und Interessen der Individuen. Ginge es nur um den materiellen Fortschritt, so gäbe es für diese Art Politik, von der wir sprechen, keine Chance. Aber heute ist die Chance da, heute muß darüber diskutiert werden, was wir eigentlich wollen und nicht wollen. Was wir z. B. nicht wollen, ist: Wachstum um jeden Preis, damit der Planet im Jahr 2000 nicht unbewohnbar ist.

Baier Du kannst zur Zeit die ganz merkwürdige Beobachtung machen, daß die politische Dimension der Wachstums- und Ökologiedebatte viel eher von nichtmarxistischen Intellektuellen verstanden wird, zum Beispiel von Carl Amery, der aus dem Katholizismus kommt, während der von einem gewissen rationalistischen Marxismus geprägte Namensvetter Jean Améry in den ökologischen und regionalistischen Bewegungen nur Verfallserscheinungen sieht, Romantizismen, Rückfall in präfaschistische Formen. Ich habe großen Respekt vor dieser Haltung, in der ja auch ein Stück Trauer über den Verlust des alten Aufklärungsbegriffs steckt, aber ich finde, wir kommen nicht weiter, wenn wir uns selbst Schwierigkeiten, die wir mit dem Problem des qualitativen Wachstums haben, nicht eingestehen. Natürlich haben die Marxisten die größten Schwierigkeiten, sich von der alten Fortschrittsidee zu lösen, nur würden sie der Debatte viel mehr auf die Beine helfen, wenn sie diese Schwierigkeiten thematisierten, statt beifällig mit dem Kopf zu nicken, weil sich da wieder mal etwas, wie in Sachen Atomkraftwerke, bewegt.

Claussen Was wir in der Protestbewegung angegriffen haben, ist ein Marxismus, der sich als Weltanschauung versteht. Sobald der Marxismus, als akademischer Marxismus, diesen Charakter annimmt, wird er dazu benutzt, alles zu erklären und mit Kategorien alles totzuschlagen, was wirklich passiert. Der Marxismus wird in ein Strafgesetzbuch umgefälscht. Der akademische Marxist fällt sein Urteil: die Theorie ist richtig, das andere falsch, so wie auch die K-Gruppen die richtige Linie und die falsche Linie feststellen. Das ist bürgerliches Denken par excellence, nämlich juristisches Denken. Mein Selbstverständnis ist nicht das eines Marxisten, sondern das jemandes, der der Theorie des historischen Materialismus verpflichtet ist. Mit dem Begriff Marxismus verbindet sich für mich viel zu viel Geschichte der Niederlage in der II. und III. Internationale. Ich fand es deshalb sehr erfrischend, als ich bei Bahro las, es genüge nicht mehr, im traditionellen Sinne Marxist zu sein. Wir haben die bürgerlichen Ideologien nicht deshalb weggeworfen, um sie durch »die Klassiker« zu ersetzen. Du kannst nicht ganz unbekümmert sagen: mit den alten bürgerlichen Theorien funktioniert es nicht mehr, bauen wir also mit denselben Formbeziehungen eine neue Theorie. Damit sind auch die militärischen Kategorien getroffen, die in den organisierten Marxismus-Leninismus eingedrungen sind. Strategie und Taktik, das ist der alte Kongreß- und Programm-Marxismus. Heute sind das leere Kategorien. Es ist nicht mehr akzeptabel, daß sich *die* Partei der Arbeiterklasse als Avantgarde versteht – auch eine militärische Kategorie – oder als ein Generalstab, der die Arbeiterklasse herumkommandiert. Diese neue Erfahrung und Einstellung ist *antiautoritär* in einem überaus aktuellen Sinn. Damit hängt auch das Problem von Agitation und Propaganda zusammen. Wenn du heute vor einen Betrieb gehst, bist du keine Autorität, du kannst niemanden agitieren, sondern du mußt argumentieren, mußt mit den Leuten reden.

Baier Sicher kann jeder, der heute irgendwo Flugblätter verteilt, diese Erfahrung bestätigen, nur fällt es wahrscheinlich gerade den Intellektuellen schwer, sich darauf einzustellen, da sie ihrem Selbstverständnis nach Lehrer sind oder Spezialisten für Agitation. Sie sind damit ein weiteres Mal gezwungen, sich in ihrem Selbstverständnis in Frage zu stellen, wenn Kommunikation zustande kommen soll.

Claussen Wenn du heute zu Kollegen in den Betrieb gehst, kannst du nicht als Intellektueller auftreten und etwas erzählen. Das wird grundsätzlich nicht akzeptiert. Es kommt nicht darauf an, was du sagst, sondern wie du dich verhältst. Wenn du aber im praktischen Verhalten klarmachen kannst, daß du zuarbeitest, daß du aus dem Bereich, in dem du dich auskennst, etwas bringst, kannst du auch als Intellektueller sinnvoll arbeiten. Es gehört mit zu meinen schönsten Erfahrungen aus den letzten Jahren, daß man bei mir angerufen und mich z. B. gefragt hat, ob ich nicht vorbeikommen und etwas über

Terror oder über Italien berichten will. Das ist neu, das gab es vorher nicht. Früher haben wir uns zuviel vorgenommen, wir haben, mit dem Blick auf die unmittelbare Wirkung, im schlechtesten abstrakten Sinne »agitiert«. Das konnte nicht ankommen, und es widersprach unseren eigenen theoretischen Überzeugungen und Analysen. Die Agitation in der Politik kann nur dann aufgehoben werden, wenn sich in den gesellschaftlichen Gruppen Kerne bilden oder, wie wir das früher genannt haben, informelle Kader, die aus einem Lebens- und Arbeitszusammenhang heraus entstehen und in direktem Austausch mit denen stehen, von deren Interessen sie reden. Dann gibt es auch das Problem der Stellvertretung nicht mehr, das alle traditionellen politischen Organisationen mit sich bringen. Politik muß entinstrumentalisiert werden. Der Sinn der traditionellen Politik ist es, Leute hinter sich zu bringen; eine solche Politik kann nicht erfolgreich sein, es sei denn, sie will im vorgegebenen Rahmen konkurrieren. Und sie kann auch nichts verändern. Das, was Emanzipation heißt, setzt ja Egalität, Gleichheit, voraus, das Akzeptieren der anderen. Man muß endlich begreifen, daß Politik eine Lebensäußerung ist und nichts Dazwischengeschaltetes. Das typisch instrumentelle Verhältnis zur Politik siehst du bei den RAF-Leuten, deren »Politik« das politiklose, sprachlose Instrument der Waffe ist. Der emanzipatorische Aspekt von Politik besteht aber darin, Zusammenhänge zu stiften, die die Gesellschaft nicht stiftet. Die Entfremdungserfahrung ist heute tatsächlich eine gesellschaftlich allgemeine Erfahrung.

BAIER Noch einmal zurück zur Rollenveränderung der Intellektuellen. Für manche, die nicht selbst in der Revolte gesteckt haben, war oft schwer zu unterscheiden zwischen dem In-Frage-Stellen der Intellektuellen und einem linken Anti-Intellektualismus wie auch zwischen Kritik an der Kunst und Kunstfeindlichkeit.

CLAUSSEN Auf der einen Seite gibt es die merkwürdige Tradition: seit der Bolschewisierung der KPD scheint der Anti-Intellektualismus genuin zur Arbeiterbewegung zu gehören. Als die Protestbewegung an ihre Grenze gekommen war, glaubten die Intellektuellen, das masochistisch nachäffen zu müssen. Um sich selbst in der Arbeiterbewegung verstehen zu können, haben sie sich selbst beschimpft. Es gibt aber noch eine andere Seite. Den Prozeß der Ablösung vom traditionellen Intellektuellen haben wir in dem Augenblick, da er im Gange war, nicht voll verstanden. Dadurch, daß man politisch wurde, glaubte man, eine Rolle wahrnehmen zu können, die die Gesellschaft objektiv nicht mehr angeboten hat. Sozialistische, antiautoritäre Politik war auch eine Möglichkeit, sich ein Stück Freiheit zu verschaffen, das die Gesellschaft einem nicht gewährt hat, eine Freiheit auch für Intellektuelle. Wir haben damals eine Projektgruppe gehabt unter der Überschrift »Revolutioniert die Revolutionäre«, eine Parole, mit der einmal bolschewistisch-autoritäre Politik gemacht worden ist, aber sie entsprach genau unserem Bewußtsein: Wir wollen nicht die alten Individuen sein, wir wollen uns verändern. Indem wir uns verändern, sind wir auch eher fähig, in der Gesellschaft etwas zu verändern – dies war nicht nur ein Aberglaube.

Thomas Rothschild

»Das hat sehr gut geklungen«
Liedermacher und Studentenbewegung

Kaum ein literarisches Genre wurde so sehr von der Studentenbewegung geprägt wie der Song. Das hat zwei Gründe, einen trivialen und einen komplexeren: 1. Ein Lied läßt sich spontaner, schneller produzieren als etwa ein Roman. 2. Das vom Autor vorgetragene Lied ist essentiell auf Öffentlichkeit angelegt.

Stärke und Schwäche der Studentenbewegung waren die spontane Aktion, das rasche Reagieren auf Tagesereignisse, die kurzfristige Überführung von Diskussion in Handlung. Die literarische Verarbeitung in erzählender Prosa – etwa durch Uwe Timm oder Peter Schneider – mußte notwendigerweise um Jahre nachhinken. Dem kurzen, mündlichen Vortrag blieb es vorbehalten, in Gleichzeitigkeit mit dem Geschehen Stimmungen, Überlegungen, Erkenntnisse, Ereignisse künstlerisch zu artikulieren.

Der Liedermacher, jene unzeitgemäße Erscheinung, die auf Arbeitsteilung zwischen Autor, Komponist, Instrumentalist, Lektor, Verlag, Drucker, Buchhändler verzichtet, zielt mit seiner Ein-Mann-Show unmittelbar auf Öffentlichkeit. Zwar ist auch ein Buch, ein Drama, ein Hörspiel für ein Publikum bestimmt. Der Liedermacher aber ist mit diesem direkt konfrontiert. Die Reaktionen seiner Hörer wirken sich auf seinen Vortrag aus. Sein Lied ist auf zweikanalige Kommunikation eingerichtet, die Aufforderung zur Diskussion bleibt nicht rhetorisch. Das gilt natürlich nur für das mündlich vorgetragene Lied: in Schallplatte gepreßt und massenweise distribuiert, verändert sich die Kommunikationsweise – und damit der politisch-öffentliche Charakter des Songs.

Innerhalb der Studentenbewegung war eine Öffentlichkeit für das politische Lied hergestellt. In künstlerischen Produkten, die einer Mischung von Populärkultur und anspruchsvoller Literatur entsprangen, konnten junge Intellektuelle sich adäquat repräsentiert fühlen. Sie waren verfügbar, zitierbar, frei von altväterlichem Bildungsballast, einprägsam wie der Rock der Beatles.

Heute, zehn Jahre später, da die einen ihre neue Heimat in der Umgebung der moskauhörigen DKP fanden, es andere zu den sogenannten K-Gruppen zog, die meisten aber im einst bekämpften Establishment versackten, beklagen manche mit mehr oder weniger echtem Staunen die verschwundene Studentenbewegung. Wer mag entscheiden, wo Opportunismus und Feigheit, Karrierismus und Bequemlichkeit beginnen, wo Einsicht in objektive und subjektive Begrenzungen, strategische und taktische Erwägungen, wirtschaftliche und psychische Not aufhören?

In Wirklichkeit war die Studentenrevolte niemals eine Massenbewegung. Woher nahm man eigentlich – gar als materialistisch geschulter Denker – die Illusion, jene Bürgersöhne und -töchter, die noch wenige Jahre zuvor in reaktionären farbentragenden und schlagenden Verbindungen den Ton angegeben hatten, könnten plötzlich en masse die Sache der Arbeiterklasse für sich entdeckt haben? Die Wahrheit ist doch wohl: Die Zahl derer, die tatsächlich und mit Verstand eine sozialistische Bewegung neuen Stils aufbauen wollten, war stets klein (und ist heute vermutlich nicht kleiner als Ende der sechziger Jahre). Die Massen, die auf Vietnamdemonstrationen und Vollversammlungen das euphorische Gefühl von Fülle vermittelten, stießen zum SDS und zur ApO aus genau denselben Gründen, die sie früher in die Burschenschaften und Kartellverbände trieben; ausgebrochen aus dem vertrauten Familienrahmen, belastet mit einem ambivalenten Verhältnis zu ihren das monatliche Salär überweisenden Vätern, suchten sie, mit neunzehn Jahren zum Studium in eine fremde Stadt verschlagen, jene neue Heimat, jene Gemeinschaft, in der man sich wohlfühlen darf.

Die gemeinsame Ideologie, oft nur oberflächlich angeeignet, bewußtlos nachgeplappert, leistete dasselbe wie das Bierzeremoniell von einst. Man war geborgen im Kreis Gleichgesinnter, gestützt durch akzeptierte Rituale und verbindliche Umgangsformen. Wer ist nicht gern ein Genosse unter lauter Genossen? Das ist nicht spöttisch gemeint. Und mancher, dem selbstgefälliges Wunschdenken leichter fällt als realistische Einschätzung – mag sie auch schmerzvoll sein –, könnte vermuten, hier solle verkleinert werden, was wirklich vorhanden war. Doch bleibt zu erklären, wieso der Elan der Studentenbewegung bei der geringsten Erschwernis von außen zusammenfiel, wieso sich die Utopie nur wenige Jahre halten konnte, ehe sie dem – angeblich sozialistischen wie kapitalistischen – Status quo wich.

Eine Konstante, die die Situation der fünfziger Jahre mit jener von heute verbindet, ist das Bedürfnis nach einem verbindlichen Glauben, nach unumstößlichen Regeln, nach etwas, »woran man sich halten kann«. Sie macht verständlich, warum so viele Mitläufer der ApO bald zu den traditionellen Parteien der Arbeiterbewegung, der Sozialdemokratie und der Kommunistischen Partei, oder – da sich die Sowjetunion doch allzu sehr kompromittiert hatte, die sozialistische Zielsetzung aber immer noch ernst genommen wurde – zu maoistischen Gruppen stießen.

Sie alle hatten eine Orthodoxie, die festgelegt war durch Tradition oder durch die Zentralen in Moskau oder Peking. So beherrschend ist das Verlangen nach Glauben, so allmächtig die Suche nach einem Ersatz für die verlorenen Richtlinien der bürgerlichen (und oft im eigentlichen Sinne religiösen) Kindheit, daß es offenbar leichtfällt, die unlogischsten Schwankungen in der Parteilinie mitzuvollziehen und zu rationalisieren.

Wer zu den Jusos ging, weil er meinte, von da aus die SPD verändern zu können, bleibt auch in der Partei, nachdem diese Illusion längst in Kompromissen und strategischen Zugeständnissen dahingeschmolzen ist; wer einst aus Protest gegen den Radikalenerlaß zur DKP stieß, verläßt sie auch nicht, wenn offensichtlich wird, daß ihre Bruderparteien, wo sie die Macht haben, in Intoleranz und Skrupellosigkeit Rekorde aufstellen, sich die Regierung der ČSSR nicht einmal schämt, eben jenen Schah von Persien mit dem höchsten Orden auszuzeichnen, der einst am Anfang der Studentenbewegung geradezu Symbolfigur für Reaktion und Unterdrückung war; wer noch vor kurzem für die Ideale der »Viererbande« kämpfte, bricht seiner Sekte auch nicht die Treue, wenn diese plötzlich zum Feind Nummer eins erklärt wird.

Denn hatte die ApO auch ihre Rituale und Symbole, hatte sie auch ihre Hierarchien und Regeldiktate, so bestand doch der stets präsente Anspruch nach antiautoritärem Verhalten.

Die ApO war entstanden im kämpferischen Widerspruch zu jedweder Orthodoxie, zu jener einer miefigen Akademikerwelt mit ihren Dünkeln und Anmaßungen ebenso wie zu jener der erstarrten sowjethörigen KP-Reste. Stets gab es in der ApO Kräfte, die den brisanten antiautoritären Gedanken gegen versteinerte Strukturen und neue Gläubigkeit hochhielten.

Freilich: Damit waren die meisten überfordert. Denn während der Marxismus selbst für seine ehrlichen Verfechter in der Opposition der Warschauer-Pakt-Staaten noch eine religionsähnliche Form annehmen kann (man beobachte etwa, wie häufig ein Zitat aus den »Kirchenvätern« selbst den intelligentesten Marxisten als Beweis gilt), wäre das für den antiautoritären Gedanken von einer selbstbestimmten Persönlichkeit ein Widerspruch in sich. Die Autorität des antiautoritären Modells selbst muß ständig in Zweifel gezogen werden.

Die ApO scheiterte an jenem Teufelskreis, der auch schon die revolutionäre Entwicklung in der Sowjetunion der zwanziger und dreißiger Jahre erstickte: Daß zum Aufbau einer neuen Gesellschaft ein »neuer Mensch« vonnöten ist, den aber (zumindest als Massenphänomen) gerade diese Gesellschaft erst hervorbringen kann. Mit Menschen, die geprägt waren von einer Gesellschaft, die auf Konkurrenz, Aufstieg, Hierarchien, Konformismus, Opportunismus, Mangel an Zivilcourage, Heuchelei und Gläubigkeit aufgebaut ist, wollte die ApO eine Gesellschaft ohne alle diese Eigenschaften befördern. Und selbst die gescheitesten unter ihren Aktivisten sahen nicht, daß es der gleiche Opportunismus war, der manche Studenten zur ApO drängte, der sie vorher in die Kirche oder eine Verbindung und später in eine große Organisation von Gleichgesinnten gehen ließ. Es besteht das Paradox, daß innerhalb einer antiautoritären Bewegung eben jene die wichtigsten und konsequentesten Leute sind, die am unbequemsten und kritischsten auftreten – auch der Bewegung selbst gegenüber.

Was geblieben ist von den sechziger Jahren, von dem, was man Studentenbewegung, Studentenrevolte, antiautoritäre Bewegung oder ApO nennt, ist geschrumpft zu jenen Maßen, die es tatsächlich ausfüllen kann. Was heute existiert an Resten dieser Bewegung, entspricht in seinen sichtbaren Äußerungen seiner Substanz. Sie war Ende der sechziger Jahre nicht viel größer, stand aber in einem eklatanten Mißverhältnis zu einer aufgeblasenen, täuschenden Optik (die übrigens von Anhängern wie Gegnern der Bewegung gleichermaßen hergestellt wurde). Man hat wie behext auf die Massenveranstaltungen der ApO geglotzt, sich – je nachdem – in Euphorie oder Schrecken hineingesteigert. Die Massen waren ein Popanz. Sosehr man sie überschätzt hat, so sehr hat man die geistige Bedeutung der Studentenbewegung unterschätzt. Das historische Gewicht von Bewußtseinsprozessen bemißt sich nicht in Zahlen.

Und so sind es denn vor allem Bereiche der Bewußtseinsbildung (oder, wenn man den ungenaueren, weil weiteren Begriff will: des Überbaus), in denen sich die Studentenbewegung abspielte und in denen sie auch ihre Spuren hinterlassen hat. Das politische Lied, vom einsamen Künstler, der wie sein Publikum aus dem Bürgertum stammt, produziert und distribuiert, mühelos konsumierbar, aber mit gesellschaftskritischem Anspruch, Einverständnis voraussetzend, Gemeinsamkeit stiftend, Identifikationsvorlagen liefernd, war genau die Form, die diesem Zustand entsprach. Mit Süverkrüp lachte man über jene, die anders waren als man selbst, mit Degenhardt fühlte man sich geborgen im Kollektiv der Angesprochenen, für die er programmatisch sang, mit den Song-Helden Mikis Theodorakis und Che Guevara vollbrachte man stellvertretend jene Taten, die sich in der Realität auf das Werfen von Tomaten beschränkten.

Es ist bezeichnend, daß die Studentenbewegung kein Massenlied hervorgebracht hat. Der bürgerliche Habitus von Kunstangebot und -konsum wurde nicht ernsthaft in Frage gestellt. Es gab kein neues *Einheitsfrontlied* oder *Solidaritätslied*, kein deutsches *We shall overcome*, selbst die bescheidenen Ansätze zu Marschliedern, wie sie während des Ostermarsches zu beobachten waren, hatten in der Studentenbewegung kein Pendant.

Die große Verunsicherung als Folge der Zerstörung deutscher Liedtradition durch das NS-Regime war bis in die sechziger Jahre hinein zu spüren. In den fünfziger Jahren gab es praktisch keine neuen politischen Lieder. Erst die Ostermärsche Anfang der sechziger Jahre ließen einfache Songs entstehen; sie knüpften an an die Arbeiterlieder der Weimarer Republik, aber auch – etwa bei Gerd Semmer, der in Dieter Süverkrüp einen kongenialen Interpreten fand – an kabarettistische Songs des frühen Agitprop und die solistischen Songs Bertolt Brechts.

Zu diesen einheimischen Traditionen kam bald der Einfluß des amerikanischen Protest-Songs. Die ironisch-kritischen Lieder eines Tom Paxton oder einer Malvina Reynolds, die mitreißenden Gesänge Pete Seegers und das neue Rebellentum eines Bob Dylan oder einer Joan Baez mischten sich bald in die bündische Sangesüberlieferung, die nun alljährlich auf der Burg Waldeck im Hunsrück gepflegt wurde.

Dazu kam ein großes Vorbild aus Frankreich: Georges Brassens, jener anarchische Individualist, der Lebensfreude und Freiheit gegen die Moral und die Engstirnigkeit der Spießer verteidigt. So gut wie alle Sänger, die Anfang und Mitte der sechziger Jahre begannen, eigene Lieder zu schreiben und vorzutragen – Dieter Süverkrüp und Franz Josef Degenhardt, Wolf Biermann und Hannes Wader, Walter Moßmann und Reinhard Mey – waren von Brassens beeinflußt. Süverkrüp noch am wenigsten. Der 1934 geborene Grafiker war von vornherein am engsten mit der traditionellen kommunistischen Bewegung verbunden. Seine Ästhetik ist deutlich geprägt von einem eher autoritär-didaktischen Impuls. Ob er Chansons aus der Französischen Revolution oder satirische Texte von Gerd Semmer, ob er kabarettistisch-wortspielerische Polit-Songs oder Kinderlieder singt – sein Vortrag läßt eine Einmischung des Hörers nicht zu. Er ist von glatter Perfektion, überrumpelt das Publikum eher, als daß er es aktivierte. Süverkrüp hat in seinen Liedern auch nicht zur Studentenbewegung unmittelbar Stellung bezogen.

Anders der nur um drei Jahre ältere Franz Josef Degenhardt. Hätte er nicht in seinem *Fast autobiografischen Lebenslauf eines westdeutschen Linken* seine persönliche und zugleich exemplarische Entwicklung bis zum Ende der sechziger Jahre beschrieben – man könnte sie an seinen Liedern ablesen. Gewiß, Degenhardt war 1967/68 kein Student mehr. Er war zehn Jahre älter als die treibenden Kräfte der Studentenbewegung. Aber als Assistent für Europäisches Recht an der Universität Saarbrücken gehörte er zum Mittelbau, der damals regen Anteil nahm an den Aktivitäten der Studenten, mit denen ihn zumindest die Feindschaft gegenüber der Ordinarien-Universität verband. Daß Degenhardt bald darauf die Universität verließ, um einem Anwaltskollektiv beizutreten und »Demonstrationstäter« der ApO zu verteidigen, entspricht ganz der in jenen Jahren aktuellen Forderung nach praktischer und »relevanter« Arbeit.

Dies sind die Stationen, die Degenhardt in seinem *Fast autobiografischen Lebenslauf* beschreibt: bürgerliche Erziehung, Wiederaufrüstung, Paris, Sartre und Jazz, Jura-Studium, *Die Blechtrommel*, Brecht, SPD, *Spiegel*-Affäre, Neuss, Dutschke. Seit er dieses Lied schrieb, hat sich Degenhardt der DKP genähert, sich von manchen seiner früheren antiautoritären Positionen distanziert. Auf dem Höhepunkt der Studentenrevolte entstanden, spricht es in jenem rotzigen, jede schönende Lackierung unterdrückenden Ton, der die meisten seiner Songs aus jener Zeit charakterisiert. Sie sind enthalten auf der im Herbst 1968 in Essen live aufgenommenen und 1969 erschienenen LP, auf der 1969 aufgezeichneten LP *Im Jahr der Schweine*, die auch einer Textsammlung in Buchform den Titel gab, und natürlich auf der damals sehr populären Single *Vatis Argumente*. Die LP *Die Wallfahrt zum Big Zeppelin*, deren Titellied sich kritisch mit der Weltflucht der Hippie-Bewegung auseinandersetzt, markiert bereits Degenhardts Orientierung zur Disziplin und Geschichtsinterpretation der DKP hin, die sich mit den Jahren der sozialliberalen Koalition auf *Mutter Mathilde* und dann fast programmatisch auf *Kommt an den Tisch unter Pflaumenbäumen* verstärkt und auch ihre ästhetischen Auswirkungen hat.

Von seinen Anfängen im Schatten Brassens' hatte sich Degenhardt mit seiner Live-LP, auf deren Cover eine Rasierklinge ein Band in den deutschen Farben durchschneidet, am weitesten entfernt. Damals, zu Beginn der sechziger Jahre, herrschten bei ihm die Kritik der leisen Töne, das poetische Bild, die anarchisch-surrealistische Metapher. Der verschmitzte Bauchladenmann mit seiner sonderbaren Ware, das schalkhafte Rumpelstilzchen, der symbolische Bahndamm, die jungen Leute, die sich zwischen zwei Straßenbahnen treffen und deren privates Glück nicht gedeihen kann, weil das Streben nach Geld und Reichtum die Gefühle erdrückt

– das war vage Kulturkritik, das entsprach einem nachexistentialistischen Pessimismus, dem gesellschaftlichen Bewußtsein jener Zeit. Degenhardt artikulierte damals die verbreitete Stimmung seiner Generation. Auch die noch sehr allgemeine, aber in treffenden Bildern und höhnendem Witz geäußerte Kritik an den Reichen und Aufsteigern, wie sie der Hit *Spiel nicht mit den Schmuddelkindern* enthielt – begleitet von Saufliedern, vom Lob der hedonistischen Lebensweise, des Genusses und der Fröhlichkeit –, blieb eine Zwischenstation.

1968 hielt er an der Form, die ihm am meisten liegt, in der er stärker, genauer, treffender ist als alle anderen deutschen Liedermacher, fest: am Rollenlied, bei dem alle Details stimmen. Aber was er an Figuren wie dem *Senator* oder dem *Notar Bolamus* entwickelt hatte, wurde nun in *Vatis Argumente* und *Verteidigung eines alten Sozialdemokraten* mit brennender Aktualität gefüllt, mischte sich ein in die Diskussionen des Tages. Diese Aktualität hat Degenhardt später nur in seltenen Fällen – so in der *Befragung eines Kriegsdienstverweigerers* und in der *Belehrung nach Punkten* – erreicht, häufiger wurde wieder – wie in den früheren Rollenliedern – die Darstellung eines Typs: in *Progressiv, dynamisch, mit Phantasie – aber sachlich, Rudi Schulte* oder im *Wildledermantelmann.*

In *Vatis Argumente* hatte Degenhardt den Ton jener Eltern-Generation, die aus der Mentalität der Nachkriegs-Restauration heraus die Studentenrevolte als Dummer-Jungen-Streich einschätzte, so exakt getroffen, daß einige der eigentlich Karikierten im Publikum die Ironie gar nicht bemerkten und den Sänger ihrer Zustimmung versicherten. Er mußte eine klärende Strophe anhängen: »also wenn vati loslegt / dann fragt man sich immer / warum ist der bloß so wütend / hat er gemerkt / daß ihn keiner mehr / ernst nimmt«. Vatis Argumente münden immer wieder in einen der für Degenhardts Lieder überaus charakteristischen Refrains, die die formlosen Strophen, vorgetragen im Sprechgesang, einprägsam und mit einer weitausholenden musikalischen Geste strukturieren: »ÄRMEL AUFKREMPELN ZUPACKEN AUFBAUEN.« Hier ist die Gegenposition benannt zur studentischen Kritik an der Ausschließlichkeit des Leistungsprinzips. Indem also Degenhardt den Befürworter der Leistungsideologie der Lächerlichkeit preisgibt – und er konnte sich des Einverständnisses und des Applauses seines Publikums jener Jahre sicher sein –, ergreift er ex negativo Partei für jenen, den dieser Vati angreift: für Rudi Dutschke.

Wie Vati so ist auch der Sozialdemokrat, der sich vor einem Fabriktor gegen ein Flugblatt der ApO verteidigt, geprägt von den Erfahrungen seiner Generation. Empfiehlt Vati jedoch das Aufbaupathos der Nachkriegszeit – nicht ohne die vorangegangenen Jahre zu verklären –, so resigniert der Sozialdemokrat unter Verweis auf die versäumten Möglichkeiten von 1945. In diesem durchaus ambivalenten Lied drückt Degenhardt, der sich inzwischen selbst (wieder?) auf eine Politik des »schritt für schritt für schritt für schritt für schritt für schritt« eingestellt hat, die revolutionäre Ungeduld der Generation von 1968 aus. Ambivalent ist das Lied deshalb, weil die Argumentation des Sozialdemokraten (der im übrigen eher den Typ des jungen, pragmatischen als des alten Sozialdemokraten repräsentiert) nicht einfach falsch ist. Seine Beobachtung, daß sich die Aktionen der Studenten auf das Theater – also auf den Sektor des kulturellen Überbaus – beschränken und an den Arbeitern, auf die es ankommt, vorbeizielen, trifft ja durchaus den Kern der Studentenbewegung. Wenn also Degenhardt am Schluß zu seiner eigentlichen Kritik kommt, daß dieser Sozialdemokrat nämlich nur viel redet, um nichts ändern zu müssen, wirkt das nach der Darstellung dieses stimmigen, in seinen Argumenten zumindest ehrlichen Charakters ziemlich unvermittelt. Obwohl zweifellos der Sozialdemokrat das angepeilte Objekt der Degenhardtschen Kritik ist, enthält dieses Rollenlied die Dialektik der Studentenbewegung, die dieser, undogmatisch und bereit zur Selbstkritik, wie sie damals noch war, durchaus auch bewußt war: daß sie zwar die Gesellschaft grundlegend und kurzfristig verändern wollte, von den Massen der Arbeiter, in deren Interesse das geschehen sollte, aber isoliert war.

Aus der gleichen Zeit wie die beiden Rollenlieder, in denen Degenhardt eine bereits in vorangegangenen Jahren erarbeitete Form mit Aktualität füllte, stammt die *Ballade von den Weißmachern*, die verdeutlicht, wie Überlegungen der Studentenbewegung in das Schaffen Degenhardts hineinwirkten und dieses dann in den Öffentlichkeitsrahmen des studentischen Protests zurückwirkte. Der Lehrsatz: »In diesem Produktionsprozeß / wird zum Produkt, wer produziert« könnte aus einem der vielen theoretischen Papiere jener Zeit stammen. Zu solch klarer theoretischer Stellungnahme, zu solch ungeschminktem Marxismus war Degenhardt in seinen früheren Songs nicht vorgedrungen. In diesen Jahren hat Brecht endgültig den Brassens in Degenhardts Stammbaum abgelöst. Brecht meinte: »Ändere die Welt: sie braucht es!« Degenhardt ergänzt: »Und das sei nicht nur so gesagt. / Es kommt darauf an, daß man es macht.«

Wenn Degenhardt also politische Erkenntnisse der damaligen Diskussionen aufnimmt, die in dieser Klarheit auch für ihn erst durch die Studentenbewegung zugänglich geworden waren, so liegt seine Leistung darin, sie in eine Geschichte, eine »Ballade« eben, einzukleiden, sinnliche Bilder zu finden, die wiederum, vorgetragen bei Festen und Konzerten der politisierten Jugend, halfen, diese Erkenntnisse zu verbreiten, begreiflich zu machen, zu vermitteln. Lust und Genuß aus Musik und Poesie kamen der intellektuellen Agitation zu Hilfe.

Das mag nun jener These zu widersprechen scheinen, die Degenhardt ebenfalls in dieser Zeit mit einem Lied vermittelte, dessen Titel geradezu Schlagwort-Charakter erhielt: *Zwischentöne sind bloß Krampf im Klassenkampf.* Es ist kennzeichnend, daß Degenhardt, der sich ja immer wieder korrigiert, seine Lieder modifiziert, ihnen auch implizit mit neuen Liedern widerspricht, diesen programmatischen Song von 1968 nicht in seine Textsammlungen aufnahm. Doch schon die Lieder auf der Live-LP, die die Absage an die Zwischentöne enthält, lassen bezweifeln, ob es Degenhardt damit so ganz ernst war. *Hier im Innern des Landes*, seine Satire auf die ewigen Kleinbürger, die dem Nationalsozialismus den Steigbügel hielten, strotzt nur so von typischen Degenhardtschen Bildern, die er auf der anderen Plattenseite als Krampf abtut. Doch dieser Widerspruch ist nicht ein Widerspruch Degenhardts, sondern der bereits angedeutete Widerspruch der Studentenbewegung, der hier nur besonders deutlich erkennbar wird: daß man einerseits aus dem Getto der Intelligenz herauswollte, einer Ästhetik, die man oft – vereinfacht – als bürgerlich disqualifizierte, überdrüssig war, von einer ermüdenden Theorie-Orgiastik in einen kraftmeierischen Aktionismus verfiel (der sich doch meist nur verbal äußerte), und daß man andererseits eben doch nur eine studentische Öffentlichkeit herstellen konnte, deren Sprache die Sprache des Bürgertums war, die eher mit poetischen Bildern und Zwischentönen aufgewachsen war als mit plebejischen Slogans oder gar politischem Kampf. Es ist gewiß kein Wunder der Geschichte, daß viele überaus leicht den Sprung vom rhythmischen »Ho Ho Ho Chi Minh« zu Hermann Hesse schafften.

Deutlich wird in einem Lied Degenhardts auch ein Konflikt, mit dem die politischen Köpfe der Studentenbewegung fertig wurden, den aber bald darauf viele – auch Degenhardt selbst – mit der Entscheidung für eine der beiden möglichen Loyalitäten für sich auflösten. Der Konflikt ergab sich daraus, daß man Kritik üben wollte an der sowjetischen Realität, im besonderen am Einmarsch der Warschauer-Pakt-Truppen in die ČSSR, daß man sich aber dabei plötzlich in einer unerwünschten Front mit eben jenen Reaktionären sah, die man innenpolitisch bekämpfte. Degenhardt hat das in seinem Lied *Zu Prag* eindrucksvoll formuliert. Wieder spricht er von sich selbst (»Degenhardt, sagen sie, / oder vertraulich Väterchen«), wieder findet er treffende Bilder (»Die sagen ›das goldene Prag‹. / Und wenn die Gold sagen, / meinen die Gold«), wieder geißelt er mit genauer Ironie den politischen Gegner (»die Vorsitzenden der Aufsichtsräte, / die Vorstände und Herren der Konzerne / und deren Sachwalter / auf Regierungs- und anderen Bänken. / Sie sind empört, / weil der Aufbau des Sozialismus / gehemmt worden ist / zu Prag«). Und in einer knappen Präzision benennt er die Dialektik der Situation, wie sie die Anhänger des SDS damals empfanden: »Nein, mit diesen Herren / [. . .] / teilen wir nicht / unsere Wut / über den Sieg der Panzer / zu Prag.«

Ein Lied, das in Story und Moral den Horizont der Studentenbewegung reflektiert, ist das *Lehrstück der vier Partisanen (Ereignis am Mondfalterfluß)*. (Degenhardt hat die Titel seiner Lieder bisweilen abgeändert. Hier, wie in den anderen Fällen, nenne ich den ursprünglichen Titel, wie er auf dem Umschlag der Schallplatte angeführt ist.) Ein vietnamesisches Ereignis soll als Beispiel dienen, aus dem für das Handeln in der Bundesrepublik zu lernen wäre. Der Kampf der Vietnamesen gegen die amerikanischen Aggressoren war es schließlich, womit sich die ApO in ihren machtvollsten Demonstrationen solidarisierte. Es lag also nahe, aus dem fernen Geschehen eine Nutzanwendung für die politische Praxis im eigenen Lande zu ziehen. Diese fehlt in der gedruckten Fassung des Liedes. Da wird der Leser bloß aufgefordert, selbst einen Schluß aus der erzählten Geschichte zu ziehen. In der Schallplatten-Fassung aber wird die vietnamesische Parabel auf einen anderen zentralen Punkt der studentischen Revolte übertragen: auf die *Bild-Zeitungs*-Kampagne. Und wenn – wiederum nur in der Platten-Version – am Ende gemahnt wird, es sei immer noch besser, ein Warenhaus anzuzünden, als sich selbst anzuzünden, so wird da mit einer Aktualität, die diese Bemerkung heute kaum mehr verständlich sein läßt, auf die Warenhausbrandstiftung durch Andreas Baader und Gudrun Ensslin und auf die Selbstverbrennung von Jan Palach angespielt: das politische Lied als spontane Reaktion auf tagespolitische Vorfälle.

Schon 1969 zeichnet sich bei Degenhardt die Ahnung, die Furcht ab, die Studentenbewegung könnte nur eine Episode gewesen sein. Mißtrauisch betrachtet er die Flucht in die unpolitische Hippie-Kultur. Im Eröffnungslied der LP *Im Jahr der Schweine* verbalisiert er seine Angst, »daß das bloß solche Geschichten bleiben«. Er wendet sich unmittelbar an das studentische Publikum, nützt seine Lieder für die interne Diskussion. Rückblickend muß man darüber staunen, wie früh Degenhardt die einsetzende Restauration, das Roll-back der Reaktion erkannte und in Liedern formulierte. Seine Stärke liegt auch hier wieder in der plastischen Charakterisierung des Negativen. »Mancher wird uns verraten. / Sei wachsam, wo du bist. / Wir müssen überleben, / kämpfen mit aller List.« Wo er versucht, die positive Utopie zu skizzieren, wird er hymnisch, verfällt er in abgegriffene Klischees: »dann bricht der rote Morgen / der endgültigen Zeit an.« Auch hierin deckt sich Degenhardts Werk mit der Realität der Studentenbewegung: sie war viel konkreter in der Kritik von Mißständen als in der Entwicklung von Alternativen. So dauerte es nicht lange, bis viele – unter ihnen auch Degenhardt – dort ihr Heil suchten, wo man ihnen eine Alternative, an die man nur glauben mußte, bieten konnte, etwa einen »realen Sozialismus«. Und Degenhardt, der eben noch befürchtet hatte, »daß das bloß solche Geschichten bleiben«, forderte optimistisch unter dem Pflaumenbaum auf: »Lachen wollen wir wieder wie damals, / bis morgens der Nachtvogel schreit, / wieder gute Geschichten erzählen / von damals und von dieser Zeit.«

Als die Studentenrevolte ihren Höhepunkt erreichte, war Franz Josef Degenhardt wie Dieter Süverkrüp (und wie Wolf Biermann, dessen *Drei Kugeln auf Rudi Dutschke* in diesem Zusammenhang erwähnt werden müssen, der aber im übrigen, als Liedermacher der DDR, hier ausgespart bleiben soll) bereits ein bekannter Sänger. Durch seine Identifizierung mit der Studentenbewegung, durch seine Unterstützung dieser Bewegung mit den Mitteln des politischen Liedes erweiterte sich lediglich seine Resonanz. Degenhardts Lieder wurden zwar kaum nachgesungen – dazu waren sie in ihrem solistischen, ganz auf den Sänger-Autor zugeschnittenen Gestus kaum geeignet –, aber sie lieferten Stichworte für Diskussionen, waren in manchen Fällen – insbesondere, wo sie sich auf ästhetische Fragen bezogen – Argumentationshilfen, häufiger Formulierungsbeispiele. Walter Moßmann aber und Hannes Wader, die mittlerweile Degenhardt an Popularität eingeholt haben, hatten ihr Publikum damals auf der Waldeck. 1941 bzw. 1942 geboren, gehören sie jener Generation an, die die Studentenrevolte trug. Auf der Waldeck waren sie bereits mit Chansons hervorgetreten, als 1968 der große Einbruch kam: Vertreter des Tübinger SDS (die heute charakteristischerweise Festivals organisieren und vom demokratischen Sinn deutscher Volkslieder sprechen) forderten: »Stellt die Gitarren in die Ecke!« Was in Degenhardts Lied *Vom Machen, Schreiben, Lesen, Machen, Schreiben* seinen späten bitteren Nachklang fand, der Zweifel an der politischen Bedeutung künstlerischer Betätigung, er wurde in jenem bemerkenswerten Jahr auch für die Liedermacher-Szene mächtig: »Und dann aufs Podium gestiegen, / von Revolution gesungen. / Das hat sehr gut geklungen. / Die kam aber nicht.«

Gewiß war dieses Erlebnis dafür entscheidend, daß Moßmann jahrelang keine Schallplatte produzierte, eine Zeit lang sogar aufhörte, Lieder zu schreiben. Auf seiner 1968 erschienenen zweiten LP *Große Anfrage* (verlegt vom auf religiöse Musik spezialisierten Da Camera-Label – die nächste LP *Flugblattlieder* erschien 1976 im Trikont Verlag) bekennt

Moßmann noch: »Sicher, der politische Sänger nennt seine Traditionen, bezeichnet das Anstößige, ergreift Partei; wenn er sich aber wider besseres Wissen auf Parteilinie begibt, dann geht er auf den Strich.« Hier berührt sich der Individualismus des Bohemiens mit der Skepsis der Studentenbewegung den traditionellen Parteien gegenüber. Der Name Trotzki, der mehrmals – etwa in dem künstlerisch frechen *Der Wandermusikant* – genannt wird, deutet an, wo Moßmanns politische Sympathien damals lagen.

In den darauf folgenden Jahren schrieb Moßmann eine Reihe hervorragender Lieder, die (bisher) leider nicht auf Schallplatte und zum Teil auch nicht im Druck vorliegen, etwa von Großvaters roter Fahne mit der Aufschrift »Solidarität«, das Spreti-Lied oder *Das Lied vom Goldenen Buch*. Sie alle zeigen, in welche Richtung Moßmanns Entwicklung ging: von der Selbstdarstellung zum Geschichtenerzählen. War Degenhardt der (ältere) Helfer von außen, der Sympathisant der Studentenbewegung, so wurde Moßmann zunehmend zu einem Teil derselben, wie er es später in der Anti-KKW-Bewegung wurde.

Im *Lied vom Goldenen Buch* etwa wird ein Gegenstand, eben das Goldene Buch, in das sich die Ehrengäste der Freiburger Universität eintragen und in das Studenten bei einer Rektoratsbesetzung Einblick erlangten, durch die Jahre verfolgt: Die Namen in diesem Band spiegeln ein Stück deutscher Geschichte. In diesem Lied ist auch bereits der schnoddrige Ton deutlich, den Moßmann mit Biermann gemeinsam hat (von dem er denn überhaupt viel gelernt hat): »Kann / Nicht sein, ist aber doch« oder »Und der / SCHEISST / Auf diesen / GEIST«. Das Lied begleitet die Aktion, ist Teil der Aktion, berichtet von der Aktion. Die Studentenbewegung, in der sich die Ereignisse zeitweise überschlagen, die aber nicht über die modernen Mittel verfügt, Öffentlichkeit herzustellen – also über Fernsehen, Radio und Zeitung –, besinnt sich auf Formen der Vergangenheit: das sind – neben dem Flugblatt und dem handgemalten Plakat – der Bänkelsang, die Moritat, die vergnüglich und informativ von Aktuellem berichten. Wenn Moßmann bis heute in Live-Sendungen der Massenmedien gefürchtet ist, so liegt das daran, daß er sich jene für die antiautoritäre Bewegung charakteristische happeninghafte

Spontaneität bewahrt hat, die in ein auf »Ausgewogenheit« und Vermeidung von Emotionalisierung bedachtes Planungsschema nicht zu pressen ist.

In den Liedern Moßmanns ist auch am schärfsten die Kontinuität nachgezeichnet, die zwischen der Studentenbewegung und neueren Aktivitäten von Lateinamerika-Arbeitsgruppen über Häuserbesetzungen und Kampagnen gegen den Radikalenerlaß bis zu den Initiativen gegen Kernkraftwerke verläuft.

Von Hannes Wader sprach man 1968 (als seine erste LP erschien) nicht als von einem politischen Sänger. Auf Waldeck zählte er zunächst durchaus zur gleichen Kategorie wie Reinhard Mey. Die grundsätzlich verschiedene Entwicklung, die diese beiden Sänger seither nahmen, hat jedoch nur ins Gigantische vergrößert erkennbar gemacht, welche entscheidenden Unterschiede schon damals bestanden.

Es war Reinhard Mey, an dem sich bereits 1968 eine heftige Polemik entzündete. Rolf Schwendter, dessen Name im Zusammenhang dieses Beitrags unbedingt genannt werden muß und der mit seinen Liedern wie mit theoretischen Ausführungen die Studentenbewegung von 1968 an, als er von Wien in die Bundesrepublik übersiedelte, sehr bewußt begleitete und unterstützte, machte durch ein sprödes »Zersingen« eines Liedes von Mey erkennbar, wie asozial dieses in seinem schwärmerischen Subjektivismus ist: »Und für mein Mädchen, glaub ich, / Steckt' ich die Welt in Brand, / Meine Freunde verkauft' ich, / Verriet mein Vaterland.« Mey hat diese Haltung inzwischen mehrfach variiert, sie ist zweifellos der Schlüssel zu seinem massenhaften Erfolg beim Schlagerpublikum: »Ist denn Frieden oder Krieg / Auf diesem Meridian? / Nein, in diesem Augenblick / Erinn're ich mich nicht dran.« Als unmittelbare Antwort auf die Studentenbewegung ist sein Lied *Bevor ich mit den Wölfen heule* (»Werde ich lieber harzig, warzig, grau«) zu verstehen: »Ich will in keinem Haufen / Raufen, / Laß mich mit keinem Verein / Ein!« Und wem das noch nicht deutlich genug war, dem lieferte Mey seine schlicht denunziatorische *Annabelle*. Reinhard Mey hat sich – neben Hildegard Knef und André Heller – als Vertreter des neuen Konservativismus im Chanson profiliert und davon (das Wortspiel drängt sich auf) profitiert.

Auch Wader hat seit seinen ersten Liedern eine weite

Strecke hinter sich gebracht, doch er ging sie – anders als Mey – gegen den Wind, der zunehmend von rechts wehte. Auf der ersten LP mit dem unprätentiösen Titel *Hannes Wader singt eigene Lieder* hielt Knut Kiesewetter dem Newcomer, der als Gitarrist Autodidakt war und sein Grafikstudium in Berlin nicht beendet hatte, noch zugute, daß er »nicht über Politiker und die bösen Kapitalisten schimpft« (noch diese negative Charakteristik steckt den Bezugsrahmen ab, innerhalb dessen sich ein Liedermacher damals definieren mußte). In pseudo-autobiographischen Strophenliedern wird auf dieser Schallplatte der Outsider dargestellt, der Bohemien, dem es nicht gelingen will, sich seiner spießigen Umwelt anzupassen. Beliebtester Ort der Handlung ist die Kneipe, Treffpunkt der echten und der falschen Freunde.

Hannes Wader ist kein intellektueller Schriftsteller. Seine Lieder argumentieren nicht wie viele Lieder Degenhardts oder Moßmanns. Sie gehen nicht von theoretischen Überlegungen aus, sondern von erlebtem Alltag, von Abseitigem, Skurrilem. Wader repräsentiert innerhalb der Liedermacher-Szene von 1968/69 den anarchischen Flügel der Studentenbewegung, jene Komponente, die z. B. auch in den Kommunen entscheidend war und im Pariser Mai einen entschiedeneren ästhetischen Ausdruck fand als in der deutschen Studentenrevolte. 1968 waren – was von Dogmatikern bald heftig kritisiert wurde – die Grenzen zwischen Subkultur und Studentenbewegung fließend. Und manches, was heute noch dem Konformitätsdruck standhält, ist Erbe sowohl der studentisch-marxistischen wie der antiautoritär-anarchischen Aktivitäten von damals: neue Verlags- und Redaktionsmodelle, linke Buchhandlungen, kollektive Theaterexperimente, die Frauenbewegung, die Bürgerinitiativen, die Berliner Kneipenkultur.

Waders Lieder kümmerten sich um keine Tabus. Was vom Kleinbürgertum verdrängt wird – Sex, Krankheit, Tod –, Wader machte es geradezu lustvoll zu seinem Thema. Seine Sprache ist nicht zimperlich. Entdeckt man bei Degenhardt und teilweise auch bei Moßmann die formelhaften und einprägsamen Polit-Slogans der Transparente und Sprechchöre, die imperativische Rufzeichensprache des Agitprop wieder, so nimmt Wader den Jargon der Subkultur und des studentischen Alltagsgesprächs auf.

Wenn Hannes Wader in seinem Lied *Aufgewachsen auf dem Lande* (auf seiner zweiten LP *Ich hatte mir noch so viel vorgenommen*) über Dumpfheit und Provinzialismus auf dem Lande spottete und seine »Neffen, lauter Kindergreise / hockten am Tisch und beteten leise« sieht, wenn er bekennt: »zwischen Kartoffeln und Blumenkohl / fühl' ich mich heute nicht mehr wohl«, so artikulierte er das subjektive Empfinden vieler junger Leute, für die der Beitritt zur Studentenbewegung auch eine Loslösung vom Vater, vom Mief und der Enge des spießigen Elternhauses war. In seiner Verletzlichkeit, die sich bisweilen hinter Zynismus und schwarzem Humor verbirgt, brachte Wader Töne in die Liedermacher-Szene, in denen politische Studenten ihre verleugneten subjektiven Bedürfnisse wiederfinden durften, ohne einer klebrigen Sentimentalität zu verfallen.

Was für die Studentenbewegung Gesetze, Erlasse und Prüfungen bewirkten, das erledigte für das politische Lied der Kommerz. Degenhardt und Moßmann verschwanden ebenso wie Süverkrüp aus den Medien. Wader wurde von einem rührigen Journalisten im Solde Springers verleumdet und in die Nähe von Terroristen gerückt. Die Öffentlichkeit wird längst wieder von *Bild*, ZDF und Bertelsmann hergestellt. Die Lied-Impulse der Studentenbewegung wurden ins Abseits geblödelt und gejodelt. Aber Entwicklungen lassen sich nicht rückgängig machen. Da taucht plötzlich, niemand hatte das mehr erwartet, ein Konstantin Wecker auf. Und er singt von *Willy*. Auf einmal fallen einem Lieder von damals ein: Degenhardts *So sind hier die Leute* zum Beispiel. Ein später Sproß aus der Vereinigung von Liedermachern und Studentenbewegung? Oder ein Signal für einen neuen Anfang?

Zitierte Schallplatten und Textausgaben zum Thema:

Franz Josef Degenhardt, *Degenhardt Live*, Polydor 249 268
Ders., *Im Jahr der Schweine*, Polydor 249 331
Ders., *Die Wallfahrt zum Big Zeppelin*, Polydor 2371 138
Ders., *Spiel nicht mit den Schmuddelkindern*, o. O. (Reinbek bei Hamburg) 1969
Ders., *Im Jahr der Schweine. 27 neue Lieder mit Noten*, Hamburg 1970

Ders., *Laßt nicht die roten Hähne flattern ehe der Habicht schreit. Lieder mit Noten*, München, Gütersloh, Wien 1974
Walter Moßmann, *Große Anfrage*, Da Camera Song SM 95006
Vorsicht, die Mandoline ist geladen. Deutsches Kabarett seit 1964. Herausgegeben von Klaus Budzinski, Frankfurt am Main 1970
Reinhard Mey, *Ich wollte wie Orpheus singen*, Bonn-Bad Godesberg o. J.
Hannes Wader singt eigene Lieder, Philips 844 360
Ders., *Ich hatte mir noch so viel vorgenommen*, Philips 6305 082
Ders., *Lieder*, Frankfurt/M. 1977

Stephan Reinhardt

»Nach innen führt der geheimnisvolle Weg, aber er führt auch wieder heraus.«

Unvollständige Anmerkungen zum neuen Irrationalismus in der Literatur

Einer Umfrage zufolge verhielten sich die Bundesbürger 1977 weitaus konservativer, gefühlsbetonter und nationalbewußter als noch 1973. Das politische Interesse ließ erheblich nach, man dachte mehr an sich selbst, vertraute wieder stärker dem eigenen Gefühl, und immer häufiger war man der Meinung, man sollte auch wieder die erste Strophe der Nationalhymne singen. Die Blickrichtung engt sich ein aufs Eigentum: auch auf das Eigentum an sich selbst, an seinem Innenleben. Und natürlich machen sie dabei ein gutes Geschäft, die Apostel des Irrationalen: Eine Studentin wird das Opfer zweier Patres, die ihr den Teufel austreiben wollen, obwohl sie seelisch krank war. Von Hellsehern und Wahrsagerinnen verspricht man sich Erfolge selbst bei der Terroristenjagd. Ein holländischer Pfarrer weiß in einer Talkshow zu berichten, daß er Hexen kuriert habe. Und der Papst erklärt, er glaube noch immer an die Existenz des Teufels. Es spukt wieder. Die Tassen wackeln. Okkultismus, Spiritismus, transzendentale Meditation, Eurhythmie, Zen-Buddhismus – allesamt Beruhigungs- und Befriedungspillen aus der Dose des Irrationalen, die dem streßgeschwächten Innenleben des industriellen Leistungsmenschen als Kräftigungsmittel gereicht werden. *Jeder hat den sechsten Sinn* – so lautet der Titel eines Buches, in welchem die beiden amerikanischen Physiker Russel Targ und Harold Puthoff[1] ganz ernsthaft den Nachweis geführt zu haben glauben, daß jeder Mensch über parapsychologische Fähigkeiten verfüge. Konjunktur haben auch Gesundbeter, Handaufleger und Kräuterweiblein. Roggenmehl und Morgenurin zu Knödeln geformt, in Stroh verpackt und ins Wasser gehängt – der Kranke ist wieder gesund, wenn Fische dieses wenig appetitliche Etwas fressen. Hinter all dem, so unterschiedlich es ist, steckt mehr oder minder Vertrauen in irrationale Kräfte, die dort Erfolg bringen sollen, wo Vernunft und Rationalität versagt zu haben scheinen (und wo sie nicht mehr hinreichen). Der Geist habe abgewirtschaftet, schreibt Norman O. Brown in seiner Kampfansage an Vernunft und Realitätssinn, *Love's Body*, und fordert auf zum »Sturz der Herrschaft des Realitätsprinzips, welches der Fürst der Finsternis ist, Herrscher der Finsternis dieser Welt.«[2] »Steig hinab und bleib dort unten, in der verbotenen Zone; ein Abstieg in die Hölle.«[3] Diese Skepsis gegenüber der Ratio und die Bereitschaft zum Irrationalen sind in den letzten Jahren geradezu sprunghaft gewachsen, und sie finden sich in allen Lagern: rechts wie links, bei Konservativen und bei Umweltschützern. Mit spürbarem Triumph konstatiert Gerd-Klaus Kaltenbrunner in dem von ihm herausgegebenen Band *Die Suche nach dem andern Zustand. Wiederkehr der Mystik* das Ende der neuen Aufklärung und die »Wende zum Mystischen«. Mystik hat zu tun »mit Einigung, Vereinigung, Einswerden zwischen dem menschlichen Selbst und dem Ursprung, Wesen oder Prinzip des Seins, mit dem ›Absoluten‹ oder der ›Tiefe der Wirklichkeit‹«. Diese Vereinigung vollzieht sich als »unio mystica«, als Einswerden mit Gott, oder in einem diffus religiösen, nicht personal auf Gott bezogenen Sinne als

»Auflösung der Individualität im Kosmos oder [in] einer überrationalen und das eigene Denken transformierenden Bewußtwerdung der Identität des innersten Kerns der menschlichen Seele, des Atman, mit dem Urgrund der Welt, dem Brahman.«[4]

Das Vertrauen, durch sinnvollen Gebrauch von Verstand und Vernunft die Weltverhältnisse schließlich erklären zu können, ist auch bei Nicolas Born nicht mehr vorhanden: »Aber sind wir nicht spätestens dann am Ende, wenn alles erklärt ist, wenn das letzte Geheimnis aus uns rausgewaschen ist wie ein Dreck?«[5] Und ein studentischer Mescalero, Angehöriger der linken Sponti-Szene, äußert sich so:

»Wahnsinn ist ein schöner Begriff, weil er von der Phonetik her schon soviel Wahnsinn enthält. Wahnsinn in die Politik zu tragen, das ganze zum Wirbeln zu bringen. Die Leute an den Wahnsinn zu gewöhnen, an die Etablierung des Wahnsinns im Alltag. Die Farbe wieder zurückholen in den grauen Alltag. Das Leben wieder lebenswert zu machen.«[6]

Den etablierten Sinn aufzubrechen durch Wahnhaftes, durch das ganz Andere, Spontane, die abgelebten Muster durch eine neue Sehweise, und sei es die des Wahnsinns, in neuem Licht erscheinen zu lassen – das ungefähr mag dies bedeuten. Ist es aber auch eine brauchbare Antwort auf eine spürbare Krise des Bewußtseins? Oder handelt es sich vielmehr wieder einmal um alten Wein in neuen Schläuchen, um jene irrationalen Denkmuster und okkulten Lebenshilfepläne, die als ideologischer Zierschmuck Wirtschaftskrisen zu begleiten pflegen? Die Verwirrung in diesen Fragen ist nicht zu übersehen. Auch in der schönen Literatur nicht, in der sich in den letzten Jahren ein Trend durchgesetzt hat, für den Schlagworte wie »neue Innerlichkeit«, »neue Subjektivität« und »neuer Irrationalismus« in Umlauf sind. Autobiographische Bekenntnisliteratur, psychoanalytische, manchmal geradezu ich-versessene Romanberichte, Prosa mit Themen aus der Psychiatrie markieren diese (auch modisch gewordene) Tendenz. Icherfahrung, Identitätsfindung stehen dabei im Vordergrund, das Subjekt wird zur Wünschelrute, zum Seismographen, der genau registriert, was empfunden wird; meist gerät der Seismograph heftig in Bewegung und erzählt von seelischen Katastrophen, die nur mühsam durch überlebenswichtige Schreibakte in Grenzen gehalten werden. Bedeutet diese Hinwendung zu Subjekt, Psyche, Innenwelt, daß damit auch der endgültige Rückzug aus Politik und Außenwelt angetreten wurde und daß nur noch interessiert, wer gefällig von seinen inneren Eruptionen oder den stilleren Gefilden seines Innenlebens zu berichten versteht? Wird mit dieser Wiederentdekkung des Ich auch ein Prozeß eingeleitet, der notwendig im Irrationalismus endet?

Es lohnt sich, ein wenig Um- und Rückblick zu halten. Der deutsche Idealismus leitete – grob gesagt – das Äußere aus dem Innern ab, und die von ihm abhängige Romantik ging mit Novalis den »geheimnisvollen Weg nach innen«. Im Vulgärmarxismus wurde das Innen, das als »quantité négligeable« galt, aus dem Außen abgeleitet. Daß das Innere des Menschen, sein Seelenleben, jedoch von erheblicher Bedeutung ist, erkannte Sigmund Freud.

Es war die große Leistung des Aufklärers Sigmund Freud, den Beweis geführt zu haben, daß die bürgerliche Gesellschaft ihre kulturellen, sozialen, intellektuellen Leistungen durch den Verzicht auf ihr Triebleben, ihr Es, erkauft hatte und daß sich unter der wohlgetünchten Fassade des bürgerlichen Bewußtseins in Wirklichkeit ein höchst unbürgerliches, neurotisches Seelenleben verbirgt, das vom Unbewußten geprägt wird. Vor Freuds Entdeckung war man gewohnt, wie Thomas Mann schrieb, das »Psychische und das Bewußte [. . .] zusammenzudenken [. . .]; als der Inhalt der Seele galten die Bewußtseinsphänomene, unbewußt Psychisches, das war hoffentlich ein närrischer Unbegriff«.[7]

Wird ein Trieb nicht zugelassen, ist oft der Preis dafür neurotisches Verhalten. Von der bürgerlichen Fassade war damit fürs erste der Lack abgeblättert, eine Fratze war zum Vorschein gekommen, wofür man sich rächte, indem man die Freudsche Psychoanalyse lange Zeit verketzerte. So revolutionär es in seiner Zeit gewesen war, daß Freud den Schmuckdeckel von der Büchse der Pandora gezogen hatte, so sehr blieb er doch Beteiligter des bürgerlichen Realitätssystems, denn Freud bejahte, daß kulturelle Leistungen durch Triebverzicht erkauft werden, und er lehnte den Aufstand der Triebe gegen das gesellschaftliche Kultursystem ab.

> »Die psychoanalytische Erziehung nimmt eine ungebetene Verantwortung auf sich, wenn sie sich vorsetzt, ihren Zögling zum Aufrührer umzumodeln [. . .] ich meine sogar, revolutionäre Kinder sind in keiner Hinsicht wünschenswert.«[8]

Freud analysierte zwar das neurotische bürgerliche Individuum, wie Michael Schneider in *Neurose und Klassenkampf* schreibt, »kapitulierte« »aber letzten Endes vor den politischen und sozialen Kräften [. . .], die das ›neurotische Massenelend‹ produzieren«.[9] Die ›Kapitulation‹ Freuds bestand darin, daß er das neurotische Abweichverhalten von der Norm für biologisch begründet hielt und nicht berücksichtigte, daß es sehr unterschiedlich ist in sozialen Zusammenhängen, was als Norm gilt und was nicht. Das fast dogmatisch erstarrte Ritual Freudscher Psychoanalyse wurde aufgebrochen von Erich Fromm, Karin Horney, Wilhelm Reich u. a., die davon überzeugt waren, daß sich Normen verändern je nach Kultur, Periode, Geschlecht, Klasse und sozialem Zusammenhang.

Die prägenden Einflüsse der Außenwelt auf das Verhalten, auf Identitätsgefühl und Ich-Autonomie sind eklatant. Wenn die frühkindliche Harmonie zwischen Mutter und Kind nach der analen Phase – in der im zweiten, dritten Lebensjahr das Kind die Kontrolle gewinnt über seinen Körper und seine Triebansprüche zu regeln beginnt[10] – zerbricht in ein Innen und Außen, Ich und Nicht-Ich, in ein Subjekt, das Kind, und seine Bezugspersonen, dann gewinnen Normen und Ansprüche aus Familie, Umwelt und Schule entscheidenden Einfluß. Im Sozialisationsprozeß werden die Ge- und Verbote der Umgebung und der Gesellschaft vom Kind als die seinen akzeptiert, verinnerlicht. Je repressiver diese sind, um so starrer wird es dann selbst reagieren – außengelenkt, autoritätsfixiert, dogmatisch.

Es war ein Mangel der Studentenbewegung, daß sie über den Außenverhältnissen, den politischen Verhältnissen der 60er Jahre in der Bundesrepublik, die Prozesse und Voraussetzungen ihrer eigenen Sozialisation vernachlässigte – und auch die jener, die zu überzeugen waren. Es war indes verständlich, denn es hatte sich Wut über die sichtbaren Absurditäten der Außenwelt angesammelt, die auf rasche Veränderung drängte: unter den Talaren der Universitätsprofessoren »der Muff von tausend Jahren«; ein Genozid in Vietnam, beispiellose, durch die Industrieländer verursachte Armut in den Ländern der Dritten Welt; im Landesinnern freilich eine aufblühende Wirtschaft, die die Gewinne der Produktionsmittelbesitzer sprunghaft nach oben schnellen ließ, während der Wohlstand derer, die nur ihre Arbeitskraft zu verkaufen haben, zwar sichtbar war, aber relativ blieb, ganz zu schweigen davon, daß es eine wirksame Mitbestimmung am Arbeitsplatz nicht gab (und noch immer nicht gibt). Keine Experimente: die alten demokratieschädlichen Strukturen blieben erhalten; wie unter Wilhelm II., Ebert, Hindenburg und Hitler dominierten die staatstreuen Beamten. Und während in Deutschland abermals die Linken als »bolschewistische Gefahr« bekämpft wurden, war Globke – unter Hitler Referent für Judenfragen im Innenministerium und Autor des Kommentars der Nürnberger Rassengesetze – Staatssekretär im Bundeskanzleramt und Kurt Georg Kiesinger – Rundfunkreferent in Hitlers Außenministerium – seit 1966 sogar Bundeskanzler. In dieser Situation sollte nur gelten, was sich unterordnete. Und da die herrschende Kultur immer auch – wenn auch nicht ausschließlich, was man übersah – die Kultur der Herrschenden ist, verweigerte man sich dieser Kultur und verkündete den Tod der bürgerlichen Literatur und Kritik. Als sich aber nach dem Muster der klassischen Theorie die Lohnabhängigen als eigentlicher Träger der Revolution von den Studenten nicht politisieren ließen, wurde verbissen über die Notwendigkeit einer schlagkräftigen Kadergruppe und Parteiorganisation diskutiert. Wie scholastische Stubengelehrte warf man sich gegenseitig Klassikerzitate an den Kopf, statt sich zu einer Einheitsbewegung zusammenzufinden, und restaurierte in den sich bildenden K-Gruppen den Typ der leninschen Kaderpartei mit strenger Parteidisziplin.

Es fehlte nicht an Kritik aus den eigenen Reihen, doch sie blieb eine Randerscheinung. So glossierte Hans Magnus Enzensberger Engels' Essay *Von der Autorität,* dem zufolge die Autorität der Großtechnologie auch im Sozialismus menschlicher Autonomie übergeordnet bleiben sollte. Jene, »die das Bedürfnis verspüren, den Klassikern zu Hilfe zu eilen«, wurden von Enzensberger daran erinnert, daß sich damit der Sozialismus die Kleider des Kapitalismus anzieht:

»Die Technologie ist kein metaphysisches Verhängnis. Sie führt einen gesellschaftlichen Auftrag aus. Eine sozialistische Gesellschaft, die diesen Auftrag nicht anders formulieren und durchsetzen kann als ihre Vorgängerin, wird deren Produktionsverhältnisse reproduzieren.«[11]

Dieser Forderung nach neuen materiellen Produktionsverhältnissen entsprach der Wunsch nach neuen, selbstbestimmten Lebensformen, die die alten autoritären Strukturen nicht wiederholen sollten. Am ehesten schien dies zunächst der Kommune I zu gelingen. Irritiert durch den erstarrten Jargon des SDS, setzte sie an die Stelle von dessen autoritären, bürgerlichen »Organisations- und Denkformen« eine »Selbstrevolution«. Sie gab nicht nur autoritäre Rituale mit Witz und Phantasie der Lächerlichkeit preis (und entlarvte sie so), sondern unterlief auch die bürgerliche Institution Familie im freien Zusammenleben der Kommune, wo in gruppentherapeutischen Gesprächen jeder von seinen Problemen berichtete.[12] In einem vom *Kursbuch* veranstalteten Preisausschreiben, das Vorschläge zur »Konkreten Utopie«, zu alternativen Lebensformen erbeten hatte, prämierte Enzensberger denn auch die ›Idee‹ der Kommune und Wohngemeinschaft.[13]

Kritik an der autoritären Organisations- und Vermittlungsstruktur der vorwiegend männlich bestimmten Studentenrevolte wurde auch von der beginnenden Frauenbewegung vorgetragen. »Man will die Verhältnisse verändern, aber die Sphäre, die die Brutstätte der Anpassung ist, nämlich die private, entzieht man der Rebellion«, schrieb Karin Schrader-Klebert im *Kursbuch* vom Juni 1969.[14] Bereits auf der Delegiertenkonferenz des SDS vom September 1968 war eine »Resolution zur Emanzipation der Frauen« verfaßt worden, in der es programmatisch hieß:

»Es gilt, Privatleben qualitativ zu verändern und diese Veränderung als politische Aktion zu verstehen. [...] Die Revolution als Ziel des Klassenkampfes [ist] weniger eine Frage der Machtübernahme [...] als die Frage der Verwirklichung dessen, was sich in der bestehenden schlechten Gesellschaft antizipatorisch als Gegengesellschaft abzeichnet.«

Durch eigenes Verhalten Utopie zu praktizieren, führt dazu, sich selbst genauer kennenzulernen. Am frühesten und intensivsten ist dieser Prozeß literarisch von Bernward Vesper beschrieben worden, in dem nachgelassenen Romanfragment *Die Reise*. Vesper, der unter dem beherrschenden Einfluß seines autoritären Vaters, des einstigen Nazi-Dichters Will Vesper, herangewachsen war und sich vom Wähler der NPD während der 60er Jahre zu einem der führenden Publizisten und Verleger der Außerparlamentarischen Opposition entwickelte, erkennt die fatalen Parallelen im Verhalten von Vätern und Söhnen:

»Wenn die Roten Garden in Berlin ihr langgezogenes Mao Tse-tung brüllen, klingt das wie ein pubertäres Gebet.« – »Nur auf Grund dieser autoritätsfixierten Halluzination stehn die meisten das Leben durch. Ob sie sie nun Gott, Pflicht, Moral, Revolution nennen oder wie immer. Die ›Bewegung‹ hat uns überhaupt nicht daraus befreit und wird es auch, wenn sie, d. h. wir, so weitermachen, nie können«. – »Die kleinbürgerliche studentische Linke [...] verdrängt alles, was auf ihre unveränderten charakterlichen Strukturen hinweist.«[15]

Vespers Kritik ist deutlich: autoritätsfixiert, tauscht man nur die Autoritäten gegeneinander aus. Was dem einen das christliche Dogma, ist dem anderen das marxistische Bekenntnis. Autonomer Gebrauch der Sinne und des Verstandes durch ein selbständiges Subjekt findet nicht statt. Man gibt sich selbst als Person auf und bleibt sich fremd.

Der Essayist Michael Schneider ging mit der Verdrängung individueller Empfindungen und Bedürfnisse und der traditionellen marxistischen Psychologie-Schwäche in seinem Aufsatz *Gegen den linken Dogmatismus, eine Alterskrankheit des Kommunismus* hart ins Gericht. Schneider machte auf den psychologischen Hintergrund dieser Ich-Feindschaft der Studentenbewegung aufmerksam:

»Die Verdrängung ihrer [. . .] bürgerlichen Gefühls- und Wunschwelt, die ihnen im Namen von Marx, Lenin, Mao, dem neuen kollektiven linken Über-Ich, auferlegt wird, macht sie aber subjektiv noch kränker, als sie durch ihren [. . .] bürgerlichen und faschistoiden Sozialisationsprozeß meist ohnehin schon sind. Die rigide Nachsozialisation durch die sozialistische Bewegung zwingt die Genossen, ihre ›persönlichen‹ Wünsche, Ängste, Hemmungen [. . .] bei der politischen Arbeit zu verbergen, gegenüber der Gruppenautorität eine Angstabwehrfassade und ein entsprechendes Imponiergehabe auszubilden, das meist in der Form des theoretischen Balzens und Geiferns auftritt.«[16]

Humorlos setzen »leninistische Missionare« die »Maske theoretischer und politischer Unfehlbarkeit« auf und beherrschen das mitlaufende Fußvolk nach allen Regeln landläufiger Hack-Kunst. Aus schlechtem Gewissen, Kopfarbeiter und nicht Handarbeiter zu sein, gibt man sich besonders proletarisch und verleugnet sich selbst. Indem man nur den Intellekt revolutionierte, blieben die »libidinösen Produktivkräfte«, wie Schneider es nennt, unbeachtet, verkümmert.

Der Erfolg von Peter Schneiders Erzählung *Lenz* erklärt sich nicht zuletzt daraus, daß sie mit ihrer Kader- und Kopf-Kritik die Erwartungen vieler erfüllte. Schneiders Kunstfigur, dem Studenten Lenz, dem Begriffsübungen sein tägliches Studentenbrot sind, fehlt es an Praxis und erfahrener Anschauung. »Sie gehen zur Arbeit, dachte Lenz. Er verband mit dem Satz keine Vorstellung.« Lenz haßt die »fertigen Sätze«, den »Singsang« der »rituellen Sätze«, dieses »Blabla«, mit dem seine politischen Freunde immer schon eine Antwort bereithalten, die Dialektik von Basis und Überbau zum Seminarschematismus degradierend. Wie schon Bernward Vesper bricht auch Schneiders Lenz aus dem papiernen Milieu bloß theoretischer Selbstrechtfertigungen aus. Als Hilfsarbeiter in einer Elektrofabrik und bei einem »schönen Mädchen aus dem Volke« lernt der Intellektuelle nun, »die Welt mit den Sinnen«

zu erobern. In Italien, im heiter-ernsten Ambiente selbstbewußt-entkrampfter politischer Freunde, findet er endlich, was er gesucht hat: Selbstbewußtsein und Selbstverständnis. Sinnlichkeit, Gefühle, Privatphantasien, so weiß er jetzt, sind keine kleinbürgerlichen Besonderheiten; zwischen Erkennen und Empfinden läßt sich Gleichzeitigkeit, ja, Deckung herstellen.

Auch Karin Strucks erster Roman, *Klassenliebe*, drückt die gemeinsamen, nach Sensibilität und Sinnlichkeit drängenden Bedürfnisse vieler aus: der Frauen und Studenten aus den Unterschichten. Karin Struck porträtiert sich in diesem Buch in Gestalt einer Studentin, die aus der Arbeiterklasse aufsteigt und nun zwischen den Klassen steht und an den sozialpsychologischen Folgen dieses Schichtensprungs leidet: Minderwertigkeitsgefühle, Identitätsschwäche, Unsicherheit. Sie ist das eine nicht mehr und das andere noch nicht. Unsicher geworden, weil die alten Normen, mit denen sie aufgewachsen ist, in ihrem neuen Milieu der Intellektuellen und Literaten nicht mehr gelten, sucht sie nach neuen Autoritäten. Auch in ihrem zweiten Roman *Die Mutter* beschreibt Karin Struck diese Irritation. Nora Hanfland, Schriftstellerin wie Karin Struck und Mutter zweier Kinder, ist allem und jedem schutzlos ausgeliefert, nicht nur ihrer Umwelt, in der sie in einer von Männern beherrschten Gesellschaft als berufstätige Frau vergeblich um Anerkennung ringt, sondern auch sich selbst:

»Ein Vierteljahrhundert in der Objektivität herumgestoßen. In den Objektivitäten herumgestoßen. Von früh auf nichts als Versuche, ein Mensch zu sein, der beteiligt ist.« – »Ich muß ganz und gar eine Einzelne werden, damit ich nicht wieder schwach bin, daß jede Gemeinschaft mich verhexen kann zu einer Willenlosen, zu einer Widerstandlosen.«[17]

Um ihre Ichschwäche zu überwinden, sich selbst zu finden, hat sich Nora Hanfland entschlossen, Schriftstellerin zu werden. Das Schreiben wird ihr – wie in allen hier erwähnten Zeugnissen der Literatur – zum Akt der Ichfindung und Identitätsvergewisserung. Was Karin Strucks autobiographische Figur freilich findet, ist dann doch nicht sie selbst, sondern eine neue Autorität, der sie sich unterwirft und ihre Souveränität opfert: dem weiblichen Prinzip mit seinem liebenden, die Welt umspannenden Verhältnis zu Mensch und Dingen. Das Matriarchat und die große erotische Mutter werden, so denkt sie, alle Konflikte der von Männern zerstörten Gesellschaft lösen: »Die Mutter ist der wichtigste Mensch.« »Den Müttern die Macht.« Die »Mütter sind die Arbeiterklasse«. »Das Wort Gebärmutter ist ein kostbares köstliches Wort.« Karin Struck gestattet sich schwärmerische Plädoyers für »Üppigkeit, Feuchtigkeit, Fruchtbarkeit«. Signalworte wie Bodenständigkeit, Vitalität, Körper, Gebären spannen sich wie ein mythisch-irrationales Netz über fast jede Seite. Und sie sanktioniert das Biologische als neue Wertvorstellung:

»Es ist wahr, das Blut ist Zeichen des Lebens, der Fruchtbarkeit, und die Angst vor dem Blut ist falsch. Das Blut ist dick und leuchtend.« – »Nur biologisch: wie oft hat sie das schon von den Klügsten gehört. Es ist eine einzige Mißachtung des Größten. Das schöne Wort biologisch, das schöne Wort weiblich, das schöne Wort kindlich wieder lieben lernen.«[18]

Karin Strucks Irrationalismus, der das Weibliche zur mystischen Geliebten von Natur, Blut, Kosmos stilisiert, ist innerhalb der Frauenbewegung kein Einzelfall. Vielfach wird ein biologischer Urgegensatz behauptet zwischen dem männlichen und dem weiblichen Prinzip. Der Mann gebrauche die Kräfte seines Verstandes, um Herrschaft auszuüben; seit der Renaissance vergewaltige er durch Technologie die natürlichen Lebensbedingungen. Die Frau lebe aus ihrem Gefühl und verhalte sich spontaner, natürlicher, ungleich weniger besitzergreifend. Frauen, so schreiben Verena Stefan und Kathrin Mosler im *Journal 5* ihrer Zeitschrift *Frauenoffensive*, verkörperten heute die »gesellschaftlich ungelebte Substanz«. Die Männer »haben sich im Außen aufgebraucht, haben die Norm der Verallgemeinerung so restlos erfüllt, daß ihre Substanz aufgebraucht wurde«.[19]

Christa Reinig bringt das Problem in ihrer Rezension von Verena Stefans *Häutungen*, dem literarischen Katechismus der Frauenbewegung, auf den Begriff: »Die Frau spricht gar nicht mehr ausschließlich in eigener Sache. Sie steht als Teil des Kosmos gegen den kosmoszerstörenden Mann.«[20]

Nach dem Scheitern der vom Abstraktionsprinzip verantworteten männlichen Geschichte wachsen den Frauen aus ihrem Pakt mit dem biologischen Urgrund – was immer das sei – besondere Kräfte zu. In Anica Vesel Manders und Anna

Kent Rushs *Frauentherapie* zieht das »Heilsprinzip« des Weiblichen seine therapeutische Kraft aus der durch Intuition gewonnenen Zwiesprache mit dem Universum:

»Meine Füße sind weiblich, weil sie die Verbindung mit der Erde herstellen, mit dem Boden, mit der Mutter, der Sache. Mein Gehirn ist weiblich, weil ich fühle, daß es intuitiv funktioniert; meine Vernunft und Logik sind weiblich. Sie funktionieren nicht nach offensichtlich linear verlaufenden Ursachen und Wirkungen. Ich komme mir mehr kreativ als logisch vor. Wenn ich denke, dann fühle ich, daß ich zurückreichen kann, um mit der Dunkelheit in Verbindung zu treten, mit einem Universum, aus dem ich einige Ideen ans Licht bringen kann.«[21]

Empfohlen wird deshalb, in der Dunkelheit, beim Licht des Mondes sich auf dieses alte Weiblichkeits- und Fruchtbarkeitssymbol meditativ einzustimmen und dessen Botschaft zu empfangen. Heide Heinz hat in einer überzeugenden, materialreichen Analyse auf diese mythischen und auch »faschistischen Tendenzen in feministischen Publikationen« hingewiesen.[22] Die Frauenbewegung ist nicht nur fragwürdig da, wo sie Abstraktionsvermögen und Intellekt als das böse Urprinzip verketzert; sie schlägt mit ihrem offenkundigen Biologismus, Chauvinismus und weiblichem Rassismus auch die Brücke zum Faschismus, der auslöschte, was er für biologisch »minderwertig« hielt. In einigen feministischen Büchern verlangt das Programm des »neuen weiblichen Menschen« nicht nur die Ablösung des phallokratischen Patriarchats und die Wiedereinführung des Matriarchats, sondern auch die physische Vernichtung des männlichen Geschlechts als Ursache allen irdischen Übels. Shulamith Firestone entwirft in *Frauenbefreiung und sexuelle Revolution* das Modell eines »kybernetischen Kommunismus«, in dem Technologie alle natürlichen Funktionen, auch die der Fortpflanzung, übernimmt. Und bei Valerie Solanas wird den Männern schlicht das Lebenslicht ausgeblasen. Da die gesellschaftlichen Lebensformen – Arbeit, Geld, Staat, Sexualität – teuflisch sind, weil sie der Natur des Mannes entspringen, bleibt, so schreibt sie in ihrem *Manifest der Gesellschaft zur Vernichtung der Männer* –

»den Frauen nichts anderes übrig, als die Regierung zu stürzen, das Geldsystem abzuschaffen, die umfassende Automation einzuführen und das männliche Geschlecht zu vernichten. Heute ist es technisch möglich, sich ohne Hilfe der Männer [...] zu reproduzieren und ausschließlich Frauen zu produzieren«.[23]

Was wie Satire oder Science fiction klingen mag, ist freilich ernst gemeint. Ernst gemeint ist auch dies:

»Wenn die Männer klug wären, würden sie sich anstrengen, tatsächlich Frauen zu werden. Sie würden intensive biologische Forschungen betreiben, durch die es möglich würde, mit Hilfe von Operationen am Gehirn und Nervensystem seelisch wie körperlich sich in Frauen umzuwandeln.«[24]

Innerhalb der feministischen ›Bewegung‹ spricht man auch von einer weiblichen Ästhetik, einer weiblichen Sehweise und Wahrnehmungsart. Gibt es das?

»Erdbeeren essen mit dir, Sonja, in Erdbeerfeldern [...] am Morgen eines warmen Tages, da hier die Erdbeeren kühl unter kühl-tauigem grünen Erdbeerpflanzenblattwerk ruhen und selbst von Tautropfen benetzt sind und sich frisch und voll schmecken im Mund, nicht wabbelig.«[25]

Gefühlskitsch oder ein gelungenes Stück Literatur oder ein Beispiel weiblicher Ästhetik? Sicherlich beschreibt hier Karin Struck – in ihrem dritten Roman *lieben* – geschmäcklerisch einen erotischen Zustand, aber beispielhaft für weibliche Ästhetik ist das kaum. Im Vorwort ihres mit Kitsch angefüllten Bekenntnisbuches meint Verena Stefan:

»Als ich über Empfindungen, Erlebnisse, Erotik unter Frauen schreiben wollte, wurde ich vollends sprachlos. Deshalb entfernte ich mich erst so weit als möglich von der Alltagssprache und versuchte, über Lyrik neue Wege zu finden. Naturvergleiche sind naheliegend. Frau – Natur scheint ein abgedroschenes Thema zu sein – von Männern abgedroschen und mißbraucht. Die Natur selber scheint ein abgedroschenes Thema zu sein; sie ist vom Patriarchat zerstört worden«.[26]

Die neue weibliche Art, Natur zu beschreiben, sieht bei Verena Stefan beispielsweise so aus:

»Auf der Rückseite des Bauernhofes gab es eine windgeschützte Sitzecke. Bei schönem Wetter ließ ich mich am späten Nachmittag dort nieder. Die Steinmauer hatte die Hitze des Tages gespeichert, jetzt verglühte diese an meinem Rücken. Ich entdeckte die Abendstille wieder«.[27]

Der Mensch fühlt sich in die Natur ein und läßt sie zum Medium seines Empfindens werden – was er dazu außer Sprachfähigkeit braucht, ist allein, sei es Frau oder Mann, Sensibilität und Einfühlungsvermögen. Hiltrud Gnüg hat kürzlich die Probe aufs Exempel gemacht und Gedichte von Frauen und Männern miteinander verglichen.

»Es stimmt, neue ästhetische Formen haben sich herausgebildet, jedoch keine neue weibliche Ästhetik. Ein geschlechtsspezifischer ästhetischer Blick auf die Welt ist nicht auszumachen. Die literarische Darstellung einer Demonstration, einer Landschaft, eines Supermarktes, eines Arbeitstages ist nicht geschlechtsbedingt, eher geprägt auch von dem politischen Bewußtsein der Autoren/Autorinnen. [...] Die Forderung einer weiblichen Ästhetik, die einen neuen Biologismus impliziert, widerspricht jeder Utopie, jeder Vorstellung einer freien Gesellschaft gleichberechtigter Individuen.«[28]

In der autobiographischen Bekenntnisliteratur der letzten Jahre – von Karin Struck und Günter Steffens über Bernward Vesper bis zu Fritz Zorn – ist dem Schreiben die Funktion der Ich-Vergewisserung, der Selbstfindung zugewiesen. In der Erinnerung an Vergangenheit und im momentanen Erlebnisprotokoll wird Literatur zu einer Art von Psychoanalyse. Es sind nicht selten Debütromane, in denen Autoren ihre weitgehend mit ihnen identischen Icherzähler auf die Suche nach ihrer Vergangenheit schicken. Diese Verwandtschaft zwischen Psychoanalyse und Kunst ist evident. Es gibt nicht nur zahlreiche Übereinstimmungen in den Motiven des Traums und literarischer Phantasie und weitreichende Parallelen zwischen psychopathischem und kreativem Verhalten, so in der gemeinsamen, wenn auch unterschiedlichen metaphorischen Sprechweise; es besteht auch eine enge Verbindung zwischen der Lebensgeschichte des Künstlers in psychoanalytischer Hinsicht und seinem Werk. Das heißt, das ›Material‹, der Stoff der Literatur ähnelt dem, den die Psychoanalyse zu Tage fördert: Tagträume, Träume, Kindheits- und Jugenderinnerungen, Schlüsselerlebnisse, Selbstvergewisserung an Beispielen der eigenen Erfahrung. Wie sollte es auch anders sein: wer seine Identität, d. h. die Kontinuität seiner Person in Vergangenheit und Gegenwart, seinen Ichkern und die ihm gemäße Lebensform sucht, wird sich selbst beobachten, zum Vivisekteur seines Selbst werden. Denn ohne diesen Fundus an individuellen Reizbarkeiten läßt sich gar nicht schreiben. Muß aber der, der heutzutage von »neuer Innerlichkeit« spricht, weil ihn die alte mit ihren Weltinnenräumen und Fluchtnischen im Überzeitlichen und ewig Gestrigen nicht überzeugen konnte, deshalb schon »selbstentfremdet [...] im Äußeren, im Allgemeinen steckengeblieben« sein, wie Verena Stefan und Kathrin Mosler in ihrem Aufsatz *Die gesellschaftlich ungelebte Substanz*[29] unterstellen? Das Steckenbleiben und Verkümmern im eigenen Ich ist selber eine Form der Entfremdung. »Neue Innerlichkeit« dieser Art prägt z. B. einen Roman wie Günter Steffens' *Die Annäherung an das Glück*. Steffens betrachtet seine Seelenlagen wie unter einem Mikroskop, den großen, lang sich hinziehenden Augenblick, die ununterbrochene Folge endlich sich lohnender, einmaliger seelischer Verfassungen und mystischer Dauerzustände suchend. Er beschreibt mit den Mitteln der Mystik »Kraftfelder«, Zyklen und Schichten seines Selbst:

»Erträglich jetzt, fast wie in der Nacht; das Tagpfauenauge meiner Angst hat sich geschlossen, die Flügel ruhen. Da kann auch ich die Augen schließen. Weiche, dichte Schwaden ziehen an ihnen vorbei, immer weichere, dichtere, in die ich einsinke, meinen Augen nach. Es ist kein Abwärtssinken und schon gar kein Stürzen, es ist ein horizontales oder vielleicht diagonales Wegsinken, immer weiter durch weiche und weichere, dichte und dichtere Schichten, bis ich in der äußersten Verdichtung des Weichen lande und endgültig zur Ruhe komme, während es, dieses Weiche, mit mir weiterschwebt in einem nun völlig richtungslosen Schweben, in das ich ganz eingebettet, ganz eingelassen bin. Ich fühle, wie mein Herz seine Kraft verliert, jetzt kann es wirklich nicht mehr weiter, denke ich mit freudiger Angst, so ist das also, seine Schläge verlieren sich wie der Seufzer, mit dem eine empfindsame Dame in Ohnmacht sinkt, endlich hat mich die Krankheit befallen, die allem ein Ende machen wird, ich werde sterben«.[30]

Steffens findet das, was er als die »wirklichste« Welt bezeichnet, allein in sich selbst; narzißtisch bespiegelt er seinen Weltschmerz, schließlich ist er es ja, der da leidet. Gefühlszustände werden über die Realität gestülpt.

»Es wurde nie zum Dialog, war immer nur ein Monolog, was in mir ablief. Ich hörte immer nur meine Stimme, aber ich erwartete es auch gar nicht anders.« – »Eingehüllt in meine eigene Endzeit, die ich genoß. Sie panzerte mich und ich nahm mir vor, das Ganze auszukosten«.[31]

Günter Steffens' Innerlichkeit hat mit der Realität nichts mehr im Sinn, schon gar nicht mit der politischen, sie verschanzt sich in sich selbst; und darin ist sie gewiß ein Symptom für eine sich ausbreitende Stimmung. Noch vor einigen Jahren hat beispielsweise Nicolas Born ausdrücklich das legitime »Betreten innerer Kontinente« von der »Flucht in die Innerlichkeit« abgegrenzt:

»Das Verdikt gegen das Irrationale, seine Verdrängung, ist zu stark und allgemeinverbindlich; und bei uns ist es unlöslich mit jüngster Geschichte verbunden, so daß jede Interessenfigur schon von weitem mit dem Wortgespinst ›Faschismus‹ drohen kann, als sei beides kausal aneinandergekettet. Wo ist der harte Kern der Imagination? Wo liegen die inneren Kontinente? (Ich meine in diesem Fall nicht ›Flucht in die Innerlichkeit‹.)«[32]

Wehrt Born hier noch die ungerechtfertigten Ansprüche des Überrationalismus ab, der mit dem Gefühl nicht zu Rande kommt, so nähert er sich in seinem Roman *Die erdabgewandte Seite der Geschichte* jener Interessenfigur des Irrationalen, die dem Verstand zu Leibe rückt. Daß Humanität und Vernunft noch nicht an ihrem Ziel angelangt sind, glaubt der Icherzähler längst nicht mehr; im Grunde habe er nie daran geglaubt, auch nicht, als er sich während der Studentenbewegung oberflächlich politisierte; er tat es nur seinen Freunden Lasski und Maria, die ihn mit ihrer »Sucht nach Erklärungen und Interpretationen« bedrängt hatten, zu Gefallen. Für Borns Icherzähler ist wie für Günter Steffens Geschichte – d. h. Vergangenheit, Gegenwart und Zukunft – das pure Immergleiche, die kreisende Ewigkeit, nichts trägt mehr einen Sinn in diesen Kreislauf der »absoluten Lächerlichkeit, der Nutzlosigkeit und Sinnlosigkeit«; Geschichte als planendes Entwerfen, gar als Prozeß der Aufklärung ist blanke Illusion. Es zählten nun nur noch der Einzelne, auf sich selbst zurückgeworfen, alleingelassen mit dieser Sinnlosigkeit, und die Angst, weil sie ein wenig Bewegung in diese stumpfsinnige Bewegungslosigkeit bringe:

»Das wieder andere war schon wieder das Gleiche, das immer Gleiche, die kreisende Ewigkeit voller Bewegungen, die sich gegenseitig aufhoben in einem einzigen bedeutungslosen Rasen und Flackern. Nichts stieß da hindurch, so schien es, keine einzige lang anhaltende Willensanstrengung, die aufriß, alles wieder zum Leben erweckte, klein, gering, groß, vielfach, ein All, tatsächlich, ein Alles, die große Bewegung, die der Sinn wäre. Aber nur Verrücktheiten, Tobsucht, Rechtfertigung und Bedeutung auf kleinstem Raum, Würgen an Erlebnissen, den Fuß im Nacken, den Stempel. Das beste noch die Angst . . . Schöne große Angst.«[33]

Steht bei Steffens im Zentrum ein Gemisch aus Fatalismus,

Todesphilosophie und Weltschmerz, so bei Born ein sich ausbreitendes »Gefühl allgemeiner Paralyse«, eine mit ihr verbundene Veränderung der Denk- und Sehweise. Borns Icherzähler, der sich in einem leidvollen Prozeß von seiner Freundin Maria trennt, löst alle Bindungen auf; er will sich nun selbst der Stoff sein, zu dem er seine Gedanken und Empfindungen formt. Wie im Solipsismus Günter Steffens' gilt Borns Icherzähler nur noch das, was von ihm selbst ausgeht:

»Viel zu sehr hattest du mich ja schon eingenommen, mir dein Sehen eingepflanzt, mir deine Gefühle zum Nachfühlen angeboten. Ein System hast du in dir getragen, in dem ich mitspielen sollte, eine gut organisierte Liebeswelt, wie sie in vielen anderen längst versunken war . . . Ich wollte nicht deine einsame Herrschaft über mich, egal ob sie Größe oder Mickrigkeit hatte, und deshalb bin ich wie spröde, sich gegen die Form sträubende Klumpung von Natur geblieben. So wollte ich auch nie deine Kontrollen dulden und dich nie auf beruflichen Reisen neben mir haben. Ich war zu knausrig [. . .] meine Erlebnisse auch nur den Worten nach mit dir zu teilen [. . .] Bei bestimmten Erfahrungen wärst du mir im Weg gewesen, bei anderen würde mir dein Interesse daran jedes Interesse nehmen. Ich fühlte mich einfach immer wohl, wenn ich den Blick aus dem Zugfenster als meinen erkannte. Auch ohne Angst wollte ich nicht leben, [. . .] vielmehr wollte ich mit Angst leben, das war mir wirklich lieber.«[34]
»Es ist so, dachte ich, daß ich alles nur noch durch mich selber erklären kann, außerhalb gibt es keine Erklärungen mehr. Nur in meinen wahnwitzigen Vorstellungen passierte noch was.«[35]

Wie bei Steffens führt auch hier die Aufwertung des Gefühls, ja die Verabsolutierung des inneren Zustandes zu einer exzessiven Stimmungsmalerei, in der das Sehen und Beobachten und der Zustand, in dem dies geschieht, wichtiger werden als das Beobachtete und Gesehene. Wie bei Handke, der darin eine beträchtliche Routine entwickelt hat, wird Außenwelt überschwemmt vom Gefühl des Icherzählers. Schon der dritte Satz des Romans *Die erdabgewandte Seite der Geschichte* reiht sich ein in die Tradition deutscher Gefühlsdichtung: »Es war kühler geworden, aber noch immer hell und sonnig, und die Straße blinkte ganz heiter, als ahmte alles, Fassaden, Laternenmasten, Blumenkästen auf den Balkonen, nur meine innere Verfassung nach.« Außenwelt, Natur wie Technik, wird zum Übertragungsmedium – Folie oder Kulisse – von Empfindungszuständen:

»Wir waren in einem Zustand, zu dem jedes Bild, jedes Geräusch beitrug, ohne daß sich etwas als Wahrnehmung aufgedrängt hätte. Der im Hof zurücksetzende Traktor, der weiße Lattenzaun, die Wäsche auf der Leine hinter dem Gasthaus – sinnlos, etwas hervorzuheben. Alles gehörte zusammen. Es wurde zusammengehalten von unserem (unserem?) Körpergefühl.«[36]

Dieser Text könnte von Handke stammen, und wie bei Handke ist auch bei Born das minutiöse Ausbreiten von Stimmungen die Reaktion auf das, was Born die »Gefangenschaft in der Äußerlichkeit« nennt. Borns Icherzähler spricht vom »Selbstbetrug, der mit dem Begriff Solidarität« getrieben werde, »vom solidarischen Genuschel und Gesabbere«, von »Sozialverrückten«, vom »Sozialismus [der] alles gesundmachen [wolle] unter Verzicht auf Sehen«. Borns aggressive Gegenreaktion schießt weit übers Ziel hinaus. Es ist eine Reaktion gegen ich-schwache Selbstvergessenheit; finde sie sich nun bei dogmatischen Gemütern und ihren Mitläufern als Selbstveräußerung ins Kollektiv oder bei der breiten Masse der Wohlstandsbürger als gesellschaftlich erzwungene Anpassung und vorschneller Verzicht auf den Gebrauch widerstandsbereiter Individualität – es handelt sich allemal um eine Reaktion auf Ichlosigkeit, die in ihr Gegenteil umgeschlagen ist: den Solipsismus, die Neubegründung der Realität aus dem Selbst, den konservativen Rückzug auf private Gene. So wie in manchen vordergründig politischen Romanen die Individualität in Wunsch und Willen der Partei aufgeht, so weist Born kollektive Erfahrung durch ein sich absolut setzendes Ich brüsk ab. Durch West-Berlin gehend, fühlt sich sein Icherzähler von den Menschenmassen »bedroht, [. . .] d. h. nivelliert, demokratisch gebrochen«. Ich kritisiere nicht, daß Borns Held wie viele der Literatur keiner mehr ist, da er im Rahmen der »industriellen Herstellung einheitlicher Lebensgefühle« über keine personalen Eigenschaften mehr verfügt, ich kritisiere auch nicht, daß sich – wie so oft in der Literatur – Wirklichkeit nur noch abspielt und nicht mehr ereignet, sondern daß Born seine Entfremdung für ewig und unveränderbar erklärt. Born wie Steffens sind im Begriff, eine neue Schneise zu schlagen für das Geheimnis, die Angst, das Irrationale. Die psychoanalytische Anstrengung des Niederschreibens von Erinnerungen endet hier in der Sackgasse des konservativen immergleichen Status quo.

Keineswegs jedes autobiographische Bekenntnis, in dem ein Ich von seinen Wahrnehmungen und Erfahrungen berichtet, ist schon ein Beispiel neuer alter Innerlichkeit. Noch einmal deutlich geworden ist dies an einer Diskussion, die der Kritiker Jörg Drews in den *Akzenten*[37] am Beispiel neuerer Lyrik in Gang gebracht hat. Drews warf Lyrikern wie Theobaldy, Schramm, Malkowski, Kiwus, Krüger u. a., die sich früher entschieden politisch verstanden haben, vor, sie hätten sich in einer modischen »Wendung zum Subjekt« mit selbstgefälligen, resignativen Ritualen auf sich selbst zurückgezogen, in poetische Posen aus dem Innerlichkeitsreservoir. Jürgen Theobaldy und in einem späteren Beitrag auch Ludwig Fischer[38] entgegneten Drews zu Recht, daß er den »historischen Prozeß der Subjektivierung« unterschlagen habe. Wenn er, Theobaldy, und andere Ich sagten, dann meinten sie es nicht privat oder subjektivistisch, die gesellschaftlichen, politischen Konflikte seien vielmehr »als persönliche erlebt«. Der zentrale Konfliktpunkt in dieser Debatte ist, ob es Erfahrungen gibt, die mit anderen teilbar sind, oder ob, wie Drews glaubt, wer Ich sagt, nur von seinen unteilbaren Erfahrungen sprechen könne. Drews' Wirklichkeitsbegriff wiederholte in dieser aufschlußreichen Diskussion noch einmal Peter Stephan:

»Es bleibt der bestürzende Eindruck zurück, daß [. . .] die ›Neuen Sensibilisierten‹ ihre Individualität als Einzelne, Erkennende und Schreibende weitgehend verloren haben. [. . .] Eines hat der Begriff Subjekt in allen Ansichten darüber [. . .] gemeinsam [. . .]: Subjekt meint nie ein geisterhaftes Abstraktum, nie einen kollektiven Anonymus, nie eine ›soziale Größe‹ [. . .], die wie eine algebraische Unbekannte nach ihren Funktionen berechnet werden könnte«.[39]

Subjekt bedeutet zwar nie ein bloßes Abstraktum, aber es meint immer auch eine soziale Größe, denn könnten individuelle Erfahrungen nicht zugleich die Erfahrungen anderer sein, so könnten sich zwei Menschen nicht über eine gemeinsame Erfahrung verständigen und jede Erfahrungstatsache oder wissenschaftliche Begriffsbildung wäre als Verallgemeinerung zudem ein geradezu lächerliches Unterfangen. Daß individuelle Erfahrungen als die Erfahrungen vieler oder für viele als mögliche nachvollziehbar sind, dies gleichwohl auf individuelle, auf literarische Weise Ausdruck findet, dafür ist die Geschichte der Literatur voller Beispiele.

Es gibt eine Reihe von Texten in der jüngsten Romanliteratur, in denen es Autoren gelingt, von ihren individuellen und sozialen Erfahrungen zugleich zu erzählen. In Franz Innerhofers *Schöne Tage*, Gernot Wolfgrubers *Herrenjahre* und Wilhelm Genazinos *Abschaffel* bilden soziale Erfahrungen den Hintergrund psychischer Zustandsbeschreibungen: der Bauernhof bei Innerhofer, die Tischlerei bei Wolfgruber, das Großraumbüro des Angestellten bei Wilhelm Genazino. Genazino verschränkt Büroalltag und Empfindungsporträt ineinander, Abschaffel befindet sich in einer »sonderbaren Stimmung«, einem Zustand aus Weltschmerz und Langeweile, in dem er »alles Geschehen um sich herum auf sich selbst [bezieht]. Da nichts wirklich mit ihm zu tun hat, glaubt er, alles müßte mit ihm etwas zu tun haben; er ist ununterbrochen damit beschäftigt, Verbindungen zu toten Sachen herzustellen. Diese Verbindungen kommen zustande, aber es sind Einbildungen und Hirngespinste«.[39a]

Genazino beschreibt, wie wahnhaftes Verhalten entstehen kann. Abschaffel nimmt in einem längeren Prozeß der Selbstbeobachtung wahr, daß er dem ganzen widerspruchsvollen Spannungsfeld seiner auch sozial gestörten Psyche ausgesetzt ist: Hemmungen, Angst, Aggressionen und Ekelzustände versetzen ihn fortlaufend in seelische Erregung, und es kostet ihn jedesmal viel Mühe und ›Trauerarbeit‹, um aus dem Mißvergnügen an sich selbst und an der Wohlverhalten und Anpassung fordernden Umwelt wieder herauszufinden. Dieser psychoanalytische Ansatz prägt auch den Lebensbericht des früh an Krebs verstorbenen Gymnasiallehrers Fritz Zorn: *Mars.* In großbürgerlichem Elternhaus aufgewachsen, geht das Leben an Fritz Zorn vorüber – ohne Affekte, Konflikte, ohne die »Wonnen der Gewöhnlichkeit«, und das macht ihn krank. Bürgerliche Lebensweise und krampfhaft um Harmonie besorgte Eltern haben erdrückt, was er hätte sein können. Sein Ichkern ist zu einer formlosen Masse erstarrt. Schließlich sucht sich die versteckte Krankheit der Ichlosigkeit auf psychosomatische Weise einen Ausweg im Krebs. Fritz Zorn hofft, den Krebs zu besiegen, indem er dessen Ursache, die Ichfremdheit, überwindet und endlich eine unverwechselbare Individualität findet:

»Mein Unglück besteht daraus, daß ich nicht das sein kann, was ich will; es besteht daraus, daß der größte Teil meines Ich gar nicht ich selbst bin, sondern etwas mir Fremdes, das meinem ›Ich selbst‹ feindlich gegenübersteht und dieses ›Ich selbst‹ sogar aufzufressen und zu vernichten droht. Zum größten Teil bin ich ein Abfallprodukt aus bürgerlichen Vorurteilen und Frustrationen.«[40]

Erzählen Genazino und Zorn realistisch-authentisch, wie familiäre und Umwelt-Verhältnisse seelische Konflikte und Deformationen hervorrufen, so wird in Peter Schalmeys Roman *Meine Schwester und ich* psychotisches Verhalten direkt zum Gegenstand des Romangeschehens. Auf kunstvolle Weise organisiert er in Struktur und Personen den psychiatrischen Prozeß der Spaltung einer Person in mehrere Personen. Ausgangspunkt ist die makabre Geschichte einer Familie, in der jeder den anderen beherrschen möchte, sich also verdoppeln will – wie es ja im Wahnsinn auch geschieht. Schalmey nimmt dies ernst und spielt diese Exposition fast lautlos vom Alltäglichen ins Paradoxe und Surreale hinüber. Schicht um Schicht legt er dabei das wahnsinnige Verhalten des Icherzählers frei, der sich am Ende jedoch, nachdem er mehrere seiner Familienmitglieder getötet hat, frei und glücklich fühlt, denn er hat sich nun einen Alptraum von der Seele geschrieben – was in diesem Roman bedeutet: er hat sich endlich von dem wahnproduzierenden System einer Familie freigemacht, in der jeder des anderen Wolf gewesen ist.

Auch in den Romanen von Urs Widmer, vor allem in *Forschungsreise* und in *Die gelben Männer*, prägt das fragile Verhältnis von Traum und Wirklichkcit, Fiktion und Realität die Struktur des Erzählvorgangs. Ihre Themen sind Forschungsreisen ins Innere des Menschen; die Abenteuer, die sie dabei erleben, sind die Abenteuer unserer Träume. Widmer provoziert auf witzig-spielfreudige Art den Realitätssinn durch die Mechanismen des Traums. Seine absurden Bilder und Szenen erinnern daran, daß das Phantastische und Absurde in der Wirklichkeit selbst liegt. Wie Schalmey hält Widmer dabei im ausgeklügelten Neben- und Ineinander die Balance zwischen Unbewußtem und Außenwelt. Beide sind in ihrer Thematik und Methode eigenständige Nachfolger des Surrealismus.

Nach dem Bankrott der westlichen Zivilisation in den

Schützengräben des Ersten Weltkrieges hatte der Surrealismus eine neue Wirklichkeit gesucht: in den von Freud entdeckten Kontinenten des Unbewußten, der Träume, des Phantastischen und des Wahnsinns. Der Logik des Traums, dem von Freud praktizierten freien Assoziieren, war mehr zu vertrauen als der Logik von Profit und technisch-wissenschaftlichem Fortschrittsglauben, die in der Apokalypse geendet waren. Die Situation seit Beginn der siebziger Jahre ist mit derjenigen vergleichbar, die Breton und Soupault vorfanden: das Vertrauen in die technisch-wissenschaftlichen Produktivkräfte, in den technologischen Fortschritt und in die Logik von Wirtschaftswachstum und Konsum ist angesichts von Atombombe, Atomkraft, Wirtschaftskrise und politischer Reaktion gründlich zerstört, der zivilisatorischen Vernunft ist weitgehend der Kredit entzogen. Unser Bewußtsein hat sich geöffnet für Neues: für Gegenwelten, alternative Lebensformen. So kommt es zu dem Paradoxon, daß die Vorstellung an Einfluß gewinnt, es sei besser, wahnsinnig zu sein, als nach den Maßstäben des technokratischen Systems gesund, angepaßt. Denn wer angesichts der erlaubten Zerstörung des Menschen krank werde, der beweise im Grunde nur, daß er gesund sei.

Wie hoch der Preis ist, den eine technisierte Computergesellschaft für ihren vermeintlichen Fortschritt zu entrichten hat, dringt erst allmählich ins Bewußtsein. In dem Maße, wie sich der Mensch immer mehr seiner selbst und seiner natürlichen Umgebung entfremdet, wächst auch das seelische Elend. Im *Kursbuch* 28 vom Juli 1972, das dem *Elend mit der Psyche* nachgeht, wird die offizielle Statistik wiederholt: »In der Bundesrepublik gibt es gegenwärtig: ca. 600 000 Psychotiker allein des schizophrenen Formenkreises; ca. 1 000 000 Alkoholiker; ca. 7 000 000 behandlungsbedürftige Neurotiker.«[41] Und der einstige Psychiater Heinar Kipphardt faßt in einem wissenschaftlichen Exkurs seines Romans *März* dieses Elend in den bedrückenden Satz: »Ein heute in der Bundesrepublik geborenes Kind hat eine mehrfach größere Chance, in eine [psychiatrische] Heilanstalt zu kommen als auf eine Universität.«[42]

Kipphardt hat in seinem Roman am authentischen Fall des schizophrenen Schriftstellers Alexander H., den er März nennt, dieses Elend mit der Psyche dargestellt. Wie im Puzzle-

Spiel setzt er die Lebensgeschichte eines Mannes zusammen, der krank gemacht wurde: von der Familie, der Schule, der Gesellschaft und, schließlich, der Psychiatrie. Was Kipphardt in der Sprache des amerikanischen Soziologen Erving Goffman ironisch als Rekonstruktion einer vorklinischen und klinischen »Karriere« beschreibt, ist das genaue Gegenteil: März, der eine Hasenscharte hat, soll sich nach dem Willen seines autoritären Vaters behaupten lernen. Doch wo März nach dem Regelkanon kapitalistischer Moral »zurückschlagen« soll, da möchte er viel lieber »streicheln« und seine Gefühle zeigen. Und weil er es nicht zulassen mag, von einer ihm fremden Umwelt verformt zu werden, spaltet er sich in zwei Personen: in die, die er sein will, und in die, die zu sein er gezwungen werden soll. Da er die übliche, durch Anpassungsdruck erzwungene doppelte Moral nicht akzeptiert, stößt ihn die Gesellschaft als Versager ab. Er spinnt sich ein in eine Welt, in der ihn rätselhafte Stimmen verfolgen. Das Koordinatensystem des Realitätsbewußtseins – die Logik von Raum, Zeit und Situation – entzieht ihm seinen Schutz. Überraschenderweise findet diese Vorgeschichte eines Wahns gerade dort ihre traurige Fortsetzung, wo sich März eigentlich Heilung hätte erhoffen können sollen: in der psychiatrischen Anstalt. Da noch immer die Mehrzahl der Psychiater Schizophrenie für organisch bedingt hält, sehen sie ihre Aufgabe in der Verwahrung und medikamentösen Ruhigstellung des Kranken. Kipphardts Psychiater Kofler rebelliert gegen diese Auffassung:

»Der perfekte Patient ist der ganz und gar gezähmte Patient, der sich der Autorität der Pfleger und des Arztes unterwürfig anpaßt, dem Deformationsprozeß des Anstaltslebens zustimmt und jede Auflehnung für einen Ausdruck seiner Krankheit hält.«[43]

Kofler paraphrasiert mit diesen Worten Erkenntnisse, die Erving Goffman in seiner großen Studie *Asyle* publiziert hat: Der Prozeß der Anpassung, den der seelisch Kranke der Gesellschaft verweigert hatte, wiederholt sich nun unter anderen Umständen in der psychiatrischen Anstalt. Das Eigenleben dieser Institution überlagert und blockiert so den Heilungsprozeß. März verstummt, weil er, ausgestoßen aus der Gesellschaft und aufgegeben von der Psychiatrie als hoffnungsloser Fall, redend seine Lage nicht mehr verbessern kann. Erst Kofler, in dem Kipphardt das Modell der Anti-Psychiatrie verkörpert, bringt den verstummten März wieder dazu, sich für seine Umgebung zu interessieren. Kofler kennt – wie die Anti-Psychiatrie von Laing, Cooper u. a. – den gesellschaftlichen Auftrag der traditionellen Psychiatrie in einer Gesellschaft, die mit Gewalt über die Einhaltung ihrer Normen wacht: »Der Psychiater ist der Delegierte der Gesellschaft, der ihr die Abweichung vom Hals halten soll, wenn sie nicht zu korrigieren ist. Mehr oder weniger verschleiert ist das sein gesellschaftlicher Auftrag.«[44] In einer offenen Therapiegemeinschaft versucht Kofler, die hierarchischen Klinikstrukturen zu unterlaufen und den Kranken ihr verlorenes Selbstwertgefühl, ihre Persönlichkeit wiederzugewinnen. Kofler versteht sich dabei, wie Laing, Cooper u. a., als der Verbündete, der erste Vertraute des Kranken:

»Ich kann dem Schizophrenen nur nahekommen, wenn ich mich wenigstens frage, ob er mir nicht mehr über die innere Welt beibringen kann als ich ihm. Da bin ich auf dem Weg zu ihm. Die Schizophrenie ist nicht nur ein Defekt. Ich spüre im psychotischen Verhalten vieler Kranker einen unerkannten Wert, einen menschlichen Entwurf anderer Art. Jede wirkliche Entdeckung hat den abweichenden Blick zur Voraussetzung.«[45] »Wir suchen für das ganz außergewöhnliche Bild der Schizophrenie ganz außergewöhnliche Erlebnisse, es scheint aber, es genügen die ganz gewöhnlichen Schrecknisse, mit denen wir alle nur mühsam fertig werden. Der Schizophrene ist ein Leidensgefährte. Er leidet an seinem Reichtum inneren Lebens, und er möchte sein, was er wirklich ist.«[46]

Kofler hat in seiner Bemühung um März beinahe Erfolg. März öffnet sich wieder seiner Umwelt und teilt sich in Gedichten und Zeichnungen auf verschlüsselte Weise mit: in der Chiffre des Wahns drückt sich der mit Selbstzerstörung erkaufte Widerstand gegen die Standards der Leistungs- und Verschleißgesellschaft aus, der manisch-verzerrte Versuch freier Selbstbestimmung. März lernt, mit seiner Krankheit zu leben, wie ein Diabetiker mit seiner Krankheit leben muß: »Heißt denn verrückt krank? Wahnsinn muß nicht Zusammenbruch sein, Wahnsinn kann der Durchbruch sein zu sich, Durchbruch der Mauer und Scheitern des Durchbruchs. Lieber verrückt als Rädchen.«[47]

Auf der Suche nach alternativen Entwürfen zu systemverordneten Lebensformen erhält die seelische Krankheit – wie auch die Rituale und Riten der Naturvölker – plötzlich eine systemsprengende Bedeutung. An ihr wird der Wahnsinn des Systems manifest. Schriftsteller wie Hölderlin, Robert Walser oder Antonin Artaud, die zum Teil Jahrzehnte in psychiatrischen Anstalten verbracht haben, werden zu Autoren, bei denen man Auskünfte sucht. Wahnsinn nicht als Krankheit, sondern als Gegenspieler der Vernunft, als eine andere Art von Erkenntnis – dieser Grundgedanke aus Michel Foucaults *Wahnsinn und Gesellschaft*, einer Geschichte des Wahnsinns im »Zeitalter der Vernunft«, wird von einem Erlebnisbericht wie Maria Erlenbergers *Der Hunger nach Wahnsinn* geradezu auf den Punkt gebracht. Maria Erlenberger, die sich von 55 auf 32 kg Körpergewicht heruntergehungert hat, versucht in einer Art Selbstanalyse herauszufinden, wer und was sie ist. »Tief auf dem Grund ihrer Seele« findet sie schließlich »das Meer des Wahnsinns«, in dem die Kategorien des Realitätssinns außer Kraft gesetzt sind und eine Vielzahl von Wünschen und Gefühlen gleichberechtigt nebeneinander existieren. Dort glaubt sie am Ende ihres riskanten Selbstversuches ihre Identität gefunden zu haben:

»Ich werde mich machen, ich werde mich erschöpfen. Nichts ist leichter als das, denn es ist bereits geschehen. [. . .] Ich muß mich nicht in Angst vor der Angst halten lassen durch die Regeln des Zwangsdenkens, des Wirklichkeitsdenkens, wie man es auch nennt. Ich steige um, dorthin, wo ich mich schon befinde. Ich drehe um, ich treibe die Verästelungen nicht weiter, ich kehre um, zurück zum Stamm.

Die oberste Schicht des Bewußtseins herrscht nie, sie wird immer von der tieferen Schicht beherrscht.«[48]

Maria Erlenberger, die sich nun selbst »machen« und »erschöpfen« möchte, entgeht freilich nicht ganz der Gefahr, ihr neugewonnenes Ichbewußtsein narzißtisch zu genießen. Ulrich Pothast, der in seinem satirischen Roman *Die Reise nach Las Vegas* die ins Kraut schießenden modischen psychotherapeutischen Methoden karikiert, zeigt sehr genau, wann der Gang nach innen und der Sprung ins Unbewußte zur egomanen Innerlichkeitsveranstaltung werden:

»Ohne Bindung an soziale Objekte ist die Subjektivität leer, sie mag mit sich in Kontakt sein, solange sie will. Das gerade wird aber von diesen Therapeuten als Veränderungsziel angeboten: Das sich selbst genießende Ichbewußtsein.«

Ein Ich, das sich zum Mittel anderer machen läßt, ist ebensowenig souverän wie jenes, das sich zum Selbstzweck erhebt. Ganz gewiß ist Subjektivität die zentrale Triebkraft künstlerischer Produktion; aber sie bleibt, wie Pothast bemerkt, ohne Bindung an soziale Objekte leer. Schon ein kurzer Blick auf die eingangs angedeuteten Vorgänge der Individuation und Sozialisation läßt keinen Zweifel daran, daß dieses Ich im Laufe seiner Lebensgeschichte gesättigt wird mit gesellschaftlichen Verboten, Wünschen, kulturellen Normen, mit dem, was das Auge sieht.

Daß der neue Irrationalismus, der hier als narzißtischer Innerlichkeitskult und als Biologismus in Teilen der Frauenliteratur dargestellt worden ist, jenen willkommen ist, die Entwürfen einer menschlichen Gesellschaft, ja selbst intellektueller Abstraktion mit Mißtrauen und Feindschaft begegnen, darf nicht unterschlagen werden. Die konservative Ideologie des Status quo, d. h. der Sicherung der eigenen Besitztitel, behauptet, daß es eine Geschichte von Aufklärung und Vernunft nicht geben könne, da der Zyklus des Immergleichen mächtiger sei. Wie der Igel im Märchen, so ist der Konservative immer schon da: im kosmischen Ganzen, auf das er sich beruft. Im Kosmos, diesem Inbegriff unaufgehellter, irrationaler Ganzheit, sieht er die wahre Natur des Menschen verankert. Teile der Frauenbewegung verbünden sich dieser Ideologie dort, wo sie Vernunft und Verstand verketzern und sich als Anwältinnen der wahren Natur ausgeben, ja, sie lassen in einigen Fällen sogar chauvinistische und faschistische Mythologien wiederaufleben. Nicht schuldlos an diesen Fehlentwicklungen ist die traditionelle Psychologie-Schwäche eines dogmatischen Marxismus, die auch in der Studentenbewegung erkennbar war. Mir scheint, noch immer gilt, was Ernst Bloch 1931 geschrieben hat:

»Um bei einem Nächsten zu bleiben, so fordert die Praxis des Tags allein schon dieses, daß die verelendete Mitte nicht weiter zur Reaktion abläuft, wo man sie mythisch bedient. Sie lief aber unter anderem zur Reaktion ab, weil der Vulgärmarxismus, der ihr gereicht wird, das ›Irrationale‹ nicht besetzt, sondern bloß auskreist.«[49]

Des Novalis »geheimnisvoller Weg« führt »nach innen«, »aber er führt auch wieder heraus«, wie Bernward Vesper in seinem Romanessay *Die Reise* geschrieben hat.

1 Köln 1977.
2 München 1977, S. 204.
3 Ebenda, S. 210.
4 München 1976, S. 9.
5 *Die erdabgewandte Seite der Geschichte*, Hamburg 1976, S. 26.
6 *Konkret* 3/1978, S. 16.
7 *Die Stellung Freuds in der modernen Geistesgeschichte.* In: *Altes und Neues.* Frankfurt 1953, S. 187.
8 *G. W.* Bd. 15, S. 162.
9 Hamburg 1973, S. 122.
10 Vgl. Erik Erikson *Identität und Lebenszyklus*, Frankfurt 1966.
11 *Kursbuch* 15, S. 70.
12 Vgl. Heide Berndt, *Kommune und Familie.* In: *Kursbuch* 17, Juni 1969, S. 131.
13 *Kursbuch* 14, August 1968, S. 110 ff.
14 *Die kulturelle Revolution der Frau*, S. 4 f.
15 Bernward Vesper, *Die Reise*, S. 59, S. 23, S. 35.
16 *Kursbuch* 25, S. 77.
17 Frankfurt 1975, S. 97, S. 330.
18 Ebenda.
19 Frauenoffensive, *Journal* 5/1976, S. 5.
20 Ebenda: Christa Reinig. *Das weibliche Ich*, S. 50.
21 München 1976. Frauenoffensive.
22 *Mamas Pfirsiche – Frauen und Literatur* 6, S. 4 ff.
23 Valerie Solanas, *Manifest der Gesellschaft zur Vernichtung der Männer (Scum).* Frankfurt 1975, 25.
24 Ebenda. 75.
25 *lieben.* Frankfurt 1977, 286 f.
26 München 1975, 4.
27 Ebenda. 111.
28 *Gibt es eine weibliche Ästhetik?* In: *Kürbiskern* 1/1978, 140.
29 In: Frauenoffensive, *Journal* 5, 11.
30 Köln 1976.
31 Ebenda, S. 396. S. 147.
32 *Literaturmagazin* 3, 11.
33 *Die erdabgewandte Seite der Geschichte*, 178 f.
34 Ebenda. 150.
35 Ebenda. 19.
36 Ebenda. 148.
37 1/1977, 89 ff.
38 2/1977, 189 ff.; 4/1977.
39 6/1977, 457.
39a *Abschaffel.* Hamburg 1977, 15.
40 *Mars.* München 1977, 189.
41 Ebenda. S. 7.
42 *März.* München 1976, 149.
43 Ebenda. 107.
44 Ebenda. 148.

45 Ebenda. 166.
46 Ebenda.
47 Ebenda. 240.
48 Hamburg 1977, 234.
49 *Die Kunst, Schiller zu sprechen und andere literarische Aufsätze.* Frankfurt 1969, 33 f.

W. Martin Lüdke
Bilder des Glücks oder Die Frage nach dem Verlust der Utopie

Wer die Erfüllung seiner Wünsche nicht (länger) von der Literatur, sondern von der Wirklichkeit erwartet hatte, war nicht schlecht beraten, denn die Literatur konnte ihn allenfalls über die Wirklichkeit seiner Wünsche belehren, aber nichts zur Verwirklichung seiner Wünsche beitragen.

Sicher geht es auch um den Wunsch, die Arme auszubreiten, womöglich ohne weitere technische Hilfsmittel, mit wenigen Bewegungen »einfach abzuheben«, sich über die Realität zu erheben; auch darum, und warum auch nicht. Sicher geht es um das Bedürfnis zu leben, dabei die Zwänge der Realität, die Ängste abzuschütteln, nicht um zu fliegen nur, sondern um erleichtert und befreit, mit anderen, des Weges zu ziehen, dessen Bahn nicht von einem Karrieremuster vorgezeichnet, sondern von den Hoffnungen und Erwartungen des je Einzelnen bestimmt ist, der dann nicht länger ein vereinzelter Einzelner wäre. Und so fort.

Eine Utopie, gewiß. Und warum auch nicht.

In meinem Lexikon habe ich nachgelesen: »Utopie ist die Bezeichnung einer phantastischen, unausführbaren Lehre zur Verbesserung der Welt und zur Beglückung aller Menschen, denen das Idealbild eines Staates vorgezaubert wird.« Das ist unbefriedigend, aber in meinem philosophischen Wörterbuch heißt es auch nur: »Utopie (aus griechisch ou, nicht, und topos, Ort), ›Nirgendsland‹, ein in Gedanken konstruierter idealer Zustand menschlichen Zusammenlebens, vergleichbar mit den Idealen kommunistisch-humanitärer Färbung.« Ideale hin, »verzaubern« her. Der Anspruch, die Welt zu verbessern, die Menschen am möglichen Glück teilhaben zu lassen, hat etwas Phantastisches. Nur läßt sich über die Möglichkeit dessen, was wirklich sein könnte, nicht nur spekulieren, sondern wie die Wirklichkeit läßt sich auch die Möglichkeit, das wirklich Mögliche, begründen. Das, was als utopisch erscheint, kann also durchaus real, konkret, eben möglich sein.

In einem Nachruf auf Hans-Jürgen Krahl, den wohl bedeutendsten Theoretiker der Studentenbewegung, heißt es: »Krahl hat am konsequentesten die Aporien einer anti-autoritären Politik unter den gegebenen sozio-ökonomischen Bedingungen verkörpert. Jede theoretische Begründung dieser Politik muß sich heute von dieser [...] Position kritisch distanzieren und zugleich solidarisch an deren utopischem Anspruch festhalten.« An dem utopischen Anspruch festhalten. Hier muß die Frage nach dem Verlust der Utopie wohl ansetzen.

Andreas Buro hat mit Recht darauf hingewiesen: »Die oft hämisch geäußerte Behauptung, die außerparlamentarische Bewegung sei Ende der 60er Jahre gescheitert, ist falsch und wird auch durch ihre ständige Wiederholung nicht besser.« Buro konzediert natürlich, daß die deklarierten Ziele, Kampf gegen die Notstandsgesetze, Abrüstung, Beseitigung der Pressekonzentration, nicht erreicht wurden, und betont: »Die eigentliche Wirkung der ApO liegt in ihrem nicht zu unterschätzenden Beitrag zur Bewußtseinsbildung, und zwar nicht nur im engeren Bereich ihrer Unterstützer, sondern weit darüber hinaus.« Nur, ob die Veränderung des gesellschaftlichen Bewußtseins, die tatsächlich kritischere Einstellung zu gesellschaftlichen Prozessen nicht, wie es einst hieß, systemimmanent bleibt, scheint mir noch fraglich.

Die Barrikaden der Studentenbewegung haben, wie es in einem Pariser Wandspruch hieß, die Straße versperrt, aber einen Weg eröffnet. Sie haben, anders gesagt, den utopischen Horizont wieder aufgerissen, der, wie es schien, endgültig verschlossen war. Das Scheitern der sozialistischen Arbeiterbewegungen im Westen, das Scheitern der sozialistischen Revolution im Osten, in ihrem Gelingen offenkundig geworden, hatten die Vorstellung einer freien Gesellschaft zur bloßen Utopie verkümmern lassen. So haben die Barrikaden der Studentenbewegung tatsächlich nicht nur die Straße versperrt, auch wenn sie letztlich keinen Weg gewiesen haben; sie haben immerhin auf die Möglichkeit verwiesen, daß es einen Weg gibt, den Weg zu einer anderen, besseren Gesellschaftsordnung, zu wirklich humanen Lebensformen.

»Ich halte meine Wünsche für die Wirklichkeit, denn ich glaube an die Wirklichkeit meiner Wünsche.« Dieser Pariser Wandspruch aus dem Mai 1968 formuliert einen Anspruch, der utopischer gar nicht sein kann: Die Phantasie an die Macht! war die Forderung, phantastisch genug und unrealistisch dazu, wenn man die gegebenen Verhältnisse, so versteinert sie nun einmal sind, für unveränderbar hält. »In einer höheren Phase der kommunistischen Gesellschaft, nachdem die knechtende Unterordnung der Individuen unter die Teilung der Arbeit, damit auch der Gegensatz geistiger und körperlicher Arbeit verschwunden ist; nachdem die Arbeit nicht nur Mittel zum Leben, sondern selbst das erste Lebensbedürfnis geworden, nachdem mit der allseitigen Entwicklung der Individuen auch ihre Produktivkräfte gewachsen und alle Springquellen des genossenschaftlichen Reichtums voller fließen – erst dann kann der enge bürgerliche Rechtshorizont ganz überschritten werden und die Gesellschaft auf ihre Fahne schreiben: Jeder nach seinen Fähigkeiten, jedem nach seinen Bedürfnissen!«

Die Frage ist nicht, ob damit eine utopische Vorstellung benannt ist, denn das liegt auf der Hand. Doch läßt sich auch die Marxsche Theorie nicht darauf reduzieren. Die Kritik der politischen Ökonomie zielt vor allem und in erster Linie auf die Analyse einer gegebenen Gesellschaftsordnung, deren Genese sie erfassen will, um deren mögliche Transformation zu beschreiben. Marx destruiert die Ansicht von der Naturwüchsigkeit der bürgerlich-kapitalistischen Gesellschaft, indem er durch den Nachweis ihrer immanenten Widersprüche die Notwendigkeit ihrer Veränderung – und die Möglichkeit ihrer Veränderbarkeit – begründet.

Natürlich kann die Geltung der Marxschen Theorie heute nicht mehr uneingeschränkt vorausgesetzt werden. Aber es ist auch noch nicht ausgemacht, was die Rekonstruktionsversuche, das heißt, die systematische Reformulierung der Grundannahmen der Marxschen Theorie, (einmal) ergeben werden, vermutlich allerdings keine Begründung dafür, den utopischen Gehalt preiszugeben. Zentral, wenngleich vereinfacht, scheint mir die Frage, ob das, was nicht wirklich ist, schon deshalb auch nicht möglich ist.

Henri Lefebvre meinte im Mai 1968: »Unsere Kulturrevolution kann nicht nur einfach ›kulturelle‹ Ziele haben. Sie führt die Kultur auf eine Praxis hin: den veränderten Alltag. Die Revolution verändert das Leben und nicht allein den Staat oder die Eigentumsverhältnisse. [. . .] Was heißen will, daß der Alltag ein schöpferisches Werk wird, daß die gesamte Technik der Veränderung des Alltags dient. Bewußtseinsmäßig bedeutet der Ausdruck ›schöpferisches Werk‹ nicht mehr einen Kunstgegenstand, sondern eine Aktivität, die sich begreift, die sich gestaltet, die ihre eigenen Bedingungen re-produziert, sich diese Bedingungen [. . .] einverleibt [. . .], die ihr eigenes schöpferisches Werk wird. Gesellschaftlich bedeutet dieser Ausdruck die Aktivität einer Gruppe, die ihre Rolle und ihre gesellschaftliche Bestimmung selbst in die Hand nimmt, anders gesagt: Selbstverwaltung.« Auf die Rückverwandlung dieser Hoffnung, die damals – nicht nur in Frankreich – vielleicht nicht die Massen ergriffen hatte, doch massenhaft verbreitet war, in bloße Utopie, in Literatur womöglich auch, konzentriert sich die Frage nach dem, was als Verlust der Utopie erscheinen mag. Plus jamais Claudel. L'Art est mort. Das Ende der Kunst, der Tod der bürgerlichen Literatur, die Phantasie an die Macht.

Was den europäischen Avantgarde-Bewegungen in einem letzten, verzweifelten Anlauf endgültig mißlungen war, die Differenz von Kunst und Leben aufzuheben, Kunst in Lebenspraxis überzuführen, stand nun erneut, nur von der anderen Seite her, vor Augen: die ästhetische Gestaltung der gesellschaftlichen Wirklichkeit.

Die kulturrevolutionäre Emphase, was immer unterdessen daraus geworden sein mag, ist ernst zu nehmen. Denn der ›Tod der Literatur‹ war vor etwa zehn Jahren vielleicht auch als Feststellung gemeint. Es war jedoch, vor allem, eine Forderung, und zwar die Forderung nach der Utopie, nach der Realisierung der utopischen Gehalte – die eben nicht zuletzt von der Kunst, der Literatur transportiert werden. Was bei Lefebvre in Begriff der »Selbstverwaltung« zusammengezogen ist, die freie Entfaltung des Individuums und die humane Gestaltung der gesellschaftlichen Verhältnisse – dieses utopische Bild spiegelt sich in Kunst und Literatur, wenngleich nur als Schein, vielleicht nur noch als ein Schein, der bereits in sich gebrochen war und ist.

»Wer die Kunst abschaffen will, hegt die Illusion, die entscheidende Veränderung sei nicht versperrt.« In diesem Satz von Adorno sind die Schwierigkeiten allesamt benannt. Ob vom Verlust der Utopie gesprochen werden kann, läßt sich eben nicht umstandslos entscheiden. Die *Ästhetische Theorie* Adornos, in jenen Jahren entstanden und erst 1970, nach dem Tode ihres Autors, erschienen, kann als Begründung dieser Aussage gelesen werden. Ästhetik allerdings war für Adorno von Gesellschaftstheorie nicht zu trennen, so daß sich, hier noch stark vereinfacht, sagen läßt: weil die entscheidende Veränderung versperrt ist, muß, meinte er, an Ästhetik und mit dieser an Kunst und Literatur festgehalten werden, da andernfalls der Verlust der Utopie unausweichlich würde.

Dem gegenüber steht die – keineswegs unbegründete – Vermutung, all die gegenwärtigen Kunstformen, gleichgültig, ob realistisch, ob avantgardistisch orientiert, hätten »aber nicht mehr die traditionelle Funktion, die menschlichen Wünsche gegen den Kapitalismus zu schützen, sondern umgekehrt: sie schützen den Kapitalismus vor der Rebellion der Wünsche.« Denn: »Diese Kunstäußerungen drücken nicht mehr ein Versprechen auf eine zukünftige Verwirklichung der Wünsche aus, sondern umgekehrt: sie verwandeln das wirkliche Elend in eine Art Versprechen, indem sie es auch noch zu einem Gegenstand der Wünsche machen.« (Was damit sichtbar auch gegen die Adornosche Position zielt, kann sich freilich durchaus auf dessen eigene Einsichten stützen.)

Kunst und Literatur wären, wenn es so wäre, danach kaum noch Ideologie in dem strengen Sinne des Begriffs, der als »gesellschaftlich notwendiger Schein« die Einheit von erscheinender Wahrheit und dem – die Wahrheit verdeckenden – Schein meint, sondern nur noch der bloße Schein, dic Lüge, die Unwahrheit, die das wirkliche Elend verdeckt.

Hans Magnus Enzensberger hat in einem Aufsatz im *Kursbuch 15* die naheliegenden Konsequenzen gezogen. Er ging aus von der Feststellung: »Eine revolutionäre Literatur existiert nicht, es wäre denn in einem völlig phrasenhaften Sinn des Wortes. Das hat objektive Gründe, die aus der Welt zu schaffen nicht in der Macht von Schriftstellern liegt.« Von daher kam er zu der Folgerung: »Für literarische Kunstwerke läßt sich eine wesentliche gesellschaftliche Funktion in unserer Lage nicht angeben.« »Wer Literatur als Kunst macht, ist damit nicht widerlegt, er kann aber auch nicht mehr gerechtfertigt werden.« Das heißt, der Schriftsteller, bestenfalls ein harmloser Einzelgänger, kann als Schriftsteller über keine Legitimation seines Handelns, seines Schreibens mehr verfügen. Er mag schreiben, warum auch nicht, zu seiner privaten Befriedigung, er mag gelesen werden, warum nicht, nur ebenfalls zur privaten Befriedigung seiner Leser, ohne Wirkung.

Schon Hegel hatte einst die These vom Ende der Kunst bzw. die These vom Ende der höchsten Bestimmung der Kunst vertreten. »Wie nun aber die Kunst in der Natur und den endlichen Gebieten des Lebens ihr Vor hat, ebenso hat sie auch ein Nach, d. h. einen Kreis, der wiederum ihre Auffassungs- und Darstellungsweise des Absoluten überschreitet. Denn die Kunst hat noch in sich selbst eine Schranke und geht deshalb in höhere Formen des Bewußtseins über. Diese Beschränkung bestimmt denn auch die Stellung, welche wir jetzt in unserem heutigen Leben der Kunst anzuweisen gewohnt sind. Uns gilt die Kunst nicht mehr als die höchste Weise, in welcher die Wahrheit sich Existenz verschafft.« Auch Hegel ist damit nicht gegen die seinerzeitige Kunst zu Felde gezogen, im Gegenteil: »Man kann wohl hoffen«, sagte er, »daß die Kunst immer mehr steigen und sich vollenden werde«, aber, und das ist entscheidend, »ihre Form hat aufgehört, das höchste Bedürfnis des Geistes zu sein.«

Nun ging Hegel von der Vorstellung aus, daß in (und historisch gesehen: mit) der bürgerlichen Gesellschaft Begriff und Realität versöhnt seien, daß also die Vernunft, in ihrem Gang durch die Geschichte, Wirklichkeit geworden sei. »Was vernünftig ist, das ist wirklich; und was wirklich ist, das ist vernünftig.« Das unterstellt, es bedürfe nicht länger des sinnlichen Erscheinens der Idee, also der Kunst, um das Telos der Geschichte, die Versöhnung, vor Augen zu halten. Man kann, mit heutigen Begriffen, davon sprechen, daß die Kunst ihre Funktion verloren hat. Enzensberger indes meint: »Wenn wir eine Literatur nur noch auf Verdacht hin haben, wenn es prinzipiell nicht auszumachen ist, ob im Schreiben noch ein Moment, und wärs das winzigste, von Zukunft steckt, wenn also Harmlosigkeit den Sozialcharakter dieser Arbeit ausmacht, dann kann auch keine Kulturrevolution, weder mit ihr noch gegen sie, gemacht werden.«

Natürlich sind es andere Voraussetzungen, die bei Enzensberger zugrunde liegen. Auch hat Enzensberger nicht vom

Ende der Kunst, nicht vom Tod der Literatur gesprochen, er forderte nicht ihre Abschaffung, sondern sprach einzig von ihrer gesellschaftlichen Funktionslosigkeit, letztlich also davon, daß nicht mehr auszumachen sei, wie Literatur (und Kunst überhaupt) über die gegebenen gesellschaftlichen Verhältnisse hinausweisen solle. Er sprach, im Grunde, vom Verlust des utopischen Horizonts der Literatur. Er sprach zudem (wenn schon nicht für die, so doch) während der Studentenrevolte. Eine Kulturrevolution stand, so schien es, auf der Tagesordnung. »Das Wort ›Kulturrevolution‹ tauchte in den Nachrichtenspalten der französischen Presse am 14. Mai auf, einen Tag, nachdem nahezu eine Million Arbeiter und Studenten gemeinsam durch Paris gezogen waren. [. . .] Während die ganze Nacht über in den Straßen diskutiert wurde, betraten Tausende von Menschen zum ersten Mal in ihrem Leben eine Universität.« Es zeigten sich »die Anfänge« einer Kultur, »die nicht länger mehr Waffe und Ornament einer herrschenden Klasse, sondern Werkzeug für die Entfaltung und Bereicherung menschlichen Lebens« ist.

Auch von daher ist Enzensbergers Feststellung zu sehen, die Forderung von Lefebvre nach der Veränderung des Alltags. Die Versöhnung von Kunst und Leben, die Verwirklichung des Scheins, den die Kunst nicht überspringen konnte, standen – nicht als bloße Hoffnung, sondern als reale Aktion – auf der Tagesordnung, ungeachtet der Tatsache, daß sich sogar die reale Aktion als unbegründete Hoffnung erwiesen hat.

Mit kräftigen Farben, vielleicht nur in unklaren Konturen, waren die (konkreten) Möglichkeiten einer grundlegenden gesellschaftlichen Veränderung ausgemalt. Die Aufhebung von Ausbeutung und Unterdrückung, die Aufhebung von Entfremdung und Ausbeutung, der Trennung von körperlicher und geistiger Arbeit, die freie Entfaltung der individuellen Begabungen, die Befreiung der Sinnlichkeit des Menschen, die ungehinderte Entwicklung der Bedürfnisse, menschliche Verkehrsformen, kurzum: eine freie, humane Gesellschaft ohne Elend und Leiden wurde als objektive Möglichkeit an den Horizont geschrieben.

Wozu Kunst, wozu – wie Karl Markus Michel fragte – Dichter? »Wer die Kunst abschaffen will, hegt die Illusion, die entscheidende Veränderung sei nicht versperrt.« Wenn nun aber bestenfalls Harmlosigkeit den Sozialcharakter der Arbeit des Schriftstellers ausmacht, wenn gar nicht mehr die Wünsche gegen die bestehende Ordnung, sondern die bestehenden Verhältnisse gegen die Rebellion der Wünsche geschützt werden, was dann? Illusion hin, Illusion her.

Otto F. Walter schreibt in seinem Roman *Die Verwilderung* (1977): »Klarheit schaffen über die Zeit-Verhältnisse.«

Aber war nicht schon Hegels These vom Ende der Kunst bzw. vom Ende der höchsten Bestimmung der Kunst von der Einsicht getragen, daß die Erscheinungsform der Wahrheit von der Kunst auf den (philosophischen) Begriff übergegangen sei? Anders gesagt, daß Theorie, begriffliche Erkenntnis also, der Kunst überlegen sei? Dem entspricht wohl auch, was Enzensberger meinte: »Wenn die intelligentesten Köpfe zwischen zwanzig und dreißig mehr auf ein Agitationsmodell geben als auf einen ›experimentellen‹ Text; wenn sie lieber Faktographien benutzen als Schelmenromane; wenn sie darauf pfeifen, Belletristik zu machen und zu kaufen: Das sind freilich gute Zeichen. Aber sie müssen begriffen werden.« Diese Zeichen sind, durchaus, begriffen worden. Die Abwendung der Studentenbewegung von der Kritischen Theorie, die Rezeption der Kritik der politischen Ökonomie, der Versuch, eine politische Ökonomie des Spätkapitalismus zu entwickeln, schließlich die Anstrengungen, das historisch-revolutionäre Subjekt unter den veränderten Bedingungen gegenwärtiger Gesellschaft auszumachen – all das waren wohl theoretische Anstrengungen. Und gewiß wäre es voreilig, das Scheitern solcher Bemühungen zu unterstellen. Die Habermassche Konzeption, durch eine Reformulierung von Grundannahmen der Marxschen Theorie, eine – die gegenwärtigen Bedingungen erfassende –Krisentheorie zu entwickeln, erweist freilich beispielhaft, daß mit schnellen, kurzfristigen Lösungen nicht mehr gerechnet werden kann.

»Klarheit schaffen über die Zeit-Verhältnisse« – mit bzw. durch einen Roman? Auf dem Hintergrund der Studentenbewegung und mehr noch der theoretischen Diskussionen in ihrer Folge muß das doch geradezu als Hybris oder schiere Ignoranz erscheinen. Oder hat sich die Einschätzung der gesellschaftlichen Funktion von Literatur wieder verändert?

Adorno stand, das war zu sehen, seit je quer (nicht: konträr) zu den Einschätzungen, die in der kulturrevolutionären Emphase eine Zuversicht verkündeten, als stünde die Realisierung der Gehalte, die Kunst und Literatur transportierten, tatsächlich auf der Tagesordnung. Glück, die Aufhebung von Leiden und Elend, von Ausbeutung und Unterdrückung, eine freie Gesellschaft ohne Herrschaft also – das ließ sich für Adorno, anders als für Marx, nicht mehr am Proletariat als dem historisch-revolutionären Subjekt festmachen, in einem Geschichtsmodell unterbringen, das nach wie vor auf die Dialektik von Produktivkräften und Produktionsverhältnissen vertraut. Adorno machte eine Gegenrechnung auf: die fortschreitende Entfaltung der Herrschaft des Menschen über die (äußere) Natur hat eine im gleichen Maße zunehmende Unterdrückung der Natur des Menschen zur Folge. Damit gehen Naturbeherrschung und sich stetig ausdehnende Herrschaft überhaupt miteinander einher. Was so, gesellschaftstheoretisch gesehen, im Zusammenhang von Natur und Naturbeherrschung erscheint, wird philosophisch bzw. erkenntnistheoretisch als die Entfaltung des Identitätsprinzips zu einem universellen Zwangsprinzip beschrieben, das heißt als eine fortschreitende Herrschaft des Allgemeinen über das Besondere und einer zwangsläufig damit verbundenen fortschreitenden Verdrängung und Unterdrückung des Nichtidentischen, des Besonderen. Die dialektische Logik, bei Hegel und bei Marx noch von der Zuversicht in den Fortschritt der Geschichte beflügelt, wird von Adorno in einer Logik des Zerfalls fundiert und zur negativen Dialektik umgewendet.

So betrachtet erscheint die Wendung der Adornoschen Theorie zur Ästhetik konsequent, denn Geschichtsphilosophie wie Gesellschaftstheorie sind, von diesen Voraussetzungen her, auf das Medium verwiesen, das angesichts des »universellen Verblendungszusammenhangs« wenigstens noch die »Spur des Nichtidentischen« zu fassen erlaubt – eben die Ästhetik, wobei Ästhetik das Zusammenspiel der Kunst mit der Philosophie, mit dem philosophischen Begriff bezeichnet. Denn erst die Philosophie kann die Wahrheit der Kunst begreifen, die ohne die Kunst freilich, Adorno zufolge, gar nicht mehr zu begreifen wäre. Das Ganze ist eben das Unwahre – und auch die Kunst kann nur noch auf die Spur der Wahrheit deuten (und sie keineswegs mehr positiv erfassen und anschaulich vor uns hinstellen). Ob freilich mit dieser Konzeption Kunst und Literatur auch gleichsam zu legitimieren sind, scheint mir zweifelhaft. Schließlich können sich nur einige wenige Werke dem »universellen Verblendungszusammenhang« entziehen, an dem sie immer auch teilhaben, mithin bloß partiell entziehen und auch das nur um den Preis ihres Scheiterns. In esoterische, hermetisch in sich verriegelte Werke, die mit äußerster Konsequenz jeglicher Kommunikation absagen, hat sich die einst von der Kunst transportierte Vorstellung des (gesellschaftlich möglichen) Glücks zusammengezogen. Dem gegenüber steht, was Adorno im Begriff der Kulturindustrie zu fassen versuchte, der Prozeß zunehmender »Degeneration der Kunst zu propagandistischer Massenkunst oder kommerzialisierter Massenkultur« (Habermas). Aber selbst dieser Vorgang ist, wie Habermas meint, ambivalent, weil er nämlich ebenso »die Umsetzung in eine subversive Gegenkultur bedeuten« kann. Ambivalent auch bleibt »das Festhalten am formalistischen Kunstwerk, das einerseits den Zwängen zur Assimilation an die vom Markt bestimmten Bedürfnisse und Einstellungen der Konsumenten und damit einer falschen Aufhebung der Kunst widersteht, das aber andererseits den Massen unzugänglich bleibt und so auch die exoterische Rettung der emphatischen Erfahrung [. . .] verhindert«. Habermas kommt zu dem Schluß, wie immer auch Adornos Prognose einzuschätzen sei: »Soweit die avantgardistische Kunst nicht überhaupt ihrer semantischen Gehalte beraubt wird und das Schicksal der immer kraftloser werdenden religiösen Überlieferung teilt, verstärkt sie die Divergenz zwischen den vom soziokulturellen System angebotenen und den vom politischen und ökonomischen System beanspruchten Werten.« Das heißt, der Kunst und Literatur wird von Habermas wohl keine bedeutende, aber doch eine zukunftsträchtige, nämlich subversive Kraft zugesprochen.

Aber was ist nun mit der Frage nach dem Verlust der Utopie? Was ist mit der Macht der Phantasie und mit der Wirklichkeit der Wünsche? Was ist, genauer, mit der Einschätzung der gesellschaftlichen Funktion der Literatur? Für Marcel Reich-Ranicki stellt sich das einfach dar: »Die große Krise, aus der wir schrittweise herauskommen, begann Mitte der sechziger Jahre und erreichte ihren Höhepunkt nicht etwa mit den Ereignissen von 1968, sondern etwas später, also 1970/71. Damals zeigte sich deutlich, daß der kühn angekündigte Versuch einer raschen und radikalen Umfunktionierung der Literatur gänzlich mißlungen war. Zwar wurden Selbstvertrauen und Selbstverständnis vieler Schriftsteller, die ohnehin mehr oder weniger verzweifelt nach neuen Wegen und Möglichkeiten Ausschau hielten, gelähmt oder gar zerstört. Aber auf die erhoffte neue Literatur wartete man vergeblich.« Doch jetzt, läßt sich fortschreiben, ist, Gott sei Dank, wieder alles beim alten. Nur: War denn tatsächlich die vorrangige Forderung die nach einer neuen Literatur, gar noch von den ›alten‹ Autoren, stand nicht vielmehr die Realisierung des emanzipatorischen Gehalts der alten, bürgerlichen Literatur zur Debatte? Und wenn von neuen Wegen und neuen Möglichkeiten die Rede war, so vielleicht doch nicht so sehr auf die Literatur bezogen als auf die Veränderung der Bedingungen, die auch die Kritik an Literatur selber noch motivierten. Die feuilletonistischen Formeln von der »Tendenzwende«, von der »Neuen Subjektivität«, von der »Neuen Innerlichkeit« sind darum ernst zu nehmen, nämlich so ambivalent einzuschätzen wie die Entwicklung der Literatur und ihre Entwicklungsmöglichkeiten.

Die Literatur ist, so scheint mir, auch daran zu messen, wie sie die – vorrangig – politischen Erfahrungen, die durch die und dank der Studentenbewegung gesammelt worden sind, zu bewahren, das heißt: literarisch zu verarbeiten, versteht. Wohlgemerkt: mit ihren, genuin literarischen Mitteln.

Auf Herbert Marcuses Fragen gibt es, wenigstens derzeit, keine sicheren Antworten: »das Vertrauen in die Rationalität der Phantasie; das Verlangen nach einer neuen Moral und Kultur – bezeichnet diese große antiautoritäre Rebellion eine neue Dimension und Richtung radikalen Wandels, das Erscheinen neuer Träger einer radikalen Veränderung, eine neue Vorstellung von Sozialismus in seiner qualitativen Differenz von den etablierten Gesellschaften? Gibt es etwas in der ästhetischen Dimension, das eine wesentliche Affinität zur Freiheit hat, nicht nur in ihrer sublimierten kulturellen (künstlerischen), sondern ebenso in ihrer entsublimierten politischen Form, so daß das Ästhetische eine gesellschaftliche Produktivkraft werden kann, ein Faktor in der Produktionstechnik, ein

Horizont, unter dem die materiellen und geistigen Bedürfnisse sich entfalten?« Fragen und, wie mir scheint, darum Möglichkeiten, auch für die Literatur.

Man muß Adornos Einschätzung nicht teilen, wenn man einräumt, daß der Kunst, der Literatur die Fähigkeit innewohnt, das Besondere gegen die Herrschaft des Allgemeinen zur Geltung zu bringen. Mit dem, was Adorno als »Spur von Nichtidentität« begriffen und am Paradigma des Naturschönen dargestellt hat, dieser sich immer den Begriffen entziehenden, fragilen, nicht fixierbaren Gestalt des Schönen, an deren Struktur sich die Kunst zu orientieren hat, ist fraglos ein Moment der Kunst bezeichnet, das sich der Herrschaft des Begriffs entzieht. Mehr noch: das der Herrschaft überhaupt opponiert.

Literatur kann beschreiben, was sich den Begriffen der Theorie entzieht, ja, begrifflich dargestellt, vielleicht bereits (verfälscht und unterdrückt) genau das verdeckt, worauf die Literatur zielt. Hier liegt, vermutlich, die subversive Qualität, auf die Marcuse vertraut, die auch Habermas ihr zugestand. Hier liegt, vermutlich, das Moment begründet, das ihr erlaubt, an der Utopie festzuhalten. Und wenn dem so wäre, dann liegt hier sicher ein Motiv, über die gesellschaftliche Funktion von Literatur erneut nachzudenken.

Walter Boehlich schrieb 1968, deswegen viel angefeindet: »Können wir keine Kritik haben, deren Autorität sich darauf gründet, daß der Kritiker sich über die Funktion klar ist, die Literatur hat, und daß von dieser Funktion abhängen muß, was über Literatur gesagt wird? Können wir keine Kritik haben, die nicht vom überzeitlichen Charakter des Kunstwerkes ausgeht, sondern vom jeweils zeitlichen Charakter, die Literatur nicht länger als das begreift, was sie angeblich ist, sondern als das, wozu sie dient und was mit ihr geschieht?« Diese Kritik können wir nicht nur, sondern müssen wir haben, wenn wir eine Literatur haben wollen, die es lohnt zu kritisieren, weil sie auf das zielt, was jenseits der Kritik liegt. Weit freilich.

Klaus Pabel

Literatur: raus aus der Schule – rein in die Schule?

Studentenbewegung und Literaturunterricht

Nicht die Frage interessiert mich hier, wie und warum die Studentenbewegung entstand, welches ihre Ziele und Erfolge oder Mißerfolge waren und in welchen Konsequenzen sie beeinflußte oder eine Gegenbewegung der politischen Restauration auslöste – ich beschränke mich auf einige recht subjektive, durch die eigene Teilnahme an der Bewegung geprägte und durch spätere Erfahrungen mit den Schwierigkeiten bei der Umsetzung in der Arbeitspraxis des Schulalltags provozierte Eindrücke. Dabei sollen doch immerhin die Bedeutung der Studentenbewegung für die Schule und, genauer, die Kritik der Hochschulgermanistik für die Deutschdidaktik erläutert werden, auch und gerade wenn dies im Augenblick der Normbücher, des Zentralabiturs, der beflissen überarbeiteten oder zurückgezogenen Rahmenrichtlinien und Kursstrukturpläne nicht mehr für sonderlich wichtig gehalten wird. Die Kritik der Deutschdidaktik gilt zwar mittlerweile wieder für die KMK-Planung bzw. für die föderativen kultusministeriellen Lehrplanentwürfe als ziemlich unmaßgeblich, aber eine interessierte, verstreute, multiplizierte Basis streckt sich eher nach Alternativprojekten, Unterrichtseinheiten und Modellen. Da, wo die beiden Gegenpole von Schulaufsicht und Unterrichtsengagement zusammenstoßen, zünden sie Konflikte, zu deren Verständnis wieder einmal das Muster studentischer Konfliktdarstellung während der Hochschulbewegung und professioneller Praxisbewältigung in der Schule rekapituliert werden kann.

Als die gegen fachwissenschaftliche Spezialisierung und Borniertheit protestierenden Studenten der sozialistisch orientierten Hochschulbewegung als kritische Methode die der Gesellschaftstheorie entdeckten, hatten sie zugleich den Begriff ihres Widerspruchs gefunden: die Kritik der gesellschaftlich-materiellen Produktion aus den Arkandisziplinen der wissenschaftlichen Produktion zu entwickeln; das gesellschaftliche Zentrum der Arbeit von dem Rand theoretischer Reflexion her ins Auge zu fassen und den Charakter der Ausbeutung aus dem Stand studentischer Privilegien bloßzulegen; die entfremdeten Produktionsverhältnisse der bürgerlichen Gesellschaft an sich selber in befreiten Konsumtionsverhältnissen gegenkultureller Lebensform zu verändern. Die Widersprüche waren notwendig und unvermeidlich. Der gesellschaftliche Status der Studentenbewegung, wo sie sich über ihre Abgehobenheit vom Produktionsprozeß klar wurde, trieb sie mit dem falschen Bewußtsein ihrer Möglichkeiten in die Fabriken und bald wieder hinaus – mit dem richtigen Bewußtsein, daß sie mit ihren Möglichkeiten dort nichts verändere. Gerade in der Distanz zur Notwendigkeit materieller Produktion und in der Möglichkeit freigesetzter kritischer Reflexion lag aber auch die Bedingung von Protest und Widerstand. Die Distanz zu Produktion und Praxis war so gleichermaßen Bedingung der Möglichkeit von Kritik und Bedingung der Notwendigkeit von Irrtum bzw. Fehleinschätzung.

Daß viele der Genossen in die Produktion sprangen und sich bald wieder herausretteten, lag nicht so sehr daran, daß sie nicht richtig kritisiert hätten, sondern eher daran, daß sie nicht genügend vorbereitet waren: an dem Mangel an Voraussetzungen praktischer, sinnlicher Erfahrung in der automatisierten Arbeit.

Nun ist dieser Mangel an Praxiserfahrung der allgemeine Mangel der akademischen Ausbildung schon immer gewesen, und es hat sich in den zehn Jahren seither trotz verschiedener Reformversuche, die praktische Ausbildung mit der theoretischen zu verbinden, nichts daran geändert, daß die Universität ihren Absolventen die Zwangserfahrung praktischer Untüchtigkeit nicht nur in ihrem eigenen Betrieb zumutet, sondern auch noch in die Arbeitspraxis nachträgt.

Aber man mußte nicht in die Fabriken ziehen wie Jean Pauls Rektor Fälbel ins Fichtelgebirge.[1] Die Trennung von Kopf- und Handarbeit, durch die Reflexion nicht unbedingt verringert, ließ sich noch nicht dadurch aufheben, daß man sie einfach übersprang, sondern man unterwarf sich ihr um so williger und bestätigte sie doppelt im Mißerfolg. Die These war ja, daß sich die politischen Veränderungen an der gesellschaftlichen Basis und in der materiellen Produktion entwickeln müssen. Da nun aber die Mehrzahl gerade der aktiven Studenten nicht aufgrund ihrer proletarischen Lebensläufe in die Hochschulbewegung getrieben wurde, sondern eher den bildungsbürgerlichen Studiengang ihrer Eltern nachvollzog, rezipierte sie das Problem gesellschaftlicher Arbeit aus dem Buchrücken, statt es im Rücken des Vorarbeiters oder Vorgesetzten zu erfahren.

Dennoch kann der Erfahrungsverlust praktischer Tätigkeit nicht das Zentrum der Kritik sein, die retrospektiv die Tendenzen der Studentenbewegung beurteilt. Studenten haben als Arbeitsfeld die Qualifikation ihrer Arbeitskraft. Könnte dies noch die Produktion einer Ware genannt werden, so liegt der Unterschied zur Produktion einer gegenständlichen, materiellen Ware darin, daß in der Qualifikation eine kognitive, methodische, projektive oder wie auch immer wissenschaftliche Disposition erzeugt wird, aber keine, die unmittelbar Mehrwert produzieren kann. Diese Wert implizierende, aber nicht unmittelbar Mehrwert schaffende Disposition der Universitätsausbildung hat einen Doppelcharakter: Sie ist in ihren Möglichkeiten von Erkenntnisprozeß, Kooperation, Kritik und Selbsterfahrung konstitutiv für die Ausbildung eines auf Individualität begründeten Selbstbewußtseins; sie ist aber auch den kapitalistischen Verwertungszwängen unterworfen und steht in der Notwendigkeit, entfremdete Arbeit verrichten zu müssen.

In der Qualifikation vereinen sich selbstbestimmte und systembestimmte Ausbildungsinhalte, aber mehr noch trennen sie sich und treten gegeneinander. Im Kapitalinteresse am Mehrwert wird Bildung als die Form konsumtiver Qualifikation aus ihrem Zusammenhang mit der Ausbildung als der Form produktiver Qualifikation herausgelöst und dieser subsumiert.[2] Gleichzeitig wird das universitäre Ausbildungssystem, dem für die wissenschaftliche Arbeit ein unzensierter Freiraum noch nie zugestanden worden war, juristisch, finanziell, politisch, ideologisch direkt mit den Produktionsverhältnissen zusammengeschlossen. Qualifikation erscheint nunmehr als bildungsökonomisches Problem, das wie der gesamtwirtschaftliche Produktionsprozeß den Staat vermehrt zu Eingriffen zwingt; mit dem Unterschied, daß die Bildungskosten die Verwertungschancen des Kapitals dämpfen – sie sind erst langfristig und kaum kalkulierbar produktiv, verteuern die Arbeitskraft und senken die Profitrate.[3] Für die staatlichen Planungen, die sich aus dem Bildungs- und Ausbildungsbereich einen schnelleren, billigeren, spezialisierteren und angepaßteren Qualifikationsausstoß verschaffen, hat die Studentenbewegung den Begriff der technokratischen Reform geprägt.

Der Kampf gegen sie wurde auf zwei Ebenen geführt: politische und ökonomische Kritik der technokratischen Reform als Gesellschaftskritik und Auseinandersetzung mit den traditionellen Studieninhalten als Wissenschaftskritik. Aufgrund der institutionellen Trennung von Wissenschaftsbetrieb und betrieblicher Produktion konnten sich Protest und Widerstand an der Universität nur in ideologiekritischen, kulturrevolutionären, gesellschaftskritischen Richtungen formieren. Deshalb waren es auch vor allem die Kultur- und Gesellschaftswissenschaften, die in der Studentenbewegung bedeutsam wurden. Ihr Schwerpunkt lag auf den Bedingungen der Konstitution gesellschaftlicher Reproduktion: Wie verhalten sich die Klassenverhältnisse und das gesellschaftliche Bewußtsein davon zueinander? Wie lassen sich Interessen und Bedürfnisse objektiv bestimmen und begründen? Welches sind die Bedingungen für die Veränderung gesellschaftlichen Bewußtseins und Verhaltens? Gesellschaftliche Analyse, historisch-kritische bzw. materialistische Fundierung des eigenen Ansatzes und die Strategien der Provokation begrenzter Autoritätskonflikte stellten zwar das politische System in Frage, griffen es aber nur in seinen Formen der Legitimität an.

Dem affirmativen Charakter der bürgerlichen Kultur mit ihren idealisierten Entsagungsdogmen und genialen Schöpfungsmythen wurde die proletarische Kultur von den Arbeiterbildungsvereinen bis zum Arbeiterroman der zwanziger Jahre gegenübergestellt. Der Ideologie vom wohlverstandenen Allgemeinheitsinteresse bzw. vom Wertfreiheitsurteil der Wissenschaft wurde eine deformierte Öffentlichkeit im Manipulationsgriff der Bewußtseinsindustrie vorgeführt bzw. es wurde am Beispiel sowohl ihres eigenen Rechtfertigungsversuchs als auch ihrer Verwendung dargestellt, wie sie sich blinder Herrschaftsargumente bediente und ebenso blind in den Dienst genommen wurde. Erziehung verlor ihre autoritäre und repressive Selbstverständlichkeit und wurde gesellschaftlich diskutierbar, während alternative Sozialisationskonzepte aufgearbeitet wurden.

In der Legitimationsdiskussion von Kultur und kulturellen Normen, Ideologie und Erziehung hatte gerade die Erziehung die zentrale Funktion der Reproduktion inne. Das Erziehungs- und Ausbildungssystem geriet zum Dreh- und Angelpunkt fast aller theoretischen Absichten und praktischen Ansätze, ob da nun die jugendlichen Heimbewohner aus dem oberhessischen Staffelberg in die Frankfurter Kommunen geschleppt wurden, die schulischen Lernbedingungen als Repressions- und Selektionsmomente einer Klassenschule begriffen oder die linguistischen Codes von Unterschicht und Mittelschicht in ihrer Bedeutung für Persönlichkeitsentwicklung und Klassenlage untersucht wurden.

Daß das Erziehungs- und Ausbildungssystem Schule in den Mittelpunkt nicht nur der Kritik, sondern auch der Berufsperspektive rückte, hat noch einen zweiten wesentlichen Grund: Es ist das dem Ausbildungsbereich der Universität sicher nächstgelegene Arbeitsfeld. Zwar hat sich das Lernverhältnis für den Hochschulabgänger in ein Lehrverhältnis umgewandelt, aber entscheidende Strukturbedingungen der Lernfabrik Schule ähneln denen der Lernfabrik Universität: Als Institution verhindert sie Lebens- und Praxisnähe, statt sie aufzubauen; sie existiert nur durch die Notwendigkeit ihres hierarchischen Abhängigkeitsverhältnisses, obwohl sie sich doch auch mitunter der demokratischen Prämisse selbstbestimmter Lernprozesse verpflichtet; durch die Qualifikationsaufgabe, der sie ihre Existenz verdankt, ist sie von ihren Voraussetzungen bis zu ihren Ergebnissen ein Abbild der krisenhaften Produktionsverhältnisse zwischen Wachstum und Rezession. Sie hat durch das Niveau der Ausbildung den Status der Produktivkräfte zu verbessern und Leistungsverhalten, Arbeitsmoral, Konkurrenzpflicht, Anpassungszwänge und entfremdetes Arbeiten schon als Lernerfahrung zu vermitteln, damit die Arbeitskraft beim Eintritt in den Produktionsprozeß verfügbar zugerichtet ist.

Die funktionale, durchaus noch unkritische Analyse der

Bildungs- und Ausbildungskatastrophe à la Picht bekam durch die Studentenbewegung, besonders unter dem Eindruck der Wirtschaftsrezession 1966/67, erst ihre systemkritische Wendung. Das Wachstum der Produktivkräfte war an die Grenzen der Produktionsverhältnisse gestoßen. Chancengleichheit wurde zur Losung, die Aufstieg durch Bildung versprach, um das qualifizierte Arbeitskräftepotential zu vergrößern. Die Schulreform mit der Gesamtschule an der Spitze beginnt in dieser Zeit. Dennoch war die Studentenbewegung da, wo sie Kritik an der Schulreform übte, weitsichtig genug, um alsbald auch die Funktionalisierungstendenzen in der Schulreform zu erkennen.

Der gesellschaftliche Widerspruch der Schule im Kapitalismus, die durch Rationalisierung und Automation gesteigerten Produktivkräfte nicht mit den für die Reproduktion der Produktionsverhältnisse nötigen Wertorientierungen und Verhaltensweisen in Einklang zu bringen[4], führte die Schulreform zu sehr unterschiedlichen Konsequenzen: auf der einen Seite zu dem Versuch, die Bildungskrise als Qualifikationslücke zu verstehen und sie zu schließen, indem Altes über Bord geworfen und Versäumtes nachgeholt werden sollte, letzten Endes also zur Anpassung an die Bedingungen der Produktion; auf der anderen Seite zu dem Versuch, die Bildungskrise als Legitimations- bzw. Systemkrise zu verstehen, sie zu verschärfen und durch die Entwicklung eines antikapitalistischen Bewußtseins langfristig die Produktionsverhältnisse zu verändern.

Tat sich die traditionelle Hochschulgermanistik schon mit der Kritik ihres eigenen Wissenschaftsbegriffs und Methodenverständnisses schwer, konnte sie zur Konstitution ihres Sprachgegenstands nur das Interesse an entwicklungsgeschichtlichen Gesetzmäßigkeiten und zur Konstitution ihres literarischen Gegenstands wenig mehr als die Orientierung am klassischen Werkbegriff ins Feld führen, so war es ihr erst recht gleichgültig, vor welchen Schülern 90% der Studenten ihr angehäuftes Bildungsgepäck ausschütten würden und was sie davon gebrauchen könnten.

Hier löste die Kritik der Studentenbewegung an der machtgeschützten Innerlichkeit der Germanistik tatsächlich einen Sturm aus. Zwei Haupttendenzen sollen herausgegriffen werden. Unter dem Interesse an einer politischen Didaktik wurde die Theorie der schichtenspezifischen linguistischen Codes mit all ihren Kompensationsproblemen und Defizit- oder Differenz-Kontroversen rezipiert. In der literaturwissenschaftlichen Kritik lag der Schwerpunkt auf literatursoziologischen und rezeptionsgeschichtlichen Fragestellungen. Beiden Ansätzen von Sprach- und Literaturkritik ist außer der Tatsache, daß sie bis zur Studentenbewegung an den Hochschulen kaum hoffähig waren, der gesellschaftliche Bezug gemeinsam. Sie wurden nicht mehr um ihrer selbst willen betrieben, sondern als Teil, Baustein, Versuch einer Theorie der Gesellschaft und der Möglichkeiten, sie zu verändern.

In der Diskussion der linguistischen Codes wurde nicht nur das inhaltsbezogene Grammatikkonzept des traditionellen Sprachunterrichts in Frage gestellt, sondern die Funktion von Sprachlehre als einer Kompetenzerweiterung der Sprachfähigkeit überhaupt bestritten. Das Sprachverhalten, klassen- und situationsbedingt eingebunden in Verhältnisse, die die Schule nicht verändern kann, sollte den Zuständen und Prozessen der Lebensweise nicht entfremdet werden. Der Symbolisierungs- und Inszenierungscharakter des Unterrichts sollte die ins Sprachverhalten der Unterschicht geflossenen Emotionen, kollektiven Urteilsmuster und Solidarisierungsgefühle gelten lassen und unterstützen. Das bedeutete allerdings: keine Arbeit mit Grammatik, mit linguistischen Codes, keine Sprachreflexion. Wenn Grammatik, dann vielleicht in den oberen Klassen und dort nur als Unterrichtsstoff wie jeder andere auch, dem allerdings das konsistente Erklärungsmodell einer Grammatiktheorie fehlte. Denn eine Grammatik des restringierten Codes hat sich nicht entwickeln lassen, ja, der restringierte Code selber wurde immer weniger faßbar. Die Didaktikversuche, die dem Sprachverhalten der Unterschicht zur gleichen Berechtigung wie dem der Mittelschicht verhelfen wollten, betrieben entweder Kompensation, orientierten sich also am elaborierten Maß der Norm- und Hochsprache, oder beließen es bei der Differenz. Doch ist mit dieser Differenz, die zwar Gleichwertigkeit der situativen Ausdrucksmöglichkeiten unterstellt, noch nicht die durch Schule, Medien, Beruf und Schriftverkehr sanktionsbegleitete Hochsprache aus ihrer Normenrolle verdrängt. Es gibt weder eine Tradition der

Grammatik der proletarischen Sprache, noch ist die Soziolinguistik in der Lage, dergleichen empirisch herauszuarbeiten.

Aber es gibt eine proletarische Literatur mit großer Tradition. Sie aufzuarbeiten war der zweite entscheidende und fruchtbare Versuch, der während der Studentenbewegung unternommen wurde, um über eine Kritik der Ausbildung an der eigenen Sozialisation Korrekturen vorzunehmen und praktische Erfahrungen und Maßstäbe für die Schwierigkeiten der pädagogischen Vermittlung zu gewinnen.

Ebenso wurde die Geschichte der Germanistik als einer allzu deutschen und bürgerlichen Wissenschaft untersucht. Kernstück der Kritik war der Nachweis eines sich selbst verleugnenden Interesses und dessen Rekonstruktion in der ontologisierten Form bürgerlichen Herrschaftsanspruchs. In Literaturgeschichte und Literaturwissenschaft wurden die politischen Substrate hervorgezogen, die von der Funktion des germanischen Mythos für die Einigung des bürgerlichen Nationalstaats bei den Grimms bis zur Mystifizierung des Kunstwerks für die faschistische Kulturpolitik bei Vietor führten.[5] Man ging insofern systematisch vor, als die Methoden der Interpretation und des Erkenntnis- bzw. ideologischen Interesses identifiziert wurden und hinter der Beredtsamkeit gefühlvoller Ahnungen oft Inhaltsleere aufgedeckt wurde, in der Absurdität und Exorbitanz dramatische Effekte setzen sollten. Wenn der Schweizer Gastprofessor Stern in seiner »Expressionismus«-Vorlesung am 10. 6. 1968 über das Trakl-Gedicht *An die Verstummten* bemerkte: »Schonungslos sind die vier Zeilen Sozialkritik. Eine religiöse Resignation ist gegenwärtig: weiter will ich hier nicht gehen«[6], dann ging jedenfalls die Kritik an der hilflosen Methode, existentialistische und agnostizistische Kommentare als literarische Analysen auszugeben, weiter. Sie versuchte mit den Schwerpunkten ›Soziologie der Literatur‹ und ›Rezeptionsforschung‹ den gesellschaftsgeschichtlichen Zusammenhang der Literatur wieder hervorzukehren. Zuallererst aber verstand sie sich als Kultur- und Gesellschaftswissenschaft, die sich über ihr Verhältnis zur Geschichte und gesellschaftlichen Realität klar werden mußte und in die Auseinandersetzung um die Bedürfnisbestimmung eingriff.

Bedürfnisse wurden verstanden als das auf die Verwirklichung der Existenz drängende Potential der Triebbefriedigung, ein Bedürfnis, das durch die nicht-entfremdete Form seines Realisierungsanspruchs in den Status einer Leitkategorie für Selbstbestimmung rückte. Um die der Triebebene verhafteten Bedürfnisstrukturen gesellschaftlich diskutierbar zu machen und die scheinbar bedürfnislos dahinforschenden und -lehrenden Wissenschaften nach ihrem politischen Zweck zu befragen, bestand man auf der Explikation von Interessen. Man versuchte, im allerdings kurzen Marsch einer kulturrevolutionären Bewegung, die sozialgeschichtlichen Traditionen umzuinterpretieren in einen von der politischen Herrschaft des Bürgertums benutzten und ihm dienstbaren Legitimationslorbeer, dem die einzelnen verdeckten opponierenden Momente erst wieder entrissen werden müßten. So geschah es z. B. in besagter Vorlesung des Professors Stern[7] an der Universität Frankfurt im Sommersemester 1968, als die Basisgruppe Germanistik das existentialistische Docitur mit dem Versuch kontrastierte, die apokalyptischen Endzeitvisionen eines Jakob van Hoddis in einen Zusammenhang mit der allgemeinen Krise des Kapitalismus zu stellen.

Unter der Prämisse ideologischer Perspektive und kulturindustrieller Verwertung aller literarischen Produkte gerieten die meisten Literaturanalysen allerdings zu Versuchen von ökonomischer oder politischer Grundsätzlichkeit bzw. Ausschließlichkeit, wenngleich sie deshalb noch nicht grundsätzlich waren. Vielmehr hatten sie bloß die Funktion, eine materialistische Erklärung zu ersetzen, um schneller zur Kritik der Ideologie zu kommen.[8] Man formulierte mit der Gewißheit, im methodischen Ansatz der Kritik der politischen Ökonomie das gesamte Problem des Zusammenhangs von Literatur und Ökonomie und Gesellschaft gelöst zu haben. Aber gerade der Zusammenhang – Analogie, Homologie, Widerspiegelung, Kausalität, Determination, Vermittlung, Autonomie? – gab die größten Probleme auf. Die ästhetische Differenz zwischen Gebrauchstext und literarischem Text oder Ideologie und Literatur blieb undiskutiert. Entsprechend hat auch die Studentenbewegung mit Ausnahme bohèmeartiger oder popähnlicher, in jedem Fall aber individualistischer und vermarktbarer Aktionen keine ästhetische Gegenkultur zur bürgerlichen entwickeln können.

Die Studentenbewegung hatte der Trennung des Qualifikationsbegriffs in Bildung und Ausbildung keine alternative Synthese entgegenzusetzen. Sie nahm die Teilung an, konzentrierte sich im eigenen Interesse und als Gegenbewegung zur technokratischen Hochschulreform auf den konsumtiven Aspekt der Bildung, verallgemeinerte ihre Kritik daran zur Ideologiekritik und berücksichtigte den produktiven Aspekt der Ausbildung nur als bildungsökonomisches Problem. Gleichzeitig aber versuchte sie, ökonomische Kategorien in die Ideologiekritik hineinzutragen. Dies gelang ihr in der Literaturwissenschaft nur in der Weise, daß die Literaturanalysen auf die gesellschaftlichen Produktionsbedingungen von Literatur zurückführten, die der Autor historisch vorfand: Literatur als Gesellschaftsgeschichte. Es gelang ihr ebenfalls in der Weise, daß die literarischen Rezeptionsweisen gesellschaftlich auf ein Klassenpublikum hin konkretisiert wurden: Literatur als Publikumssoziologie. Beide Schwerpunkte, Literatur- bzw. Gesellschaftsgeschichte und Literatur- bzw. Publikumssoziologie, schienen dem selbstgesetzten Qualifikationsanspruch gerecht zu werden: Sie enthielten den produktiven Aspekt der Entstehungsbedingungen von Literatur und den konsumtiven Aspekt der klassenspezifischen Rezeption. Sogar der ideologiekritische Ansatz war realisierbar, indem der enthistorisierten Kunstaura ihr heimliches Interesse auseinandergesetzt wurde. Schließlich mochten auch in der Frage, wie Literatur an das Lesepublikum vermittelt werde, schon didaktische Implikationen mitspielen, so daß das pädagogisch-praktische Problem des Literatur-Unterrichts vielleicht doch als Rezeptionsanalyse lösbar war?

Genau in den Fehlschlüssen liegen m. E. aber die Ursachen für die Überwältigung der Ansprüche durch die Schulpraxis, häufiger noch für die Dezimierung der gut oder kritisch gemeinten Vorsätze. Literatur- bzw. Gesellschaftsgeschichte und Literatursoziologie erfassen nicht zentral das Projekt Literatur; sie sind nur Vorarbeiten zur Bestimmung ihrer ästhetischen Funktion. Zum andern ist die Reduktion der Lesebedürfnisse der Schüler auf schichtenspezifische Rezeptionsweisen gefährlich. Die Bedürfnisse der Schüler erscheinen widersprüchlich: Sie sind sowohl der selbstbestimmte Impuls, in der Auseinandersetzung mit den Details der Schulrealität sich ihre eigene Lebensgeschichte zu konstituieren, als auch der Versuch, sich dem schulinstitutionellen Zwang durch Anpassung oder Verweigerung zu entziehen. Da die Schule mit den ihr eigenen Initiationsritualen und professionellen Deformationen oft genug diese Konfrontation für sich entscheidet, sind Anpassung und Verweigerung die gewöhnlichen Ergebnisse. Schülerbedürfnisse tauchen kaum in der unmittelbaren Form spontaner Neugier und erwartungsvoller Spannung auf und sind selten vollauf befriedigt.

Literatur als Gesellschaftsgeschichte und Publikumssoziologie, jene für die Kritik der Literaturwissenschaft bedeutenden Anstöße der Studentenbewegung, waren und sind angesichts der widersprüchlichen Schülerbedürfnisse nur sehr unzureichend präzisierte methodische Ansätze. Ihnen fehlt der konstitutive Zusammenhang mit der ästhetischen Funktion und der didaktische Bezug zu den Schülerbedürfnissen. Literaturgeschichte als der Produktionsaspekt und Literatursoziologie als der Konsumtionsaspekt lassen sich indes durch die ästhetische Funktion der Literatur miteinander in Beziehung setzen.

Literatur kennt im individuellen Rezeptionsverständnis des Interpreten den doppelten Prozeß sinnlicher Erkenntnis von gesellschaftlicher Objektivität und ihrer subjektiven Aneignung. Literatur konstituiert den Rezeptions- bzw. Konsumtionsvorgang der Interpretation zugleich da, wo er sinnvoll, d. h. ästhetisch verläuft, als produktiven Akt. Indem die ästhetischen Momente der Literatur das Bedürfnis-Ensemble des Interpreten treffen, es mobilisieren oder ergänzen, ihm opponieren oder beipflichten, versetzen sie ihn in die Situation eines Produzenten eigener Ansprüche. Die literarische Produktion schafft den Gegenstand der Rezeption bzw. Konsumtion (Aneignung von Gütern zur Reproduktion des eigenen Lebens), »die Konsumtion schafft den Trieb der Produktion«.[9] In ihren ästhetischen Momenten gelingt es der Literatur, die distributive Trennung von Produktion und Konsumtion aufzuheben, weil »jede der beiden [. . .], indem sie sich vollzieht, die andre, sich als die andre [schafft]«.[10] Literarische Produktion ist in diesem Sinn auch Konsumtion, weil sie Arbeitskraft verzehrt, aber auch, weil dadurch vielleicht das Bedürfnis zu schreiben befriedigt wird. Die literarische Rezeption ist auch deshalb Produktion, weil sie das Substrat ästhetischer Bedürfnisse ausbildet. Die literarische Produktion setzt der Konsumtion ihre ästhetische Bestimmung, die literarische Konsumtion gibt der Produktion ihren gesellschaftlichen Sinn. In der Aneignung des ästhetischen Produkts reproduziert sich das Individuum als schöpferisches Subjekt. Daran wird deutlich, daß ästhetische Produktion und Rezeption nicht nur notwendig aufeinander angewiesene, einander bedingende und ergänzende Seiten der Bedürfnisse sind, sondern daß sie auch in der beiderseitigen Realisierung zusammenfallen. Die Befriedigung ästhetischer Bedürfnisse ist sowohl ein konsumtiver als auch ein produktiver Akt, weil der ästhetische Gegenstand dem eigenen Bedürfnis zugänglich gemacht, ihm anverwandelt wird, durch Lust, Spaß, Freude, Glück, Spannung, Genuß der Reiz für Wiederholungen oder für Erweiterungen der Befriedigungsmöglichkeiten geschaffen und allgemein die Konsumtionsfähigkeit ausgebildet wird.

An dieser Schwelle geht die Konsumtion und Reproduktion der Bedürfnisse in Produktion über: Entwicklung, Erweiterung, Intensivierung der Möglichkeiten und Fähigkeiten der Selbstverwirklichung, die Ausbildung neuer, weiterführender Bedürfnisse.

Das ästhetische Bedürfnis wird also dadurch in Bewegung, Wiederholung und Entwicklung gehalten, daß produktive und reproduktive Aktivitäten ineinander übergehen. Das tun sie aber nur, weil sie sich auf die ästhetische Struktur des literarischen Gegenstandes beziehen, die selber in der Spannung zwischen Darstellung der Realität und eigener dargestellter Realität steht. Der literarische Text verweist auf eine konkrete Wirklichkeit und setzt ihr zugleich eine eigene Wirklichkeit gegenüber, in der je nach Inhalt und Intention Handlungsgesetze herrschen, die die gegenwärtige Gesellschaft nicht zulassen möchte oder kann oder die sie sich nicht eingestehen mag. Die gesellschaftlichen Auseinandersetzungen und Widersprüche lassen sich in der ästhetischen Struktur vorgestellter Entwürfe und Lösungen gerade in der Distanz zur Zweckrationalität sanktionierten Handelns sinnfällig entwickeln. Die Handlungen im Zusammenhang ästhetischer Bedürfnisse orientieren sich nicht unbedingt am Realitätsprinzip, sondern in letzter Instanz an den menschlichen Gattungsansprüchen auf Unmittelbarkeit zu Natur und Gesellschaft.

Nun ist diese Unmittelbarkeit aber vielfach zerrissen und gebrochen durch die Ausbeutung des Menschen im Klassenverhältnis der bürgerlichen Gesellschaft, durch die Entfremdung des Menschen von der Natur, von den Menschen und von sich selbst.[11] Die Ästhetik hat genau dies – freilich folgenlos – stets als Problem behandelt, in Begriffen der Sinnlichkeit, Schönheit und Wahrheit den im bürgerlichen Klassenstaat nur antagonistisch realisierten Gesellschaftszustand in eine sittliche Gemeinschaft »sympathisierender Geister«[12] umzuwandeln. Die ersten programmatischen Äußerungen dazu finden sich schon bei Lessing, der in einem der aufgeklärtesten Gespräche des 18. Jahrhunderts – *Ernst und Falk. Gespräche zwischen Freimaurern* – die Argumentation der gerade im amerikanischen Befreiungskrieg proklamierten Menschenrechte aufgreift und die bürgerliche Gesellschaft an der Glückseligkeit ihrer Bürger mißt. Ihr Widerspruch, »die Menschen nicht vereinigen [zu können], ohne sie zu trennen«,[13] ist für ihn noch ästhetisch aufhebbar, weil er der Kunst noch die Wirkung praktischer, humanitätsgeleiteter Handlungsakte zutraut.

Wenn Kant sich angesichts der vehement fortgeschrittenen Naturwissenschaften noch um die Konstitutionsbedingungen eines ästhetischen Gemeinsinns als sittlichen Ersatz für den verloren geglaubten, aber nie vorhandenen gesellschaftlichen Konsens bemüht, dann hat Schiller nurmehr die ästhetische Erziehung des Individuums im Sinn und erklärt

> »jeden Versuch einer solchen Staatserziehung so lange für unzeitig und jede darauf gegründete Hoffnung so lange für schimärisch . . ., bis die Trennung in dem innern Menschen wieder aufgehoben und seine Natur vollständig genug entwickelt ist, um selbst die Künstlerin zu sein und der politischen Schöpfung der Vernunft ihre Realität zu verbürgen«.[14]

Dem ästhetischen Absolutismus der Romantik, der alle Lebensbereiche poetisierte und dem die Poesie als das einzig Lebendige galt, macht Hegel den Garaus mit dem Verdikt, daß die Kunst als die höchste Form der Wahrheit am Ende sei. Gleichzeitig erkennt er ihr aber die Funktion zu, in Erfahrungs- und Ausdrucksmustern der Sinnlichkeit den Bedürfnissen nach Aufhebung der gesellschaftlichen Widersprüche Geltung zu verschaffen.

Auf der »tabula rasa«, die Hegel als Testamentsvollstrecker der idealistischen Ästhetik zurückließ, versucht Heine, die übriggebliebenen Hinterlassenschaften zu ordnen: Sinnliche Bedürfnisse und »Interessen der Zeit«.[15] Seit Heine ist das ästhetische Bedürfnis nach Glück, Liebe, Lust usw. ausdrücklich mit dem gesellschaftspolitischen Interesse an Freiheit verbunden.

Natur und Gesellschaft als die Handlungs- und Erfahrungsräume, in denen Glück und Freiheit verwirklicht werden müssen, sind auch bei Brecht die zentralen Kategorien für seine ästhetische Theorie:

»Haben die neuen Wissenschaften so eine ungeheure Veränderung und vor allem Veränderbarkeit unserer Umwelt ermöglicht, kann man doch nicht sagen, daß ihr Geist uns alle bestimmend erfülle. Der Grund dafür, daß die neue Denk- und Fühlweise die großen Menschenmassen noch nicht wirklich durchdringt, ist darin zu suchen, daß die Wissenschaften, so erfolgreich in der Ausbeutung und Unterwerfung der Natur, von der Klasse, die ihr die Herrschaft verdankt, dem Bürgertum, gehindert werden, ein anderes Gebiet zu erarbeiten, das noch im Dunkel liegt, nämlich das der Beziehungen der Menschen untereinander bei der Ausbeutung und Unterwerfung der Natur. Dieses Geschäft, von dem alle abhingen, wurde ausgeführt, ohne daß die neuen Denkmethoden, die es ermöglichten, das gegenseitige Verhältnis derer klarlegten, die es ausführten. Der neue Blick auf die Natur richtete sich nicht auch auf die Gesellschaft.

In der Tat sind die gegenseitigen Beziehungen der Menschen undurchsichtiger geworden, als sie je waren. Das gemeinsame gigantische Unternehmen, in dem sie engagiert sind, scheint sie mehr und mehr zu entzweien, Steigerungen der Produktion verursachen Steigerungen des Elends, und bei der Ausbeutung der Natur gewinnen nur einige wenige, und zwar dadurch, daß sie Menschen ausbeuten. Was der Fortschritt aller sein könnte, wird zum Vorsprung weniger, und ein immer größerer Teil der Produktion wird dazu verwendet, Mittel der Destruktion für gewaltige Kriege zu schaffen. [. . .]

Es treffen sich aber Wissenschaft und Kunst darin, daß beide das Leben der Menschen zu erleichtern da sind, die eine beschäftigt mit ihrem Unterhalt, die andere mit ihrer Unterhaltung.«[16]

Wenn »die gegenseitigen Beziehungen der Menschen undurchsichtiger geworden [sind], als sie je waren« – ebenfalls eine kategorische Feststellung, die sich durch sämtliche ästhetischen Versuche zieht –, dann ist die Leistung ästhetischer Darstellung gerade der narrative Handlungsentwurf, der sein implizites Verständnis von der Richtigkeit der Darstellung aus der synthetischen Anschauung der Realitätsfragmente bezieht, ohne es explizieren zu müssen. Die Möglichkeiten erlauben die Konfrontation der Realität mit ihrer Kritik. Selbst dort, wo scheinbar die Wirklichkeit treu wiedergegeben wird, enthält die Wirklichkeitsdarstellung noch die Maßstäbe ihrer positiven oder negativen Bewertung durch den Autor und im gleichen Maß durch den Leser.

Es scheint ganz so, als führe von dieser ästhetisch konzipierten Begründung der Bedürfnisse kein Weg zu den Schülerbedürfnissen, als seien hier zwei grundsätzlich verschiedene Bedürfnisstrukturen parallelisiert, die nichts miteinander zu tun haben. Und in der Tat: Literatur stellt eine Auseinandersetzung mit der Wirklichkeit im Primat ästhetisch zu befriedigender Bedürfnisse dar, aber in der Schule werden in der Regel bei der Beschäftigung mit Literatur keine Bedürfnisse befriedigt – und schon gar nicht auf ästhetische Weise. Literatur läßt sich auf die Wirklichkeit ein, aber in unserer Schule hat die Beschäftigung mit Literatur alle Wirklichkeit weitgehend abgestreift. Wen wundert's, daß sich die Schüler da langweilen? Aber ist es nicht vielmehr so, daß die Schule durch ihr instruktionell inszeniertes Sprach- und Diskussionsverhalten, durch mehr am Literaturkanon als an Schülerproblemen interessierte Themenauswahl Literaturunterricht eher erschwert als ermöglicht? Ist nicht auch der pädagogisch wie ästhetisch völlig unhaltbare Widerspruch, daß eine unter Umständen sogar im Literaturunterricht gelungene, subjektiv befriedigende Auseinandersetzung mit der ästhetischen Seite der Bedürfnisse am Ende in einer Noten- oder Punktebewertung schulnotorisch »objektiviert« wird, schon ein Grund dafür, daß das Ganze verweigert wird oder das herauskommt, was der Lehrer hineingesteckt hat: Fremderfahrungen, Lehrsätze, Schulweisheiten, Lebenslügen?

Natürlich haben Schüler auch ästhetische Bedürfnisse. Unter der bedürfnisverweigernden Zwangsorganisation der Schule nehmen sie nur häufig jenen von der sanktionierten Form abweichenden Ausdruck des Häßlichen, Obszönen, Trivialen, Kitschigen oder auch Alltäglichen und Lebenspraktischen an, den die ästhetische Theorie selbst bis zum klassischen Idealismus unterdrückte, aber in der Romantik entdeckte und seit dem Realismus mit unterschiedlichem Erfolg aufarbeitet. Kritzeleien in Büchern und Heften, Graffiti auf Bänken und Wänden, Spottlieder und Versparodien auf Lehrer und Schule deuten ein »hochnotwendiges Kontrastprogramm« zum »Bildungsmonopol unserer Formierungsinstitute und Lehranstalten« an.[17]

Es kann also der Überdruß an der Literatur im Schulunterricht weder allein daran liegen, daß sie an den Bedürfnissen vorbeigehe, noch daran, daß die Schüler für die Beschäftigung mit ihr nun einmal kein Bedürfnis hätten – es muß schon auch der Stiefel sein, den das schulische Inszenarium allen seinen Inhalten anzieht.

Hengst hat zu Recht darauf hingewiesen, daß die Sozialisationsforschung wenig didaktisch Verwendbares für die Berücksichtigung der Bedürfnissituation von Schülern herausgearbeitet hat.[18] Die schichtenspezifische Analyse hat entwicklungspsychologische Aspekte vernachlässigt und dadurch die psychodramatischen Prozesse einer kollektiven Lernsituation oder die Schwierigkeiten, wie sie Jugendliche in schulischen Lerngruppen erfahren, nicht immer genügend erhellt. Die im Zusammenhang der Studentenbewegung entstandene Schülerbewegung der Jahre 1967 bis 1969 hat die Schule als Klassenschule analysiert und teils eine Gegenschule, teils eine radikal veränderte Schule gefordert. Was sich heute an den Schulen angesichts von ordnungspädagogischem »roll back«, NGO, »Verkursung«, NC, Jugendarbeitslosigkeit usw. in politisierten Schülergruppen sammelt, ist zum großen Teil schon gar nicht mehr in der Lage, sich realistisch mit der Institution Schule auseinanderzusetzen, sondern entzieht sich weitgehend und vielfältig den schulischen Anforderungen und ist erst recht nicht imstande, eine Gegenkonzeption zu vertreten. Wenn sich heute so etwas wie eine Schülerbewegung formieren würde, dann hilflos verzettelte, rivalisierende, verfeindete Grüppchen mit Forderungen von der Einheitsschule bis zu gar keiner Schule. Nicht die Klassenschule stünde im Vordergrund, sondern die Schule des Leistungsdrucks und Notenterrors, der illusionären Berufsqualifikation und desillusionierten Berufschancen, und mittendrin der einzelne Schüler – ohne Zukunft und ohne Perspektive. Da versteht sich von selbst, daß das Erklärungsstereotyp von der Adoleszenzkrise nicht hinreicht, um all die depravierenden Entindividualisierungsstrategien zu erfassen, denen Schüler ausgesetzt sind. Aber deutlich an der zwischen demokratisch-pluralistischem Erziehungsanspruch und gesellschaftlicher Schulerziehungspraxis nicht integrierbaren Schüleridentität ist immerhin so viel, daß jedes einzelne Widerspruchsmerkmal in der Persönlichkeitsentwicklung des Schülers tiefe Spuren hinterläßt: Die eigene Identität – persönlich und sozial – wird als Gegensatz zum gesellschaftlichen Interesse erfahren; bei der Prüfung der Wertorientierungen und normativen Entscheidungen des sozioökonomischen und kulturellen Systems entstehen erhebliche Zweifel an dessen Glaubwürdigkeit; die Sensibilität für alternative Identifikationsangebote und Lebens- und Verhaltensformen duldet von einem gewissen Punkt der Gewißheit an selbst bei persönlichen Nachteilen keine kompromittierenden Anpassungsversuche; frühe Familienablösung durch Wohngemeinschaften, selbstbewußtes Verhalten in Geschlechtsbeziehungen und »peer groups« schaffen Verantwortlichkeiten, die im Imperativ der Selbstbestimmung entsprechende Rechte einfordern; scheinegalitäre Berufschancen verflüchtigen sich bei der oftmals vergeblichen Suche nach Lehrstellen, Ausbildungs- und Studienplätzen, so daß die Schüler mit der Weigerung reagieren, sich auf eine Berufsrolle vorzubereiten; die geringe Realisierbarkeit vieler noch uneingeschränkt angestrebter Lebensziele fordert eine prononciert utopisch-spekulative Gesellschaftskritik heraus; ein vehementer Subjektivismus und Voluntarismus, dann aber oft auch Resignation ersetzen mitunter die notwendige Auseinandersetzung mit den Schwierigkeiten der Realität usf.

Nun ist in ihrem strukturellen Verhältnis zur Realität Literatur ja auch immer mit den Schwierigkeiten der Identitätsbildung beschäftigt, und in ihrer autor- und lesergebundenen Produktions- bzw. Rezeptionsweise hat sie zumeist den Prozeß der Identitätsbildung oder -zerstörung als Handlungsmuster. Von Biographien unterscheidet sie sich dadurch, daß sie ästhetisch, nicht erzieherisch wirkt, also z. B. das Bedürfnis, exemplarische Identitätsbildungsprozesse anderer sinnlich zu erfahren, symbolisch befriedigt. In dieser sinnlich-symbolischen Kompetenz der ästhetischen Struktur können utopische Entwürfe versucht werden, ohne daß ein Realitätsprinzip auf jeden qualitativen Sprung mit der Gesetzmäßigkeit der Erdanziehung oder mit der Belehrung durch den pädagogischen Zeigefinger einwirkt. Alle oben genannten Widerspruchsmerkmale der Persönlichkeitsentwicklung sind mehr oder weniger zentraler ästhetischer Gegenstand literarischer Texte. An keine Formen gesetzmäßiger, erzwungener oder verpflichteter Problemdarstellung und -bewältigung der Realität gebunden, kann die Literatur die subjektiven Möglichkeiten der Identitätsbildung durchspielen und ihr, um sie sinnvoll zu entwickeln, einen entsprechend positiv oder negativ beeinflußten äußeren Rahmen stecken. In dieser Problemverwandtschaft vom Aufbau einer Identität als handlungsfähiger Person und Aufbau der ästhetischen Struktur einer Symbolhandlung in der Literatur mag hiermit begründet sein, warum auf Literatur im Schulunterricht sinnvoll nicht verzichtet werden kann.

Die knapp angedeutete und an anderer Stelle näher auszuführende Differenz zwischen ästhetischer und pädagogischer Intention ist kein Argument *gegen* die Beschäftigung mit Literatur in der Schule, sondern gerade *dafür*. Seit Schiller ist die Literatur bzw. die Ästhetik die einzige – und letzte – Möglichkeit, Freiheit – über das Schöne – in die Bedürfnisse zu vermitteln: Ästhetik als Erziehungskunst. Da Schule aber weniger mit den Bedürfnissen als vielmehr mit den gesellschaftlich herrschenden Notwendigkeiten zu tun hat – das *Normenbuch Deutsch* gibt darüber in der taxonomischen Hierarchie formalisierter Lernziele genaue Auskunft[19] –, wird, wie schon zu seligen Zeiten der *Allgemeinen Theorie der schönen Künste* des Johann Georg Sulzer, Literatur im Unterricht zur Ideologie eines bildungsbürgerlichen Selbstwertgefühls: Literatur als Propädeutik einer sittlichen Wertlehre. In der Literatur sind indessen auch die nicht integrierten bzw. nicht befriedigten Bedürfnisse aufgehoben, um an ihrer Anspruchsqualität zugleich die Maßstäbe der Kritik am gesellschaftlichen Zustand der Befriedigungsmöglichkeiten zur Diskussion zu stellen: Literatur als ästhetischer Anspruch an die Gesellschaft.

An einem Beispiel soll abschließend sehr kursorisch eine mögliche didaktische Konsequenz angedeutet werden. Ich habe mit einer 12. Klasse, die von der Schule nichts anderes mehr erwartete, als gefälligst bis zum Abitur in Ruhe gelassen zu werden, und die das Abitur selber als eine Probe auf die eigene Lässigkeit verstanden wissen wollte, Georg Büchners *Lenz* und Peter Schneiders *Lenz. Eine Erzählung* gelesen. Das Überraschende war eine alle zeitgeschichtliche Differenz von 140 Jahren überspringende Erfahrung der Schüler, daß ihnen Thematik, Sprache, Person und Gefühle als absolut glaubwürdig erschienen. Besonders die dramatische Konkretheit, mit der Büchner die existentielle Verunsicherung eines sensibilisierten Verhaltens beschreibt, regte die Schüler an, in der Diskussion der eigenen Erfahrungen mit Resignation ähnliche Charakterisierungen zu finden wie Büchner:

»Müdigkeit spürte er keine, nur war es ihm manchmal unangenehm, daß er nicht auf dem Kopf gehn konnte.«[20]

»Ich verlange in Allem – Leben, Möglichkeit des Daseins, und dann ist's gut; wir haben dann nicht zu fragen, ob es schön, ob es häßlich ist, das Gefühl, das Was geschaffen sey, Leben habe, stehe über diesen Beiden, und sey das einzige Kriterium in Kunstsachen.«[21]

»Nach dem Essen nahm ihn Kaufmann bei Seite. Er hatte Briefe von Lenzens Vater erhalten, sein Sohn sollte zurück, ihn unterstützen. Kaufmann sagte ihm, wie er sein Leben hier verschleudre, unnütz verliere, er solle sich ein Ziel stecken und dergleichen mehr. Lenz fuhr ihn an: ›Hier weg, weg! nach Haus? Toll werden dort? Du weißt, ich kann es nirgends aushalten, als da herum, in der Gegend; wenn ich nicht manchmal auf einen Berg könnte und die Gegend sehen könnte, und dann wieder herunter in's Haus, durch den Garten gehn, und zum Fenster hineinsehen, – ich würde toll! toll! Laßt mich doch in Ruhe! Nur ein bischen Ruhe, jetzt wo es mir ein wenig wohl wird! Hier weg? Ich versteh das nicht, mit den zwei Worten ist die Welt verhunzt. Jeder hat was nöthig; wenn er ruhen kann, was könnt' er mehr haben! Immer steigen, ringen und so in Ewigkeit Alles was der Augenblick giebt, wegwerfen und immer darben, um einmal zu genießen; dürsten, während einem helle Quellen über den Weg springen. Es ist mir jetzt erträglich, und da will ich bleiben; warum? warum? Eben weil es mir wohl ist; was will mein Vater? Kann er mehr geben? Unmöglich! Laßt mich in Ruhe.‹«[22]

Die Schüler stießen während der Lektüre auf Beschreibungen von Gefühlszuständen der Angst, deren expressive Radikalität sie beim Definitionsversuch ihrer eigenen Erfahrungen durch eine nicht weniger direkte, naturalistische Metaphorik unterstrichen. Die Gefühlsskala zwischen Verzweiflung und Gleichgültigkeit schien ihnen vertraut, nur hatten sie es bisher wohl noch nicht so unvermittelt gelesen.

Büchners *Lenz* bereitete ihnen kaum Verständnisschwierigkeiten, im Gegenteil: Sie gingen mit den Wahnsinnssymptomen um, als kennten sie sie nur allzu gut. Aber nicht die ätiologischen Fragen interessierten sie dazu, sondern die phänomenologische Verlaufsskizze und systematische Beziehungsstörung. Lenzens Wunsch, einmal auf dem Kopf zu gehen, formulierte genau den Widerspruch zwischen ihrer verbalen Fähigkeit, alles auf ihre subjektiven Bedürfnisse hin zu definieren, und ihrer praktischen Ohnmacht, nichts daran ändern zu können, wie es ist. Lenzens hoffnungsloser Versuch, Gott zum Beweis seiner Existenz für die Rettung des Mädchens in Dienst zu nehmen, und seine Proklamation: »Ich verlange in Allem – Leben, Möglichkeit des Daseins, und dann ist's gut« sind mehr illusionärer Erlösungswunsch als Lösungsperspektive. Auch davon findet sich manches in der trotzig-voluntaristischen Schülerforderung: »Ich will's.« Zu Büchners ständig aufgewühltem, subjektiv und emotional gefärbtem Naturszenarium als Spiegel der Lenzschen Konstitution sammelten die Schüler eigene Naturerfahrungen und -vorstellungen. Wohlinformiert durch Umweltverschmutzungsprobleme und Kernkraftwerksdiskussionen, aber sicher auch durch die Beschäftigung mit Problemen alternativer Lebensformen, z. B. Landkommunen, gelang ihnen im Ansatz eine Naturphilosophie, die den Stoffwechsel-Gedanken aus den Marxschen *Ökonomisch-philosophischen Manuskripten* enthielt und einen plausiblen Bogen von der Einheit der äußeren zur eigenen Natur des Menschen schlug.

Insgesamt kam Büchners *Lenz* den Schülern deshalb entgegen, weil sie seine Darstellung psychischer Not wie einen unvoreingenommenen Augenzeugenbericht mit klinischer Genauigkeit lasen, der ihnen alle Möglichkeiten der Entschlüsselung, Interpretation, Identifikation oder Distanzierung offenließ.

Die Textstruktur des *Lenz*, deren Erklärungsfunktion weitgehend in der Darstellungsfunktion aufgeht, also einen Bewußtseinsstand fortgeschrittener Wahrnehmungs- und Empfindungsfähigkeit bei weniger ausgebildeten Erklärungs- und Lösungsmöglichkeiten repräsentiert, spricht die Schüler gerade deshalb an, weil es ihre eigene Problemsituation ist, ihre Schülermisere eher als Leidensgeschichte zu beschreiben denn als Analyse gesellschaftlicher Bedingungen mit entsprechenden organisierten Reaktionsweisen.

Die Aufhebung der Ungleichzeitigkeit von Schon-Empfundenem bzw. Noch-nicht-Bewußtem und der Bewußtseinsfähigkeit ist gebunden an die Bedingungen der Explikation.[23] Darin bestand vielleicht sogar die zentrale Schülererfahrung mit Büchners *Lenz*: Wie Lenz selbst nicht bewußt, sondern »von Sinnen« auf die Widersprüche seiner Lebensverhältnisse reagiert, weil er sie nicht explizieren kann, hat eine Reihe von Schülern ebenfalls bei der Rezeption des Textes auf Explikationen verzichtet. Für sie war Peter Schneiders gleichnamige Erzählung wichtig.

Viele der Beschreibungen Büchners kehren bei Schneider wieder, aber neu ist die Auseinandersetzung mit der Frage, wie mit Büchners Sensibilität, jedoch ohne Wahnsinn in widersprüchlichen Bedingungen von gesellschaftlicher Produktion und Reproduktion zu überleben – und zwar sinnvoll und befriedigt zu überleben – sei.

»Ihr könnt nur allgemein, in Begriffen sagen, was ihr haßt oder liebt, ihr habt Angst davor, daß euch irgendetwas gefällt, weil ihr Angst habt, daß ihr dann nicht mehr kämpfen könnt. Ihr könnt dann nicht mehr kämpfen. Da ihr die Ziele eures Kampfes immer nur von den Lippen eurer Gegner ablest, tritt nie eine Beruhigung ein, auch nicht, wenn der Gegner besiegt ist. Da ihr nicht zuerst die neuen Genüsse gesucht und entdeckt habt, um dann auf den Gegner zu treffen, der sie uns und den Massen verweigert, erreicht ihr höchstens den Genuß, der aus der Niederlage des Gegners entsteht.«[24]

Die subjektiven Empfindungen in Zusammenhang mit der objektiven Gesellschaftsentwicklung zu bringen, ist nicht nur das implizite Handlungsschema der Erzählung, sondern auch das Problem der wiederholt ansetzenden Reflexion und Explikation. Darin unterscheidet sich der Lenz mit den Erfahrungen der Studentenbewegung der endsechziger Jahre vom Lenz des Sturm und Drang. Jener reist, als er begreift, daß die Gesellschaftsentwicklung hoffnungslos hinter dem Avantgarde-Bewußtsein der Berliner Studenten zurückbleibt, nach Italien und macht dort die Erfahrung:

»Da er die Bedürfnisse der Studenten und der Arbeiter, die er kennenlernte, jeden Tag offen vor sich sah, zweifelte er nicht an den Begriffen, mit denen er sie ausdrückte.«[25]

Sensibilität und Explikation scheinen sich gegenseitig befriedigend zu ermöglichen, weil »man sich für seine Zweifel und Unsicherheiten ebenso interessierte wie für seine Standpunkte«.[26] Schneiders Lenz findet in Italien »das richtige Tempo für meine Wahrnehmungen, für die Verknüpfung meiner Wahrnehmungen mit meinen Erkenntnissen«.[27] Bei Büchners *Lenz* versteckt sich die Aufklärung über die Gründe des »ungeheuern Risses«[28] in der Welt hinter Hieroglyphen, und der Text hat seine Faszination gerade im Mangel eigener textdidaktischer Eindeutigkeiten. Durch die Offenheit des Textes über diesem Riß und durch seinen vorsichtig angedeuteten sozialgeschichtlichen Zusammenhang können die Schüler eher ihr eigenes subjektives Verständnis bei der Interpretation entfremdeter Lebensverhältnisse und ihrer Ursachen geltend machen. Das Auseinanderfallen von Wahrnehmungs- und Erkenntnismöglichkeiten bzw. empfindlicher Subjektivität und undurchschaubarer Objektivität, von den Schülern ja oftmals selber als Explikationsschwäche empfunden, wird in Büchners *Lenz* literarisch objektiviert: Es ist nicht ihr individuelles Problem, aber jeder erfährt er erst einmal einzeln; das macht auch Lenz so verwundbar. Zugleich ist der literarische Text als ästhetischer Anspruch an die Gesellschaft der kritischen Analyse emotional voraus. Was auf der einen Seite als erkenntnistheoretisches Defizit erscheint, ist auf der anderen Seite sinnlich-ästhetischer Vorsprung.

Schneiders Lenz ist um die Erfahrung eines zwar nicht immer selbstbewußten, aber reflektierten Klassenstandpunkts als Fortschritt im Bewußtsein weiter. Zumindest die prätendierte Schließung der Kluft zwischen Wahrnehmung und Erkenntnis, Bedürfnis und Interesse konfrontiert die Schüler mit der literarisch-ästhetischen Explikation einer politischen Problemlösung. Schneider geht mit den Erfahrungen, die er Lenz in Italien machen läßt, sogar noch weiter: Nicht nur die Erkenntnismöglichkeiten haben ihren Rückschritt aufgeholt, sondern die Erfolge im praktischen Arbeitskampf bestätigen ihre Richtigkeit.

»Zu allem wußte er Vorschläge zu machen, Fragen zu stellen. Die theoretischen Kenntnisse, die er sich früher angeeignet hatte, erschienen Lenz plötzlich unentbehrlich, er wunderte sich, warum sie ihm früher so oft wie hohles Gerede vorgekommen waren.«[29]

Die politisch eindeutige Festlegung in Schneiders *Lenz* auf die revolutionäre Veränderung der Produktionsverhältnisse und ihre Verknüpfung mit der emotional befriedigenden Reproduktion des Subjekts hat für die didaktischen Überlegungen exemplarische Bedeutung: Sie verlangt, anders als die im Stadium vorpolitischen Bewußtseins des Büchnerschen Lenz verhaftete resignative Perspektivlosigkeit, eine direkte Auseinandersetzung mit den angebotenen Lösungsstrategien bzw. politischen und subjektiven Erfahrungen. Statt »So lebte er hin« gibt es am Ende ein bestimmtes »Dableiben«.

Diese Auseinandersetzung thematisiert den Zusammenhang von ästhetischem Bedürfnis und politischem Interesse in den Erfahrungen des Lenz, kann ihn aber auch auf die Erfahrungen der Schüler verallgemeinern. Schließlich ist der *Lenz* von Peter Schneider ein Beispiel dafür, wie die Rezeption eines literarischen Textes Produktion und Reproduktion verbindet. Die Sensibilität für das Problem selbstverwirklichender politischer Arbeit und befriedigter Bedürfnisse ist eine durch die Interpretation produzierte Qualität. Schneiders Kritik an der Studentenbewegung, beide Lebensbereiche weder theoretisch noch – weit schwerer – praktisch wechselseitig aufeinander bezogen zu haben, bedient sich sinnfälligerweise eben jenes ästhetischen Darstellungsmodus, der in der Stimmung der Studentenbewegung einmal für elitär, ein andermal für tot, ein drittes Mal für überflüssig gehalten wurde. An seinem *Lenz* läßt sich u. a. in der Reaktion von Schülern zeigen, daß trotz fortgeschrittener Explikationsmöglichkeiten die ästhetische Darstellungsweise eine Form der Vermittlung sinnlicher Erkenntnis – nämlich der Spannung zwischen subjektivem Bedürfnis und objektiver Gesellschaftsentwicklung – ist, die sich auch durch die aufgeklärteste, realistischste, didaktisch und methodisch klügste theoretische Abhandlung nicht ersetzen läßt.

Das defizitäre analytische Moment und der Überschuß an unverstandener Subjektivität bei Büchner, das übergewichtige analytische Moment und die defizitäre Subjektivität als Schneiders Kritik an der linken Bewegung Ende der sechziger Jahre – beides sind Verhaltensmuster der Schüler heute. Noch 1975 bemängelte der *diskus*, die Frankfurter Studentenzeitung, die in den Jahren 1967 bis 1970 noch ganze Lyrik-Seiten und viele Literatur-Rezensionen brachte, man erfahre

»in der Gestaltung Lenz' nicht, daß die Entfremdung der Subjektivität bei den Linken nichts als eine schlechte Wiederholung der ›Entfremdung zweiten Grades‹ (Lefebvre) der Klassengesellschaft der Metropolen ist, daß die kapitalistische Produktionsweise ›unter permanenter Wertabstraktion von den besonderen Gebrauchswerten und Bedürfnissen jene produziert und diese befriedigt‹ (Krahl)«.[30]

Hoffentlich ist das noch nicht zu spät. Vermißt wird »die Aufklärung des Status quo der Subjektivität der Linken in diesem Land, eine Erhellung durch die Gestaltung«.[31] Eben dies ist dargestellt im Verhalten des Lenz, allerdings nicht als analytische Reflexion auf die Bedingungen entfremdeter Subjektivität, sondern als Beschreibung von Gefühlen, die in ihrer Widersprüchlichkeit erst einmal akzeptiert werden, um dann für ihren Zusammenhang mit der politischen Wirklichkeit verarbeitet zu werden. Die Interpretationsarbeit mit Schülern ist schließlich der Prozeß, in dem durch die Eigenproduktion des Verständnisses für die Reproduktion der Subjektivität neue Perspektiven entdeckt werden.

Anmerkungen

1 Jean Paul, *Werke*, Bd. 4, hrsg. v. N. Miller, München 1975, S. 247.

2 Vgl. E. Altvater, *Der historische Hintergrund des Qualifikationsbegriffs*, in: *Materialien zur politischen Ökonomie des Ausbildungssektors*, hrsg. v. E. Altvater und F. Huisken. Erlangen 1971, S. 83 ff. Ders., *Produktivkraft Wissenschaft?* a. a. O., S. 355 ff.

3 A. a. O., S. 361.

4 Vgl. S. Bowles, *Widersprüche im amerikanischen Hochschulsystem,* in: A. Gorz (Hrsg.), *Schule und Fabrik*, Berlin 1972, S. 78 f.

5 *Flugblatt Germanistik*, in *diskus* 3, 1968, S. 11 f.

6 *Worte des Vorsitzenden Martin Stern.* Hrsg. v. Basisgruppe Germanistik an der Uni Frankfurt, 1968 (Manuskript).

7 Vgl. *FR* vom 4. 7. 68.

8 Vgl. *Flugblatt Germanistik*, a. a. O., S. 11.

9 K. Marx, *Einleitung zur Kritik der Politischen Ökonomie*, *MEW* 13, Berlin 1974, S. 623.

10 A. a. O., S. 625.

11 Vgl. K. Marx, *Ökonomisch-philosophische Manuskripte*, in : *MEW*, Ergänzungsband, Erster Teil, Berlin 1973, S. 465-588.

12 *Lessings Werke.* Hrsg. v. J. Petersen, Berlin, Leipzig, Wien, Stuttgart o. J., 6. Teil, S. 54.

13 A.a.O., S. 35.

14 *Schillers Werke.* Hrsg. v. L. Bellermann, Leipzig und Wien o. J., Bd. 8, S. 191.

15 Heinrich Heine, *Sämtliche Schriften.* Hrsg. v. K. Briegleb, München 1968, Bd. 1, S. 446. Vgl. zu diesem theoriegeschichtlichen Komplex der Ästhetik: K. Pabel, *Heins »Reisebilder.« Ästhetisches Bedürfnis und politisches Interesse am Ende der Kunstperiode*, München 1977.

16 B. Brecht, *Gesammelte Werke*, Bd. 16. Frankfurt/Main 1977, S. 669 f.

17 P. Rühmkorf, *Über das Volksvermögen*, Reinbek bei Hamburg 1969, S. 117.

18 H. Hengst, *Zwei unbekannte Größen: Schülerbedürfnisse und außerschulische Erfahrungen*, in: H. Krauss u. J. Vogt (Hrsg.), *Didaktik Deutsch.* Opladen 1976, S. 162.

19 Vgl. *Abitur-Normen gefährden die Schule.* Hrsg. von A. Flitner und D. Lenzen. München 1977.

20 Georg Büchner, *Sämtliche Werke und Briefe.* Hrsg. von W. R. Lehmann. Hamburg 1967, Bd. 1, S. 79.

21 A.a.O., S. 86.

22 A.a.O., S. 88 f.

23 E. Bloch, *Das Prinzip Hoffnung*, Bd. 1. Frankfurt/M. 1967, S. 142.

24 P. Schneider, *Lenz. Eine Erzählung.* Berlin 1974, S. 50.

25 A.a.O., S. 83.

26 A.a.O., S. 82.

27 A. a. O., S. 75.

28 G. Büchner, a. a. O., S. 98.

29 P. Schneider, a. a. O., S. 81.

30 *diskus* 6, 1975, S. 37.

31 Ebd.

Karl Hielscher
Über den Gegensatz von Kunst und Utopie

Die in der Studentenrevolte versuchte Verbindung von Kunst und Politik nimmt, theoretisch verdünnt, aber durch die historische Situation verschärft, ein altes Thema wieder auf, dessen auch heute noch entscheidende Akzente schon in der Romantik gesetzt wurden. »Aber seit durch Fichte das Fundament der kritischen Philosophie entdeckt worden ist, gibt es ein sichres Prinzip, den kantischen Grundriß der praktischen Philosophie zu berichtigen, zu ergänzen und auszuführen; und über die Möglichkeit eines objektiven Systems der praktischen und theoretischen ästhetischen Wissenschaften findet kein gegründeter Zweifel mehr statt«, schreibt Friedrich Schlegel in der Absicht, »ästhetische Kraft und Moralität als notwendige Postulate der ästhetischen Revolution« aufzustellen.[1]

Die in diesem Zitat angezeigte und beabsichtigte Verbindung von praktischer Philosophie und Ästhetik ist das Resultat eines Kunstverständnisses, das sich, mit wechselnden Vorzeichen, von der *Politeia* Platons über die Theorien über die Dichtkunst des Aristoteles bis zu Kant und Schelling durchzieht. Kunst steht im Dienst politischer und gesellschaftlicher, d. h. moralischer Zwecke oder sie ist für sich selbst ein solcher, wie bei Kant und Schelling. Der Streit um Funktionalität und Autonomie der Kunst, denn um ihn dreht es sich, ist verbunden mit dem umfassenderen Problem des Verhältnisses des Einzelnen zur Gesellschaft und reicht hier in den Bereich der Anthropologie. Freilich findet sich diese Thematik auch in der Ästhetik selbst wieder, nämlich im Begriff der Individualität. »Alle Individualität ist poetisch«[2], heißt es bei Schlegel, und in der kantischen Philosophie verbinden sich Ethik und Ästhetik in den Begriffen von Würde und Autonomie. Ist jene eher ein innerer Leitfaden, der passiv ein Element des Widerstands gegen Funktionalisierung ist, so ist diese ein Postulat, das auf praktische Verwirklichung drängt und sich seiner Objektivierung in der künstlerischen Darstellung nicht entzieht.

In der Tat vollzieht sich die Anschauung der Einheit und Autonomie des Individuums nicht empirisch. Auch der Spiegel zeigt ja nur ein Gesicht, dessen Zugehörigkeit zur inneren Geschichte seines Betrachters durch die Gewohnheit vertraut, aber innerlich zufällig ist. Solche innere Selbstanschauung wird, distanziert und in einem von der Empirie abgehobenen Medium, durch die Kunst ersetzt. Denn wohl ist für den Einzelnen der andere wesentlich[3]; aber so oft wir anderen begegnen, sie liefern uns nie ein vollständiges Bild, und die Summe unserer Einzelerfahrungen rundet sich nicht zu einer einheitlichen Ansicht unserer selbst und anderer. Das Bewußtsein der eigenen Endlichkeit – und das heißt: Individualität – ist in der objektiven Erkenntnis der Außenwelt nicht enthalten: der Baum, der Stein, das Haus, die ich wahrnehme, überdauern wahrscheinlich mich selbst, und der Tod anderer Menschen muß im schlimmsten Falle durch Distanzierung »verarbeitet« werden. Daher bildet die Objektivität eine unaufhebbare Differenz zu mir. »Die Ideen über den Tod scheinen eine ausschließliche einseitige Angelegenheit der Seele darzustellen, denen in der Welt *nichts*, höchstens in einer übernatürlichen Ordnung etwas entspricht.«[4] Diese Entsprechung ist in der Kunst, vor allem in der Literatur, gegeben. Sie teilt den Tod, auch den vergangenen, mit. In gewissem Sinne wird das Vergangene seines Vergangenheitscharakters entkleidet und in einen inneren Zusammenhang mit der Zukunft gestellt. Das künstlerische Schaffen selbst ist die auf eine Form konzentrierte Lebensäußerung eines Individuums, durch die es selbst den Schein der Einheit zu erringen vermag: Das Kunstwerk wirft ein Schattenbild der Individualität – nicht der Erscheinung – seines Schöpfers.

Die einzige Möglichkeit, unser Leben als einheitlich und geschlossen zu erfahren, besteht in der ästhetischen Distanz, die wir dem Kunstwerk gegenüber einzunehmen gewohnt sind, in einer theoretischen Haltung, die nicht abstrakt ist. Daher gehört die philosophische und poetische Fiktion der Identität des Individuums – die im Alltag ohnehin nicht mehr als ein unbewußter Analogieschluß zur leiblichen Einheit und zum mehr oder weniger ausgeprägten Selbstgefühl ist – nicht dem empirischen Bereich an. Auch das so eindringlich beschworene »Ganzsein des Daseins« bei Heidegger stellt eine

Ästhetisierung dar. Denn während wir leben, ist es nie ganz. Damit es ganz sein kann, müssen wir uns von ihm distanziert haben, es muß vorstellbar sein. Dennoch darf die Idee der Einheit als praktisches Postulat nicht preisgegeben werden, und als solche wirkt sie auf das empirische Leben zurück. »Maler waren unsere Lehrer, im Antlitz der Menschen zu lesen und Gestalt und Gebärde zu deuten. Dichter sind unsere Organe, Menschen zu verstehen, und sie beeinflussen die Art, wie wir in Liebe, Ehe und mit Freunden unser Dasein führen.«[5]

Die Vorstellung der Einheit, von der solche normative Kraft ausgeht, vermögen wir nicht zu gewinnen, wenn diese Vorstellung nur als Moment im Ablauf der Zeit auftaucht. Um Bedeutung zu erlangen, muß sie dauerhaft sein. Dieser Punkt steht im offensichtlichen Widerspruch zur Zeitbedingtheit des Kunstwerks in jeder Hinsicht, seinem Gehalt wie seiner Form nach, und auch zur inneren Zeitbezogenheit seiner Interpretation. Dennoch, der Aspekt der Zeitenthobenheit ist die Bedingung ebenso seiner Tradierbarkeit wie seiner Präsenz, und wenn von einem Buch nur noch Deckel und Papier tradiert werden, der Inhalt aber der Zeit anheimgefallen ist, dann hat es seinen Status als Kunstwerk verloren.

Doch diese Auffassung steht auch im Widerspruch zu einer konsequent historischen, an der Idee des Fortschritts orientierten Betrachtungsweise, wie sie sich in der Studentenrevolte zeigte. Ihr ist der Künstler ein Außenseiter. Ist die politische Praxis eine kollektive Angelegenheit und erfordert sie kollektives Handeln, so ist der Künstler ein Einzelner, der diese Einzelheit in seiner Produktion noch zementiert, indem er sich den Forderungen der Politik und den weitergehenden der gesellschaftlichen Praxis entzieht, gemeinsam »den Sprung aus der Entfremdung zu vollziehen«.[6] Was der Künstler an seelischer Energie, an Sensibilität und Intelligenz in ein Kunstwerk investiert, entzieht er seinen Mitmenschen und dem politischen Kampf. Die Produktion von Kunst ist daher Ausdruck einer subjektiven oder objektiven Unmöglichkeit, Innerlichkeit so zu leben, daß sie sich restlos in der Gesellschaft verwirklicht, ein Zeichen der Entfremdung. Um die Entfremdung aufzuheben, sollten Kunstwerke nur auf das abgezogen werden, »was sie an brauchbarer Erkenntnis enthalten, um so, auf dem Umweg über die Produzenten, auf das Entstehen neuer Kunstwerke einzuwirken«[7], die sich demselben Verwertungsprozeß zu unterziehen haben. Literatur sollte nicht nur gelesen werden, sie sollte Gebrauchsliteratur werden, Waffe im Klassenkampf.

Das scheint auch ganz plausibel. Beim näheren Blick auf das letzte Zitat stellt sich jedoch die Frage, was eigentlich mit »brauchbarer Erkenntnis« gemeint sein könnte. Wiederholt diese – repräsentative – naiv ausgedrückte Absicht nicht eine Verwaltung der Literatur durch ihre bürgerlichen Interpreten mit leicht variierten Vorzeichen, von der sie gerade befreit werden sollte? Die Legitimität dieses Verfahrens wird dadurch präjudiziert, daß, was früher schöpferisch genannt wurde, heute produktiv heißt. Drückt sich im Begriff des Schöpferischen, wie immer schief, noch das Authentische, Einmalige und Unreduzierbare des Kunstwerks aus, so verbindet die Benennung »produktiv« den Künstler mit der industriellen Arbeitswelt und stellt sein Produkt tendenziell auf eine Ebene mit Fabrikwaren – es ist nicht mehr, wie es noch Kant nannte, »die Hervorbringung durch Freiheit«, sondern eine bestimmte Theorie, welche dem künstlerischen Produkt zugrunde liegen und die Theorie nachträglich beweisen soll. In der Tat, gemessen an der Vorstellung des unentfremdeten Lebens, der Utopie, gehorchen beide, Künstler und Fabrikarbeiter, einem abstrakten Prinzip, der kapitalistischen Gesellschaft.

Diesem Subsumtionsverfahren ist das begriffliche Denken noch immer verfallen, wenn es sich selbst keine Schranken setzte, von der Kritik zum Dogma fortschritt. Was sich aber im Hinblick auf die Erkenntnistheorie in den Seminaren noch neutral auf seine dogmatischen Verzerrungen hin diskutieren ließ, war in der verworreneren Tradition der Geschichtsphilosophie nur selten möglich, weil kritische Haltung und Dogmatismus schnell von den vitalen Interessen des politischen Kampfes aufgesaugt wurden. Dabei ist, wie sich noch zeigen soll, eine Selbstkritik der Geschichtsphilosophie, die den Gedanken einer einheitlichen Geschichte unter dem Leitfaden des Fortschritts nicht zerstört, notwendiger denn je.

Aber die skeptische Haltung der Geschichte gegenüber, der Historismus, der nach Sinnverständnis und Weltbezug des Individuums in jeder einzelnen Epoche fragt und sie als in sich geschlossene Einheit nimmt, ohne sie anhand der Chronologie zu werten, wurde schnell als ästhetisierend und reaktionär abgetan, und der große alte Mann dieser Denkweise, Wilhelm Dilthey, ist heute fast völlig vergessen.

Der mehr rückwärts gerichteten Betrachtungsweise des Historismus, die nach den Kriterien der Bewertung von Geschichte fragt, steht die in die Zukunft gerichtete gegenüber, die aus dem Historismus die unausgesprochene Konsequenz gezogen hat, daß diese Kriterien sich im Laufe des geschichtlichen Fortschritts selbst erzeugen müßten, oder sie ließ, analog der Aufklärung, den Einzelnen vernunftbegabt sein und kümmerte sich um das übrige nicht weiter. Sie erinnert, näher betrachtet, an eine *creatio ex nihilo,* sie ist eine vermenschlichte Wiederholung des göttlichen Schöpfungsaktes. »In unsere Hände ist das Leben gelegt, für sich selbst ist es längst schon leer geworden.«[8] Das Motiv der Schöpfung, die durchaus auch Selbstschöpfung meint, ist in der Tat wesentlich. Sie bedeutet den Wegfall der Rückbindung an einen fremden, im Akt der Schöpfung gegenwärtig gewesenen, jetzt transzendenten Schöpfer und an seine Schöpfung, d. h. die Vergangenheit. »Aber die gattungsgeschichtlich mögliche Subjektivität können wir uns nicht durch Anlehnung an irgendein Objektives sichern, weder an die Natur als solche noch an vergangene Kulturen.«[9]

Leicht vergröbert läßt sich sagen, daß Machbarkeit, vom Bereich der Dinge auf den Bereich der menschlichen Verhältnisse übertragen, Geschichte ist, und deren Selbständigkeit ist vom Individuum abgetrennt. Dieser universellen Machbarkeit entspricht eine ebenso universelle Abschaffbarkeit. Das Wissen unterliegt nicht den Einschränkungen der Endlichkeit des Einzelbewußtseins, da es sich nach überindividuellen Prinzipien richtet. Die einzelnen Wissenschaften akkumulieren sich im Laufe der Geschichte über die Erkenntnisse der Individuen hinweg und vermögen sich vielleicht in der Zukunft zu vollenden; ihre Steigerung erfolgt im Fortschreiten der Zeit. Die dem Poeten zugeschriebene Gabe der Schöpfung dagegen bleibt an das Individuum und seine Zeit gebunden. Die im Kunstwerk sich frei, ohne vorgeschriebene Regeln nach der Subjektivität des Künstlers vollziehende sprachliche Neuschöpfung der Welt entnimmt ihre Inhalte seinen Erfahrungen; sie bleibt der Welt verbunden, zu der er selbst gehört und mit der er untergeht. Diese in der künstlerischen Gestaltung gegebene Beschränktheit wird durch die Idee des Fortschritts der Gattung ersetzt und bildet, sofern sie sich ihr nicht unterordnet, ein lästiges Überbleibsel.

Die Struktur des Wissens, das Geschichte als einen Produktionsprozeß ansieht, ist dadurch gekennzeichnet, daß es sich absolut setzen muß, ob es will oder nicht. Wird Erkenntnis ihres Endlichkeitscharakters beraubt, so stellen sich Vorstellungen von Wahrheit und Absolutheit ein, die, wenn das Wissen auf Menschen angewandt wird, freiheitsbedrohend sind. Latent sind sie in der Annahme eines möglichen Endpunktes der Geschichte vorhanden, wie es das »Reich der Freiheit« andeutet. Denn jener Endpunkt wird aus der imaginierten Zukunft rückbezogen auf die Gegenwart, die nun einem Gesetz unterliegt. Dieses Modell ist übrigens mit dem der Naturwissenschaft identisch, denn auch ihre Gesetze sind in gewissem Sinne zeitlos (wie das Marxsche von der Geschichte als der Geschichte der Klassenkämpfe), da die Zeit zwar die Bedingung ihrer Realisation ist, ihre Gültigkeit jedoch nicht verändern kann, sondern nur die Form darstellt, in der Versuche beliebig oft wiederholt werden können. Die Geschichte ist demgegenüber ein einmaliger unwiederholbarer Prozeß; dies jedoch nicht aus inneren Gründen, sondern nur seiner äußeren zeitlichen Erstreckung wegen. In beiden Fällen ist das Wissen dadurch gekennzeichnet, daß es den Endpunkt der Entwicklung schon besetzt hat und nicht mehr in die Zeit fällt, in welcher der Einzelne seine Erfahrungen macht und vor ihnen her seine wirkliche Zeit zu begreifen sucht.

Hier findet eine Verstärkung der universalen Herrschaft der Wissenschaft statt, die wir kaum noch bemerken und oft wider Wissen fördern. Dabei liegen ihre Ungereimtheiten oft handgreiflich vor Augen. So meinen wir aus der politischen Ökonomie zu wissen, was Tausch ist, obschon er als Geben und Nehmen die differenziertesten Bereiche menschlichen Zusammenlebens durchzieht. Gänzlich verwandelt taucht er kommunikationstheoretisch als »Reziprozität« wieder auf und bestimmt auch den Begriff des innerpsychischen Gleichgewichts. Es genügt nicht zu sagen, daß unterschiedliche Gegenstandsbereiche erfaßt sind – das ist nur bedingt richtig.

Aber die Kraft der Abstraktion, von den Abstraktionen zu abstrahieren, um des Phänomens noch ansichtig zu werden, ist kaum noch zumutbar und paradoxerweise zuallerletzt einem wissenschaftlich nicht durchgebildeten Bewußtsein. Jedoch kann die kurze Strophe eines Gedichts Wesentlicheres mitteilen als wissenschaftliche Begriffe. Wenn es allerdings an die Interpretation geht, werden zu oft die alten Begriffe aus Hilflosigkeit wieder herangeholt. Ein anderes Beispiel ist der Begriff der Ordnung: in seiner pragmatischen Bedeutung gilt er als Schlagwort des Konservativismus, in seinem viel weitergehenden Anspruch (»Struktur«) ist er überall salonfähig geworden.

Es ist fast ein Akt des Glaubens geworden, eine Wirklichkeit außerhalb des Geltungsbereichs der Wissenschaft anzunehmen, die sich von ihr nicht einholen läßt. Sie würde sich, da sie nicht identisch ist mit der Objektwelt, der historischen Verwandlung entziehen und nur bestehen durch das Ernstnehmen und Aussprechen der individuellen Erfahrung, und dies ist für den Schriftsteller genauso schwer wie für den Leser. »Erst dann fangen wir zu leben an, wenn wir am Ende der Philosophie (und der Wissenschaft) angelangt sind und auf ihren Trümmern stehen, erst dann, wenn wir eingesehen haben, wie furchtbar nichtig sie ist und daß es nichts frommte, zu ihr Zuflucht zu nehmen, da sie keinerlei Beistand zu gewähren vermag.«[10]

Diese »unterhalb« der Wissenschaft liegende Wirklichkeit wurde früher vom Mythos ausgesprochen. Mythos, Kunst und Wissenschaft lassen sich charakterisieren in ihrem Verhältnis zum Begriff der Schöpfung. Der Mythos ist die sprachliche Wiederholung eines fremden Schöpfungsaktes, die Kunst ist ein individueller Schöpfungsakt auf ideeller Ebene und das naturwissenschaftliche Denken die materielle Wiederholung. In den Schöpfungsmythen, die zur bestehenden Welt hinführen, ist der Einzelne Teil eines universalen Zusammenhangs, dem sich zu entziehen undenkbar ist, solange der Mythos gilt. Dieser Zusammenhang wurde nicht nur als Zwang und Last empfunden, er war eher ein »göttliches Recht«, das jedem zukam, ein unreduzierbarer Weltbezug, von dem nichts fehlen konnte, und er bedeutete die notwendige und selbstverständliche Übernahme von Verpflichtungen gegenüber Umwelt und Menschen.

Das Leben im Mythos vollzieht sich, gemäß dem Rhythmus der Natur, in einem Wechsel von Herrschen und Dienen, Säen und Ernten. Beides wird durch die Zeit voneinander getrennt. Der primitive Mensch erlebt die Wiederholung der Jahreszeiten und des Verhaltens der Tiere. Er lernt, beide sich nutzbar zu machen. Er erfährt, daß er, um in den Genuß des Korns, der Früchte und des Fleisches der Herden zu gelangen, auf den Winter, die Zeit des Mangels, angewiesen ist. In diesen Zusammenhang stellt er sein eigenes Leben und das der Stammesgenossen. So wird die Welt von einem natürlichen Antagonismus beherrscht, der gleichwohl seinen inneren Ausgleich hat. Dieser innere Ausgleich kam nie dem Einzelnen zugute, er mußte sterben, wußte aber vom Weiterleben der Natur; er war ein Tauschgeschehen, wie es sich z. B. im *Ackermann von Böhmen* ausspricht: »Sobald ein Mensch geboren wird, hat er den Kauftrunk getan, daß er sterben muß.«

Gemäß dieser Anschauung war alles sinnlich wahrnehmbar und durch eine Erzählung erklärbar. Was die Lösung des Begriffs von der sinnlichen Anschauung und der Verzicht, ihre Bedeutung schlicht narrativ vors Bewußtsein zu führen, mit der Entstehung der Philosophie bedeuten, ist kaum noch nachvollziehbar. Aber man merkt den Schriften Platos noch an, wie fasziniert die Menschen davon waren, daß sie durch die Abstraktion die sinnliche Welt hinter sich lassen und für nichtig erklären konnten. Und mit dem Begriff hat sich auch der Mensch, sein Träger, von der Welt befreit und sie sich gegenübergestellt. Seitdem ist die Welt nicht fließendes Geschehen, in das der Einzelne eingeschlossen ist, sondern von ihm abtrennbar. Doch dem Moment der Befreiung haften als negative Züge Vergessen und Verlassen an.

Mit der historischen Evolution der Menschen ist das Vergessen zu einem Problem geworden, das verschärft in der individuellen Geschichte wiederkehrt. Hier ist es ein fast unentrinnbarer Zwang, da das gegenwärtige Leben durch veränderte gesellschaftliche Bedingungen so weit von der Vergangenheit entfernt ist, daß ein innerer Zusammenhang nicht mehr besteht. Die Erinnerung kann unter solchen Umständen lebensbedrohend werden; das Vergessen dient dem Leben. So argumentiert Nietzsche in seinem berühmten Aufsatz *Über Nutzen und Nachteil der Historie für das Leben*, und so meint Gadamer: »Nur durch das Vergessen erhält der Geist die Möglichkeit der totalen Erneuerung, die Fähigkeit, alles mit frischen Augen zu sehen, so daß das Altvertraute mit dem Neugesehenen zu vielschichtiger Einheit verschmilzt.«[11] Am Erinnern hängt aber die Kontinuität der menschlichen Geschichte, die der Gattung wie der individuellen, und es ist zu fragen, wo in der Notwendigkeit des Vergessens die Einheit beider preisgegeben ist. Der Gedanke des Fortschritts wird absurd, wo die Vergangenheit einfach fallengelassen ist. Freilich, zum wirklichen Erinnern gehörte, daß das Erinnerte Selbsterlebtes ist. Die weiter zurückliegende Vergangenheit bleibt uns daher weitgehend verborgen. Sie läßt sich nicht nacherleben, und die Begriffe, die wir verwenden, um sie zu »verstehen«, sind nicht ihrem Erfahrungskreis entnommen.

Das bedeutendste Medium des kollektiven Gedächtnisses ist die Kunst. Sie bewahrt nicht nur die toten Relikte der Vergangenheit auf, sondern deren vergangenes Leben, konserviert in der Form des Kunstwerks. Doch die Literatur der vergangenen Zeiten wird nicht mehr ernst genommen, wenn wir, von einer vermeintlich höheren historischen Warte aus und von der unterstellten wissenschaftlichen Erkenntnis der Vergangenheit her allzu genau Bescheid zu wissen vermeinen (die industrielle Rückständigkeit Deutschlands zur Zeit der Romantik, der Kampf zwischen Feudalismus und Bürgertum, die Weltflucht, die sexuelle Repression usw.). Wegen der vermeintlichen Rückständigkeit vergangener Probleme und Konflikte erscheint ältere Literatur langweilig, ja überflüssig und dient allenfalls der Bestätigung der eigenen Position. Das Vergangene als das Fremde wird nicht mehr wahrgenommen, wenn es nur auf utopische Gehalte »abgeklopft« wird, wie es während der Studentenrevolte geschah.[12] Die Prämisse des Fortschritts schlägt um in den Richterspruch gegenüber dem anderen.[13] Mehr noch: als vermeintliche Antizipation der Utopie erscheint die eigene Position zeitenthoben, sie unterliegt nicht mehr der Möglichkeit des Irrtums. Diese Zeitenthobenheit wird verschleiert und versteinert im Begriff der Utopie. Für das sogenannte utopische Denken, das sich die Zukunft gesichert hat und die Vergangenheit beherrscht, gibt es keine Nachwelt mehr, die ihr, nach einem Wort Hegels, die Messe lesen wird.

Was für die sterblichen Individuen gilt, daß die Füße derer, die sie hinaustragen werden, schon vor der Tür stehen[14], ist vermieden, wenn man sich der Übereinstimmung mit den Nachkommen sicher ist. Sie geht bis zur Identifikation, dem Überleben in den Späteren: »Und diese Gewißheit des Klassenbewußtseins, individuelle Fortdauer in sich aufhebend, ist in der Tat ein Novum gegen den Tod.«[15]

So neu ist sie freilich nicht. Unbewußt folgt diese Auffassung den im Mythos, auch in der Bibel noch vertretenen Vorstellungen, daß der Tod das Resultat eines bestimmten, leider unvermeidlichen Tuns sei (der Tod ist der Sünde Sold), hier allerdings mit dem Zusatz, daß er durch richtiges Handeln zu vermeiden sei. Aber auch das ist ja im Gedanken der Auferstehung und des ewigen Lebens schon enthalten. Gerade der Abschaffung des Todes kommt im Bilde der Utopie entscheidende Bedeutung zu, wie neben Bloch auch Adorno und Marcuse betonen, um nur die wichtigsten Theoretiker zu nennen. Aber ohne den Tod ist auch Individualität nicht denkbar: es gäbe keine Einmaligkeit und keine Unwiederholbarkeit, nicht die Notwendigkeit von Entscheidungen und keine unersetzlichen Verluste. Alles wäre rückgängig zu machen oder zu wiederholen oder auch neu zu erleben. Es gäbe keine Tugenden und keine Laster, auch Leiden und Angst wären abgeschafft. Es wäre überflüssig, daß das Leben eine innere Kontinuität hätte, denn es ist endlos und nichts muß fehlen. Das Einzeldasein hätte keine Schranken und würde sich auflösen in das Dasein anderer. Es hätte damit auch jede Bestimmtheit verloren. Das ist das Bild befriedeten Lebens, das Bloch malt.

Der Gegensatz von Utopie und Kunst wird an dem unterschiedlichen Bedeutungsgehalt des Begriffs der Versöhnung sichtbar.

Zwar wurde und wird auch die Kunst für die Utopie zu reklamieren versucht, da ihr die Aufgabe zufallen soll, »die alten, in den Kunstwerken aufbewahrten Wünsche und Sehnsüchte der Menschheit wieder hervorzuholen, um sie endlich der Verwirklichung zugänglich zu machen.«[16] Mit der Verwirklichung hätte die Kunst ihre Aufgabe verloren. Sie gehört nicht zur Natur des Menschen, sondern ist ein historisches Produkt, das mit den Bedingungen, die seine Produktion ermöglicht oder notwendig gemacht haben, allgemein gesagt: dem Zustand der Entfremdung, verschwindet. Und hier liegt die entscheidende Differenz: Die ästhetische Idee der Versöhnung ist ohne Individualität nicht denkbar. Schon die Existenz der Kunstwerke verweist mit ihrer ästhetischen Einheit auf den Mangel an Einheit in der Empirie, wo, nach einem Wort Franz von Baaders, »die Zeit als Suspension der Ewigkeit, [. . .] folglich als Nicht-Einheit« gesehen werden muß, »und der Charakter alles Zeitlichen jener des Nichtganzen oder Nichtintegren sein« muß.[17] Weil die Poesie das Mal der gebrochenen Wirklichkeit an sich trägt, ist sie selbst unvollkommen und unvollendbar. Man kann in Abwandlung des Wortes, daß alles in seiner Art Vollkommene über sich hinausweist, auch sagen: es weist unter sich.

Die Überwindung der Zeit in der Kunst bleibt individuell erfahrbar, doch gehört sie einem ideellen Bereich an. Sie drückt einen Widerspruch im Individuum selbst aus, der, solange es lebt, nicht aufzuheben ist. Die Utopie dagegen gehört in die Zeit selbst, obschon in eine imaginäre, und deshalb bleibt sie der Erfahrung entzogen. Ihre Wirklichkeit ist reine Glaubenssache, und was ihr entspricht, ist nicht die Versöhnung, sondern die Erlösung. Hier begegnen sich politisches und theologisches Denken. Die Zeit, welche unser Leben, unabhängig von einer schlechten Gesellschaft, zerrissen sein läßt, weil geliebte Menschen nicht anwesend oder tot sind und Erinnerungen schmerzen, weil mit Reue, Schuld oder Sehnsucht verbunden, ist abgeschafft. »Der Utopie fehlt daher das bedeutendste Element des Mythos, die *Erfahrung*, ja mehr: ihre Konstruktionsgesetze bewirken die Aufhebung des Wirklichkeitsgefüges geradezu.«[18] Ein solches Gegenbild zur schlechten Wirklichkeit wie die Kunst ist die Utopie nicht; deshalb hat sie keine normative, zur Praxis anleitende Kraft. Noch Benjamin hat in seinen Thesen *Über den Begriff der Geschichte* gewußt, daß »die Geschichte [. . .] Gegenstand einer Konstruktion« ist, »deren Ort nicht die homogene und leere Zeit, sondern die von Jetztzeit erfüllte bildet«.[19] Die erfüllte Zeit verweist auf die Revolution, nicht die Utopie. Dagegen ist die Vorstellung einer innerzeitlichen Utopie eher mit dem happy end in den großen amerikanischen Filmschinken wie *Vom Winde verweht* zu vergleichen.

Solange die Vorstellungen von Utopie oder freiem Leben sich nicht von dem Eindruck eines spannungsfreien Verhältnisses des Einzelnen zur Außenwelt, einer kitschigen Vorstellung von Glück zu distanzieren wissen, müssen sie es sich gefallen lassen, als mythologisch bezeichnet zu werden, freilich in einem verfälschenden Sinne. Sichtbar wird daran, daß die von der Frankfurter Schule (mit Ausnahme des späten Horkheimer), vor allem von Adorno so geschmähte Affirmation sich naturwüchsig und blind durchsetzt, wenn ihr im Denken kein Recht eingeräumt wird. Das Bild einer Gesellschaft, die keine Not zu leiden hat, in der es keine Widersprüche, ja selbst den Tod nicht gibt, ist als der paradiesische Zustand fast allen primitiven Gesellschaften bekannt.[20] Auch wenn dieser Zustand in eine unbestimmte Vorzeit verlegt wurde, verband sich mit ihm oft die Vorstellung, daß er wiederkehren könne. Auch dieses Motiv, die Verbindung von Urzeit und Endzeit, findet sich im utopischen Denken in dem Gedanken einer Herstellung des Naturzustandes wieder, wobei die menschliche Natur mit der außermenschlichen verschmilzt. Utopie ist ein vorwärtsgerichteter Mythos. Die Frage nach einer menschlichen Natur, wie sie sich die Anthropologie stellt, wird von der Vorstellung einer universalen Harmonie unterlaufen. Die Utopie verliert jedoch ihren rationalen Kern und ihre Fähigkeit zur Kritik, wenn sie die Möglichkeiten des Lebens im Hier und Heute einfach überspringt, sie ist dann auf das Handeln der Einzelnen nicht mehr zu beziehen. Hoffnung wird zur faulen Hoffnung, wenn nicht angegeben werden kann, wo sie sinnvoll und wo sie nur fader Trost ist, eine Lebenslüge im Ibsenschen Sinn. Überall und immer Hoffnung – das ist eine Philosophie der Entscheidungslosigkeit und Unverbindlichkeit, noch genauer: eine Reklameformel fürs Leben, egal, wie es aussieht. »Hoffnung als Ausflucht wie die Nostalgie und beide wie eine Droge.«[21] Zukunft schrumpft auf Überleben zusammen und wird als Sinn angepriesen, wie es das reine Etikett »progressiv« schon ausdrückt, wenn dem Gedanken des Fortschritts kein einheitliches Bild vom Menschen zugrunde liegt, wissenschaftlich gesagt: wenn er nicht anthropologisch fundiert ist. Und was die Möglichkeiten des Machbaren betrifft, so läuft er hoffnungslos der Biochemie hinterher, die dieses Problem einzig von seiner technischen Seite her kennt. Wie wenig Neues die Philosophie der Hoffnung beigetragen hat, mag ein Abschnitt aus einem der letzten Interviews von Ernst Bloch verdeutlichen.[22] Bloch greift aus dem Roman *Sanin* von Arzybatschew das Beispiel eines russischen Renegaten, des Helden des Romans, heraus, der von seinen früheren Genossen zur Rede gestellt wird und antwortet: »Wozu soll ich mich aufhängen lassen? Damit die Arbeiter des 32. Jahrhunderts keinen Mangel an Nahrung und Geschlechtsgenüssen haben?« Dazu sagt Bloch: »So etwas kann natürlich nur jemand sagen, der schon lange innerlich nicht mehr dabei ist, der einer totalen Resignation verfallen ist. Wäre hier noch etwas vorhanden von Hoffnung auf eine bessere Zukunft, auf das Herausbringen des utopieträchtigen Weltkerns, so hätte diese pessimismusgeladene Gleichgültigkeit dem triumphalistischen Gefühl Platz gemacht, daß die Arbeiter des 32. Jahrhunderts keinerlei Mangel an Nahrung und geschlechtlichen Genüssen mehr leiden werden. So aber bleibt nichts als der Sturz in einen abgrundtiefen Pessimismus und Nihilismus.« Die guten Gründe, die die Ablehnung dieser Gesellschaft für sich anführen kann, werden durch solche Ziele diskreditiert. Ist es denn nicht denkbar, daß Sanin durchaus bereit gewesen wäre, sich aufhängen zu lassen, und daß er nur nach besseren Gründen gesucht hat? Und ist es nicht möglich, ihm welche zu geben? Es scheint, daß die Frage sich für die sogenannte Linke noch gar nicht richtig stellt, wenn sie Zweifel an der Zukunft moralisch diffamiert. »Resignation kann nie bessere Einsicht in die Übermacht [!] der Tatsachen und der Verhältnisse für sich beanspruchen; sie ist eine Form der Dummheit, der Inkonsequenz des Denkens und der Gebrochenheit des Willens«, schreibt Oskar Negt.[23] Wer bekommt da keine Angst vor der Zukunft?

Diese offene Flanke des Marxismus bildete, abgesehen von der ökonomischen Thematik, einen Ansatzpunkt für den Nationalsozialismus, dessen Ideologie ihren Gehalten nach ausschließlich rückwärtsgewandt und dessen »heroischer Nihilismus« resignativ auf die Verherrlichung einer vagen Individualität gerichtet war. Elias Canetti geht so weit, die Unterscheidung zwischen Nationalsozialismus und Marxismus oder

Sozialismus darin zu sehen, daß jener nur an die Toten, dieser nur an die Zukünftigen denke.

Die mit der utopischen Denkweise verbundene Vorstellung, der Mensch sei »das schlechthin zukunftssüchtige Wesen«, zerstört die Möglichkeit der inneren Kontinuität der Biographie. Denn daß der Mensch in die Zukunft lebt, besagt noch nicht, daß er für sie oder ihretwegen lebt. Jeder lebt aufgrund einer ästhetischen Norm auf eine fiktive Einheit hin, aber diese darf, soll sie sich auf den Zusammenhang seiner Handlungen beziehen, nicht nur in der Zukunft liegen. Zukunft ist ein Attribut, das dem Individuum von außen zukommt, als der Zeitmodus, der die Zeit als »Leben« kennzeichnet. Die Zukunft »kommt« ohne unser Zutun, und die Motive, sie kommen zu lassen, können sehr widersprüchlicher Natur sein. Man kann etwas ändern wollen, man kann etwas erhalten wissen wollen. Zukunft kommt, auch wenn man sie nicht will, ja sie kommt mit Sicherheit, wenn der Status quo erhalten bleibt, wenn das Individuum bleibt, was es ist. So besteht gerade zwischen Zukunftserwartung und innerem Werden manchmal eher Widerspruch als Übereinstimmung. Wem immer eine Zukunft blüht, der muß nichts zu Ende bringen. Dies läßt sich verdeutlichen am Tod. Wird die Zukunft abgelehnt, wie beim Selbstmord, so wird auch der gegenwärtige Zustand abgelehnt. Gerade das Weiterleben jedoch geschieht zumeist aus dem Motiv der individuellen Bewahrung. Daß gerade ihr ein selbstzerstörerischer Zug anhaftet, wird eher an der Gesellschaft sichtbar als an den Individuen, deren Leben verborgener abläuft als ihre öffentlichen Äußerungen in der Gesellschaft.

Gerade deshalb kann die Idee der Ausrichtung auf die Zukunft nicht als verbindlicher sozialer Maßstab gelten, weil sie, isoliert genommen, noch keine hinreichende Möglichkeit für die Einheit des Individuums ist. Daß der nackte Wille zum Weiterleben etwas Gespenstisches und Inhumanes haben kann, muß ja Deutschen nach dem Faschismus nicht gesagt werden. Damit müssen nicht nur die ehemaligen Faschisten gemeint sein, es betrifft auch die Unschuldigen und ihren Glauben an die Zukunft, die Fähigkeit, Vergangenheit und Zukunft miteinander zu verbinden. Geschichte dagegen als Fortschritt stellt ein Weiter über das individuelle Dasein hinweg dar, ohne den Tod als eine gewußte individuelle Schranke. Der empirisch Einzelne fällt dem Untergang anheim, er bleibt zurück, liegt an Bedeutung schon immer hoffnungslos hinter der Bewegung, und die Versuche, »bürgerliche« Identität durch richtiges Bewußtsein oder neue Lebensformen zu überwinden, erwiesen sich als Techniken ihrer Zerstörung, die den herrschenden Mächten in die Hände spielen. Die Identifikation mit der Geschichte und der Zukunft führt zu Verhaltensweisen, in bezug auf die Gehlen einmal unsere Zeit als »Zeitalter des Im-Stich-Lassens«[24] charakterisierte.

Zwangsläufig fallen bei einer einheitlichen Konzeption von Zukunft, welche die verschiedenen Dimensionen individueller und historischer Zeit nicht berücksichtigt, auch politische Argumentation und individuelles Motiv auseinander: die Sprache wird doppeldeutig. Bietet sie durch das Aufzeigen dieser Doppeldeutigkeit in der Literatur wieder die Möglichkeit, beim Wort genommen zu werden, so bleibt sie doch in dem Zwischen von direkter Aussage, von der es keinen Rückzug mehr gibt, und Fiktion. Sie ganz ernst zu nehmen, wäre ein Mißverständnis. Dafür liefert der römische Kaiser Nero ein recht plausibles Beispiel. Man sagt, er habe aus seiner großen Liebe für die Stellen der *Aeneis* von Vergil, in denen der Brand Trojas geschildert wird, seinerseits Rom in Brand stecken lassen.

Der fiktive Status der Kunst wird in einem Mythos sichtbar, der seinen eigenen Übergang zur Kunst darstellt und eine gewisse Ähnlichkeit mit den profanen Mythen der Völker hat. Der Indianer-Mythos erzählt von dem Wettstreit zwischen dem Coyoten – einer dem Till Eulenspiegel verwandten Figur – und einem seiner Gegner. Es geht u. a. darum, wer mehr Geschichten zu erzählen weiß. »Der Wettstreit spielt sich zur Nachtzeit ab. Die beiden Konkurrenten sitzen beim Feuer und erzählen abwechselnd ihre Geschichten. Zu einem gewissen Zeitpunkt läßt der Gegner Zeichen von Müdigkeit erkennen und mehr und mehr schwindet seine Gabe, neue Geschichten zu finden und dem Coyoten standzuhalten. Letzterer aber spricht ohne Unterlaß und ohne Zögern, unerschöpflich ist sein Vorrat. Schließlich muß sich der Gegner geschlagen geben und wird getötet. Warum gewinnt nun der Coyote?

Es sei deswegen, so sagt der Bericht, weil seine Geschichten ›falsch‹, erfunden und daher unbegrenzt an Zahl waren, die Geschichten des Konkurrenten hingegen seien ›wahr‹ gewesen, sie sprachen von Dingen, die sich einst ereigneten und deren gibt es nur eine bestimmte Menge und nicht mehr.«[25]

Was in diesem Mythos unter Wahrheit verstanden wird, kann und soll nicht untersucht werden. Aber das ›Unwahre‹ an der Kunst ist auch ein Beweis ihrer Freiheit und der der Einzelnen gegenüber der Gesellschaft. Die Dichtung zeigt Einstellungen und Individualitäten, von denen keine maßgebend ist; sie zeigt zugleich Möglichkeiten oder den Mangel an solchen, indem sie Geschichten erzählt, Situationen oder innere Vorgänge bewußt macht. Sie führt, und das ist das Wichtigste, in ein Geflecht, das nicht logisch und allgemein ist wie die Wissenschaften, deren Begriffe den Einzelnen zu einem Anhängsel ihn dominierender sozialer Funktionen oder Triebkausalitäten machen. Es ist zu bezweifeln, daß Eigenschaften von Dingen oder Menschen oder gar diese selbst durch den Begriff gefaßt werden können. Zugrunde liegt ihnen die Entfaltung in einer Handlung, und diese Handlung läßt sich zu einem Muster destillieren, zu dem eine bestimmte Umwelt und eine bestimmte Situation gehören. Das Material hierfür liefert uns, im Zustande der welthistorisch größten Vereinsamung der Einzelnen, vorzugsweise die Literatur. Aus solchen exemplarisch formulierbaren Erfahrungen und ihrer Verbindung miteinander vermag sich ein Lebenszusammenhang zu entwickeln. Begriffe, die ein Individuum kennzeichnen, wie Treue oder Tapferkeit, setzen zu ihrem Verständnis immer die Vorstellung oder Erfahrung einer Handlung oder eines bestimmten Weltbezuges voraus, der umfassender und aktueller ist als der von psychoanalytischen Termini wie »narzißtisch« oder »neurotisch«. Das heißt nicht, daß der Einzelne in solchen Zusammenhängen versinkt, sondern daß sie die Bedingung dafür liefern, zu handeln und sich zu entscheiden, ohne den Applaus einer Nachwelt, von der man nicht weiß, ob man sie überhaupt lieben kann, und ohne das Ausweichen auf vorgefertigte Modelle, die natürlich immer den Trost bereithalten, daß man die Irrtümer gemeinsam begeht.

Es besteht ein grundsätzlicher Unterschied zwischen dem Wissen einer Wahrheit und der Art, wie sie lebenswirksam wird. Kommt beides zusammen, so geschieht dies nicht von der Sprache aus, was immer die Sprachphilosophie dazu sagen mag. Noch weniger ist es rational zu erklären, wenn jemand nicht, wo es opportun erscheint, seine Ansichten ändert, sondern den Konflikt aushält. Sichtbarer als im öffentlichen Bereich ist hier, wo die Sprache komplizierter und zerbrechlicher wird, daß es nicht die Gesetze der Logik oder die Regeln der Kommunikation sind, mit denen der Einzelne seine Probleme löst oder nicht, sondern ein mythisches Bild, mit dem er eine Zugehörigkeit rekonstruiert, die nicht gegenwärtig und wahrnehmbar sein muß. Solches Handeln enthält die notwendige Fiktion, aus dem Zwang der Geschichte herauszuspringen, auch wo es objektiv, von außen gesehen, wissenschaftlich und historisch bedingt sein mag.

Wird Literatur politisch zu funktionalisieren versucht, soll sie direkt in Handlung übersetzt werden, so schlägt sie in Mythologie um, ihre Distanz verlierend wie in den kommunistischen Proletarierromanen und abgeschwächt schon im bürgerlichen Bildungsroman. Die fingierte Vorbildlichkeit soll zur Handlungsnorm werden. Hier sind die Erlebnisse des sich als geschichtlich wissenden Individuums Teile eines über das Individuum hinausreichenden Zusammenhangs und daher ihrer Selbständigkeit beraubt. Schon die Erfahrung einer geschichtlichen Situation setzt das Individuum in die Stellvertretung von etwas Allgemeinem – z. B. das Proletariat oder den Kämpfer gegen den Faschismus.[26]

Daß die politischen Mythen trotz ihrer Abstraktheit und Unerfüllbarkeit als sinnvoll betrachtet werden, ist soziologisch und psychologisch verständlich, da die individuellen Erfahrungen sinnentleert sind. Auch der neuere Mythos der Emanzipation ist zu ungenau, als daß er nicht in sein Gegenteil umkippen könnte. Die literarischen oder filmischen Emanzipationsgeschichten hören da auf, wo sie wirklich anfangen, und wie es weitergeht, weiß man nicht. Gefährlicher aber noch als die Mythen, auch wo sie falsch sind, ist die Rede, sie seien überflüssig oder gar schon abgeschafft. Wenn die individuellen Mythen abgeschafft sind (und nach ihnen vielleicht auch die Literatur), dann herrscht die Wissenschaft, wie es das Ziel der Aufklärung ist. Daß sie dazu imstande ist, steht außer Zweifel. Dann wird die Gesellschaft endgültig nach den

Gesetzen der Soziologie geregelt, und die Psychologie sagt den Menschen, was und wie sie sind; das lernen sie in therapeutischen Gruppen, und wer's nicht glaubt, kommt in die psychiatrische Klinik. Die kollektiven Mythen bleiben erhalten. Sie haben nur ihren Bezugspunkt verändert und zielen ins Nirgend, wie Utopie auf deutsch heißt. Die Produktion nach allgemeinen Gesetzen regelt jeden Lebensablauf. Zarathustras »letzter Mensch« hat das Glück erfunden und blickt in die Sonne und blinzelt.

Das hier angedeutete Bild der *brave new world* von Huxley unterscheidet sich nicht sehr von der Utopie Blochs, weil auch den Menschen dort, sofern sie ihre Triebe befriedigen, der Gedanke der Unfreiheit nicht kommt.

Verallgemeinernd läßt sich sagen, daß die marxistische Theorie und was ihr nachfolgt nicht die Substanz hat, aus der heraus erklärt werden könnte, wieso gesellschaftlich erzwungene individuelle Verkümmerungen noch auf Widerstand stoßen. Wahrscheinlich ist es, wie Gabriel Marcel einmal meinte, wirklich so, daß manche noch »von einem Kapital von Gefühlen leben, die eine Zeitlang noch die Ideen und den positiven Glauben überleben, die ihnen ihre Rechtfertigung verliehen«.[27] Vorerst aber kommt die Forderung nach Freiheit der gleich, zu wissen, daß Wissenschaft und Geschichte ihre Grenzen haben, daß die Behauptung eines universalen Geltungsbereichs der Geschichte die Möglichkeit eines sinnvollen Fortschritts verhindert. Sie hieße aber auch, daß wieder nach sittlichen Normen gefragt werden dürfte. Nur so wäre Freiheit mehr als die Willkür des Verfügens, die nur bei Politikern geahndet wird. Sie wiederherzustellen wäre ein Stück Reaktion, zu der eine entfremdete Wirklichkeit gehört, die ihre Versöhnung nur in der Kunst und im Augenblick findet und die die Transzendenz der Utopie vorzieht.

Anmerkungen

1 Fr. Schlegel, *Über das Studium der griechischen Poesie,* in: *Schriften zur Literatur,* München 1972, dtv text-bibliothek 6006.

2 Fr. Schlegel, *Philosophische Fragmente,* 2. Ep, Fr. 653, in: *Krit. Aus.* Bd. 18, München–Paderborn–Wien 1963, S. 248.

3 Die berühmte Anm. 18 im *Kapital* von Marx, auf die hier nicht näher eingegangen werden soll, greift da zu kurz.

4 K. Kerenyi, *Die religiöse Idee des Nichtseins*, in: *Antike Religion*, Wiesbaden 1978, S. 174.

5 W. Dilthey, *Beiträge zum Studium der Individualität*, in: *Ges. Schriften*, V. Bd., Leipzig u. Berlin 1924, S. 275.

6 H. Ch. Buch, *Von der möglichen Funktion der Literatur. Eine Art Metakritik*, in: *Kursbuch* 20, Ffm. 1970, S. 48.

7 A.a.O., S. 42.

8 E. Bloch, *Vom Geist der Utopie*, letzter Satz.

9 R. zur Lippe, *Objektiver Faktor Subjektivität*, in: *Kursbuch* 35, Ffm. 1974, S. 24.

10 E. M. Cioran, *Die Lehre vom Zerfall*, Hamburg 1953, S. 60.

11 H. G. Gadamer, *Wahrheit und Methode*, [3]Tübingen 1972, S. 13.

12 S. Anm. 16.

13 Eine deprimierende Schilderung dieses Zustandes, auch auf die Gegenwartsliteratur übertragen, gibt P. Rühmkorf in der *Zeit* vom 4. 8. 1978.

14 *Apostelgesch*. 5, 9.

15 E. Bloch, *Das Prinzip Hoffnung*, aus: J. E. Meyer: *Tod und Neurose*, Göttingen 1972, S. 106.

16 P. Schneider, *Kursbogen* zu *Kursbuch* 16: *Rede an die deutschen Leser und ihre Schriftsteller*, Ffm. 1969.

17 F. v. Baader, *Elementarbegriffe über die Zeit*, aus: *Gesellschaftslehre*, München 1957, S. 150.

18 Th. Molnar, *Mythos und Utopie*, in: *Scheidewege* Heft 1/2, Jg. 3, Ffm. 1973.

p19 W. Benjamin, *Über den Begriff der Geschichte*, in: *Ges. Schriften*, Bd. I/2, S. 701.

20 Siehe dazu die Schriften von M. Eliade, vor allem: *Die Sehnsucht nach dem Ursprung*, 2. Aufl. Ffm. 1976, BS 408.

21 H. Lübbe, aus: H. v. Hentig, *Hoffnung aushalten*, in: *Merkur* 350, Juli 1977, S. 635.

22 E. Bloch, *Ist Zukunft Jugend oder Tod?* in: *Die Zeit* v. 29. 7. 1977.

23 O. Negt, *Der produktivste Ketzer im Marxismus*, in *FR* v. 16. 8. 1977.

24 A. Gehlen, *Moral und Hypermoral*, Ffm. u. Bonn 1970, S. 75.

25 R. Pettazzoni, *Die Wahrheit des Mythos*, in: *Mythe, Mensch und Umwelt*, Bamberg 1950, S. 2.

26 Die entgegengesetzte Haltung des *l'art pour l'art* legitimiert, meiner Kenntnis nach das erste Mal, B. Constant in seinem großartigen, Goethes *Werther* an die Seite zu stellenden Roman *Adolphe* mit dem Argument, daß »man seine Erfahrungen in dieser Welt immer auf eigene Kosten macht«. Er rechtfertigt damit seine Wiedergabe einer tragischen Liebesgeschichte, aus der niemand etwas lernen kann.

27 Gabriel Marcel, *Die Erniedrigung des Menschen*, Frankfurt a. M. [2]1964, S. 145.

Volker Bohn
Zum Hinscheiden der These vom Tod der Literatur

I.

Prozeß und Wirkungsmechanismen des Phänomens »self-fulfilling prophecy« sind soziologisch gut untersucht; in den Anfängen steckt noch die Aufklärung dessen, was wirklich ist an der Fiktion.

Die Übersetzung der denunziatorischen Schmähung »Fuck Fiction!« in die akademisch-theoretische These vom »Tod der Literatur« wurde dem ursprünglichen Motiv keineswegs gerecht. Trotzdem sind es keine nekrophilen Neigungen, mit denen beispielsweise Peter Rühmkorf konfrontiert wird, wenn er heute, zehn Jahre nach dem Aufkommen der Schmähungen und der endgültigen Aufnahme jener These in den Traditionsbestand der literarischen Diskussion, bei seinen Lyrik-Lesungen überall differenzierte Publikumsreaktionen erfährt, nur nicht bei »akademischer Intelligenz«: da sieht er sich »einer einzigen zitternden Erwartung gegenüber: Das Kunstgebilde seiner hoffnungslosen gesellschaftlichen Irrelevanz zu überführen«; da werden Fragen gestellt, die »mittlerweile zu staatsanwaltlichen Vernehmungsfloskeln kalziniert sind: Was wird rein emanzipatorisch damit eingebracht?« »In den deutschen Lit-Seminaren ist ein Räderwerk ins Rappeln geraten, das nicht auf die Vermittlung und auch nicht mehr auf die analytische Durchdringung der Kunsterscheinung zielt, sondern auf ihre Vernichtung.«

Das ist so pauschal gewiß nicht wahr; nicht einmal Literaturseminare würden das heute mehr von anderen Literaturseminaren behaupten. Rühmkorfs Erfahrungen seien freilich nicht einfach bestritten – wer könnte das? Es ist auch zu Gnaden zu halten, daß Rühmkorf keine Sorgen vor dem sogenannten Beifall von der falschen Seite hegt – auf dem Felde, wo derlei wechselseitige Verdächtigungen aufeinander treffen, ist wahrlich genug taktiert worden; und, tatsächlich, nicht nur *diese* Erinnerungen weckt seine Tirade. Sie soll auch im folgenden so ernst genommen werden, wie sein banausisches Publikum sich selber lange Zeit nehmen konnte; aber, dem heutigen (pauschalen) Literaturstudenten zu Ehren: das ist (pauschal) nicht wahr.

Zur Sache: es gibt ihn noch, diesen ridikülen Gestus einer Radikalität, die sich gewissermaßen amtlich gibt, mit Hoheitsaufgaben der Geschichte oder ähnlichem befaßt, und die, wie schon Adorno bemerken mußte, sich immer zuallererst einmal den Ausweis zeigen läßt, damit keiner die Grenzen eines Denkens verletze, dem »vorgeschrieben wird, was herauskommen soll«, jener »Diskussionen, bei denen feststeht, wer recht behalten muß« (1969, S. 147).

Davon freilich, daß, sogar noch in Sachen intellektueller Auseinandersetzung, eine akademische Intelligenz allemal intelligenter, sensibler, politisch aufgeklärter und selbstkritischer sei als eine nicht-akademische, dürften immer nur diejenigen überzeugt gewesen sein, die – gegebenenfalls insgeheim – davon ausgingen, Intelligenz gebe es ohnehin nur als akademische. Rühmkorf sollte der Mann sein, dem es, bei seinen Erfahrungen und bei seinen Studien, plausibel erscheinen könnte, daß es nicht nur heute, sondern schon immer (mit der Ausnahme vielleicht irgendeines Augenblicks in der Mitte des 18. Jahrhunderts) außerhalb der Universitäten und fern von ihnen mehr Menschen gibt und gab, die von Literatur etwas verstanden, die sich intensiv mit ihr beschäftigten, die sie liebten, die über sie begründete Urteile abgeben konnten. Nicht nur unter statistischen Gesichtspunkten und auch nicht nur unter professionellen.

Darüber hinaus: erschrecken können hätte Rühmkorf auch schon vor zehn Jahren (vielleicht weniger über die direkten Vorfahren derer, die ihm heute begegnet sind; und ein bißchen mitgespielt hat Rühmkorf ja selbst, als auf Emanzipation oder Kunst gesetzt wurde): z. B. hätte er erschrecken können über die Austauschbarkeit der Motive für die allgemeine Proklamation des Todes der Literatur: ihre »hoffnungslose gesellschaftliche Irrelevanz« konnte im Interesse der sozialen Revolution (kein »Praxisbezug«) geradesogut verdächtigt werden wie im Interesse der politischen Ökonomie *aller* Richtungen (keine »Effizienz«, »gesellschaftlich nutzlose Arbeit«), der demokratischen Bewußtseinsbildung (kein »konkretes Engagement«), der technokratischen Reform (keine »operationalisierbaren Lernziele«). Das läßt vermuten, es könne sich von Anfang an um eine unklare, aber fixe Idee gehandelt haben, die sich gefräßig speiste und fett wurde von allem, was im Trüben irgend zu fischen war.

Man kann das heute unter zwei Aspekten sehen: dem logischen und dem historischen. Der zweite bietet sich zwanglos an; der erste ist durch die Tatsache gerechtfertigt, daß der Polemik Rühmkorfs gar nicht die aktuelle Bedeutung zukommt, die er selbst ihr zumißt; aber eine grundsätzliche eben deshalb, weil seine Argumente ihrer Struktur nach gelten wollen (ganz unabhängig von dem, was ihm gerade widerfuhr), sie demnach auch schon vor zehn Jahren hätten gelten müssen.

Da blicken wir freilich zunächst auf eine jahrhundertealte Erfahrung zurück, wonach die Argumente (oder Ressentiments) *gegen* die Kunst immer ein wenig holzschnittartig-derber auszufallen pflegen als die Argumente (oder die Beteuerungen), die *für* sie vorgebracht werden. Man kann sich die Einzelhinweise inzwischen ersparen; an ihrer Spitze, zugleich am Anfang einer rasanten Karriere des politischen *und* philosophischen »Problems Kunst«, pflegt Schillers Klage in den *Briefen über die ästhetische Erziehung des Menschen* zu stehen: »Der Nutzen ist das große Idol der Zeit, dem alle Kräfte fronen und alle Talente huldigen sollen. Auf dieser groben Waage hat das geistige Verdienst der Kunst kein Gewicht . . .«

Soviel wir heute wissen, liegt eben in der Sache selbst jene argumentative Asymmetrie begründet. Wo das Problem politisch oder didaktisch beseitigt wird, durch theoretische Dienstverpflichtung oder praktische Indienstnahme, sind die Debatten ohnehin am Ende. Wo das Problem gar nicht gesehen wurde, wo es zugekleistert war mit »Schmücke Dein Heim«-Parolen, sind öfters verzweifelt-demonstrative Autodafés vorgekommen; sie blicken inzwischen auf einen eigenen Formenbestand zurück.

Und wo es philosophisch-ästhetisch ernstgenommen, d. h. weder anthropologisch, psychologisch, soziologisch reduziert noch dem einigermaßen theorieresistenten Gesichtspunkt des reinen Unterhaltungswerts unterworfen wird, bleibt es traditionsgemäß bei den eigentümlichen Paradoxien der sogenannten idealistischen Ästhetik. Es ist dann der »Nutzen« von etwas zu explizieren, das sich mit nichts aus der Welt des Nutzens vergleichen läßt (wobei man obendrein, mit Schiller, unter Umständen »ebenso oft genötigt ist, sich auf Gefühle als auf Grundsätze zu berufen«); es ist dann dem Umstand Rechnung zu tragen, daß die Kunstwerke, wie sich mit bloßem Auge erkennen läßt, nicht jenseits von Zeit und Raum existieren, gleichwohl nicht in diesen Bestimmungen aufgehen. Keine philosophische Ästhetik, wenn sie dies sein und bleiben will, kann dem Problem ausweichen, daß die Kunstwerke einerseits keine Naturdinge, andererseits keine bloßen motivationalen Bekundungen sind, daß sie im Bereich der Praxis so wenig unmittelbar taugen wie in dem der Theorie. (*Daß* sie aber taugen, und zwar nicht nur in der Form höchst verwickelter ästhetisch-theoretischer Vermittlungen, steht außer Frage; aufgrund welchen Mißverständnisses sollte sonst Literatur von Autoritäten, die ihr Handwerk verstehen, verfolgt, zensiert, verboten werden? Nur, *was* taugt da? Der empirisch-historisch-gesellschaftliche Rest? Oder gerade das, was das empirisch Gesetzliche oder Verantwortliche transzendiert?)

Da hilft kein Rückzug: weder auf die Konstitutions- noch auf die Rezeptionsseite. Die Konstitution von Kunstwerken (also das, was an ihnen nicht reduktionistisch wegzubringen ist) muß begrifflich explizierbar sein, ohne daß es, im Zuge der Explikation, mit dem Begriff ineins fiele. Die adäquate Rezeption von Kunstwerken setzt voraus, daß sie ganz ausdrücklich *als solche*, d. h. in ihrem Anspruch, sich dem Begriff zuletzt zu verweigern, akzeptiert werden.

Und eben hier scheiden sich die Geister. Man kann ja niemanden daran hindern, ein Gedicht wie eine Hausordnung zu lesen, so wie man niemanden daran hindern kann, eine Hausordnung wie ein Gedicht zu lesen. Darüber, daß die Hausordnung – im letzteren Falle – inhaltlich mißverstanden wird, dürfte zwar kein Zweifel bestehen; aber man kann ja Hausordnungen willentlich mißverstehen und auch geradezu mißachten, wenn man bereit ist, die Folgen zu tragen. Genausogut kann man Gedichte mißachten, und zwar praktisch folgenlos.

Auf diesen Punkt kommt es bei der Betrachtung von Rühmkorfs Hinweisen an; in diesem Punkt läßt sich nämlich auf verführerisch leichte Weise eine starke Position erreichen: man braucht sich nur zu entschließen, das alles für uninteressant zu halten, und ist sogleich unerreichbar für Argumente wie für Polemik.

Im übrigen gibt es auch noch Möglichkeiten, diese Position diskursiv zu befestigen, z. B. wenn zu wählen ist zwischen der Befassung mit dem kranken Nachbarn und der Befassung mit Gedichten über den kranken Nachbarn. Gelegentlich hat überdies nicht die Sorge um den Zustand des kranken Nachbarn, sondern die um den Zustand der Gedichte über den kranken Nachbarn zu einem demonstrativen Desinteresse motiviert. Tolstoi vermutet, die Schriftsteller, falls es sie einst überhaupt noch geben werde, würden es einmal peinlich finden, über irgendeinen fiktiven Iwan Iwanowitsch oder eine Marja Petrowna irgend etwas zu erfinden; Valéry soll, Gide zufolge, gesagt haben, es sei ihm unmöglich, den Satz zu schreiben »Um fünf Uhr verließ die Marquise das Haus«; Karl Kraus bekennt, daß er »infolge einer angeborenen Unzulänglichkeit Romane nicht zu Ende lesen kann«, und »schon beim geringsten Versuch, mir zu erzählen, daß Walter beim Betreten des Vorzimmers auf die Uhr sah«, auf der Stelle einschläft (S. 207); Alfred Polgar begründet, warum er »keine Romane lesen« kann: der Schuster Potzner wohnt mit seiner sechsköpfigen Familie in einem kleinen dreieckigen Zimmer im XVIII. Wiener Bezirk. »Und da soll man Romane lesen?« »Ich soll mein Mitgefühl, das schon vor der Stube des Schusters Potzner ohnmächtig versagt, noch durch imaginäre Leiden imaginärer Erdenwandler [...] in Bewegung setzen lassen?« »Ich, der ich gar keine Besuche mache, soll mich durch Hütten und Paläste schleifen lassen [...]?« (S. 62 f.)

Attitüden großer Sprachkünstler gegen realistische Erzählfiktion, gegen nichts sonst, aber doch den umfangreichsten Teil tatsächlich gelesener Literatur.

Politisch Besseres zu tun zu haben, ist auch kein ganz frisches Motiv; zwei Belege, aus verschiedenen Zeiten und verschiedenen Lagern:

Wilhelm Liebknecht 1891: »Das alte, junge und jüngste Deutschland [...], welches für die soziale Bewegung ein

Verständnis hat, *kämpft,* und das, welches nicht kämpft, hat kein Verständnis für sie. Und das kämpfende Deutschland hat keine Zeit zum Dichten.«

Karl Vossler wünscht in seiner Rektoratsrede von 1927 dem Roman in Deutschland keine Zukunft (»Wir Deutschen sind in der Anspannung und bei der Arbeit geschickter und beweglicher als in der Lockerung und Unterhaltung«), und wenn er von »dienen« spricht, so meint er das durchaus soldatisch: »Umfangreiche Romane können in größerer Zahl nur von einem wohlhabenden, müßigen und geistig wie körperlich seßhaften Leserstand aufgenommen und getragen werden. Wir aber hoffen, daß das neue Deutschland, daß Ihr, Kommilitonen, nicht dort, wo gefällige Mischungen hergestellt und genossen werden, wohl aber wo es die großen und reinen Ideen mit ganzem Einsatz zu verwirklichen gilt, daß Ihr dort in den vorderen Reihen dienet.« (Unter unserem Gesichtspunkt meinen Liebknecht und Vossler keineswegs Verschiedenes, sondern ganz und gar dasselbe; es ist ein manchmal ehrenwertes, manchmal nichtssagendes, manchmal gefährlich kleinkariertes, manchmal auch brutales Argument.)

Immerhin, hat einer bessere Literatur anzubieten, als es Romane zu sein pflegen, so sollte er das tun; meint einer, Romane generell denunzieren zu müssen, so sollte man ihn lassen; hat einer Besseres zu tun, als sich mit Literatur zu beschäftigen, so darf man ihn nicht aufhalten; beschimpft er deswegen die Literatur, so muß man das ertragen (*ihm* nützt es jedenfalls nicht, da er ja logischerweise Besseres zu tun haben müßte, als die Literatur zu beschimpfen).

Eine Position aber gibt es, die nicht haltbar, eine Attitüde, die man nicht zu ertragen verpflichtet ist: diejenige, die für sich, an genau dem Platze, von dem sie die Literatur vertrieben zu haben glaubt oder, gar wider besseres Wissen, vertrieben zu haben behauptet, ohne weiteres eben die Aufmerksamkeit reklamiert, die jener zukam.

(Zwischenüberlegung. Das gerechte Verhältnis zwischen der finanziellen Förderung der Literatur und der finanziellen Förderung des Krankenhausbaus kann niemand festlegen. Aber das Mißverhältnis zwischen den Einkünften der Schriftsteller und den Einkünften derer, die wirklich von der Literatur leben, was ja die wenigsten Schriftsteller können, ist eklatant.

Noch der billigste Literaturprofessor oder Deutschlehrer ist teurer als der höchstdotierte Literaturpreis. Das möge, wenn schon nicht zur Einsicht, so doch zur Vorsicht gemahnen.)

Auch dies wird gemeint sein, wenn Rühmkorf an seinem akademischen Publikum feststellt, es habe »sich in sich selbst geirrt, gehört nicht ins Fach, gehört auf schnellstem Weg in die Verbrennungswissenschaften abgeschoben, in die Müllvertilgungskunde, in den mittleren Säuberungsdienst; an denen braucht doch bloß ein ganz klein wenig gedreht zu werden, und es kucken I-A-Sanierungskräfte oder Refa-Effizienzermittler raus«.

Sprachlich dürfte auf diese Weise das Durcheinander komplett sein. Oder meint Rühmkorf das »gehört auf dem schnellsten Weg abgeschoben« persiflierend-ironisch, das »braucht doch bloß gedreht zu werden« hingegen ernst?

In der Sache jedenfalls sind die Klage und ihre Begründung auch schon von anderen vorgetragen worden. Klaus Wagenbach z. B. hat bereits die Leser seines Lesebuchs zur deutschen Literatur der sechziger Jahre daran erinnern müssen, daß die Frage »Was kann Literatur denn schon bewirken?« weniger eine Frage ist, »die Arbeiter stellen, als vielmehr eine Frage von eben den Bildungsprivilegierten, die ›schöne Literatur‹ verbreiten und lesen«; daß die Frage »narzißtisch, selbstmitleidig« ist; daß »solche Frager oft nur die beklagenswerten Endprodukte gymnasialen Deutschunterrichts [sind], der entweder jede Erinnerung an Wirkung von Literatur gelöscht hat durch jahrelanges Training in ästhetischem Feinstsinn, das zu politischem Schwachsinn führt, oder Literatur nur als Anlaß für politisch-philosophische Fragen benutzte«. (*Lesebuch*, S. 209/210)

Und mögen auch Rühmkorfs Erlebnisse besonders extreme gewesen sein: der Tendenz nach hatten sie auch solche Autoren, deren Arbeit gegen die von Wagenbach zitierte Plastik-Frage immun schien: »Als Wallraff unlängst in West-Berlin eine Lesung hielt, zu der sehr viele Leute gekommen waren, da war, nach viel Applaus und gespanntem Zuhören, dann doch wieder die erste Frage – ›wem dient das, ist das wirklich für die Arbeiter, nicht intellektuell‹. [. . .] Wie schnell werden solche Demagogen ihrerseits das verbreiten, was immer schon ihre Vorstellung vom Proleten war [. . .].« (Hazel, S. 138)

(Dies, wohlgemerkt, von solidarischer Position aus gesagt: »Die Kritik an diesen Zuständen könnte *eventuell* dem Feind nützen. Der Verzicht darauf schadet uns *ganz bestimmt.*« Ebd. S. 135)

Den politischen Motivationszusammenhang zu benennen erschien Heinrich Böll selbst seine Nobelpreis-Rede der richtige Ort, wo er die »diesmal nicht imperialistischen, sondern scheinbar anti-imperialistischen Versuche« kritisierte, »die Poesie, die Sinnlichkeit der Sprache, ihre Verkörperung und die Vorstellungskraft zu denunzieren und die falsche Alternative Information/Agitation/Poesie« zu propagieren.

Ob nun die Frage so gestellt ist, daß die Wahl zwischen irgendeiner höheren Warte und den Zinnen irgendeiner Partei besteht, oder so, daß innerhalb eines bestimmten Lagers um Tendenz und Parteilichkeit gestritten wird (man erwäge die feine Beobachtung Mattenklotts, »die Gleichung von Politisierung mit Fortschritt« könne »im Sinne der Linken nur so lange aufgehen, wie die rechten Gegenspieler sich an den Literaturbegriff der Kunstautonomie und des L'art pour l'art gebunden fühlen« – S. 75): die Möglichkeiten einer bündigen Fassung des Verhältnisses von Politik und Poesie stranden in den aktuellen Auseinandersetzungen immer wieder an denselben unwirtlichen Gestaden – Poesie hat mit Politik nichts zu tun; Poesie hat politisch zu sein; Poesie ist, ob sie es will oder nicht, allemal politisch. (Die komplexe Vermittlung dieser Positionen, wonach Poesie politisch gerade insoweit aufzufassen sei, als sie sich eben der – ob nun auf Meinungsmärkten oder »Szenen« verhandelten – Politik, die alles durch und durch imprägniert, verweigert, läßt sich in den aktuellen Auseinandersetzungen erfahrungsgemäß nicht so gut gebrauchen.)

So nimmt es nicht wunder, daß, in aufklärerischer Absicht, der Literatur spezifische Wirkungsintentionen und öffentlich bedeutsame Funktionen der gegensätzlichsten Art zugeschrieben werden konnten (von der Sensibilisierung bis zur Weltflucht, von der seismographischen Indikation bis zur Verschleierung der Widersprüche), und daß, schon in der allerfrühesten Phase der Politisierung, Germanistikstudenten, ansonsten Gesinnungsgenossen, darüber in Streit geraten mußten, ob die Kunst »einen entscheidenden Stellenwert als ein Mittel zur Herstellung von Bewußtsein« habe oder ob, Enzensberger zufolge, der neuere Imperialismus so wirksame Instrumente zur Manipulation des Bewußtseins entwickelt habe, daß er auf die Kunst nicht mehr angewiesen sei (vgl. Schlichting, S. 47).

Derartigen Alternativen hat übrigens Scharang ihre eigenen theoretischen Voraussetzungen ironisch entgegengehalten: »Da es die Aufgabe des Seins ist, das Bewußtsein zu bestimmen, kann es wohl auch gleich einen Gutteil der Aufgabe übernehmen, das Bewußtsein zu verändern. Die Literatur wäre dann etwas entlastet und hätte mehr Zeit, besser zu werden.« (*Tintenfisch* 8, 1975, S. 86)

Wenn es aber nichts bewirkt, mit Spatzen auf Kanonen zu schießen (vgl. Enzensbergers Gedicht *Zwei Fehler*), so fragt sich, was für einen Sinn es haben kann, daß diejenigen, die über diese Einsicht verfügen, mit Kanonen auf Spatzen schießen, die sogar der Imperialismus in Ruhe läßt.

Anders gesehen: Wagenbachs Diagnose trifft mehr als die Praxisferne derjenigen, die über die »Praxisrelevanz« der Literatur diskutieren und dabei, wie immer das Urteil ausfällt, diese an Praxisferne übertreffen müssen; die literarische Intelligenz bleibt, ex definitione, auch dann bei ihrem Tätigkeitsfeld, wenn sie es in Frage stellt. »Welchen Schaden stiftet ein Beben im Dschungel?«

Das müssen sich doch nicht nur diejenigen fragen lassen, denen die von der Straße »an ihr Ohr dringenden Geräusche« »gelegentlich die Syntax durcheinandergebracht« haben, sondern auch diejenigen, die »eines Tages, von der Revolution nach Hause kommend«, »nicht wußten, wie das, was [sie] schrieben, mit dem zu tun hatte, was eben auf der Straße geschehen war«, und »also zunächst erst mal auf[hörten] mit dem Schreiben«. Und Gott sei Dank betrifft es ebenso die »Personen, die aus der Tatsache, daß Leute, die schreiben konnten, nicht mehr schrieben, ihrerseits schlossen, daß sie selbst, die tatsächlich überhaupt gar nicht schreiben konnten, daher schreiben müßten« (alle Zit. Lettau, *Eitle Überlegungen*, S. 19).

II.

Die Tendenzwende soll mit der ökonomischen Krise zu tun haben, während die neuerliche Hinwendung zur Literatur mit der Tendenzwende zu tun haben soll; der Protest gegen die Literatur hatte seine Prominenz zu Zeiten der Konjunktur, die Literatur gewann ihre Stellung zurück mit zunehmender Krise. Umgekehrt wäre es auch plausibel, also kein wirkliches Problem für Dialektiker. Kurioserweise hat die Literatur im letzten Jahrzehnt ihren Tod gleich zweimal überlebt: Ende der sechziger Jahre, als sie ideologisch abgetan war, Mitte der siebziger Jahre, als es schien, es werde ihr ökonomisch der Garaus gemacht (was »damals nicht gelang«, »schaffen die Verleger heute spielend«, »›Verschlankung‹, wie es im Fachjargon heißt«, »Mindestabsatz« – H. C. Buch, S. 12). *Das* ist ein Problem für Dialektiker; einen Augenblick lang sah es so aus, als sorge die Bewußtseinsindustrie für die Erfüllung des heißen Wunsches ihrer Kritiker, und dies obendrein aus den sozusagen richtigen Motiven, nämlich ökonomischen. Inzwischen ist die Sache ausgestanden. Literatur ist wieder interessant, auch für die Geschäftsführer.

Was ist passiert?

Ist nur ein literarischer Nachholbedarf nach nicht-literarischer Literatur gestillt worden? Bedurfte es des schweren Geschützes lediglich, um einen Trend zu brechen, und ist das Geschütz nun, da Rang und Geltung der Protokolle und Reportagen nicht mehr bezweifelt werden, bloß noch ein gefährliches Spielzeug?

»Wir können in Zukunft auf das Dokument ebensowenig verzichten wie auf die erfundene Fabel«, und: die Diskussion wird »heute ohne großen Enthusiasmus geführt, die alten Losungen ›Hie Formalismus! Hie Realismus!‹ haben keinen Schwung mehr und werden über kurz oder lang so unverständlich geworden sein wie die noch älteren: ›Hie Welf! Hie Waiblingen!‹« (Buch, S. 14)

Haben wir es vielleicht sogar bald so weit gebracht, mit der Literatur das zu tun, was vordem schon Susan Sontag für das einzig Richtige hielt: nämlich die Literatur in Ruhe zu lassen?

Sollte dann auch anerkannt sein, was D. Forte schreibt: »Das schlechteste Stück ist mir immer noch lieber, als die beste Kritik darüber«? (S. 105)

Und Enzensberger: »Der gesellschaftliche Einfluß des Deutschlehrers ist, ganz im Gegensatz zu dem des Schriftstellers, wenn nicht ekrasant, so doch von makroskopischer Größenordnung.« »Der Lehrkörper« aber macht »im ganzen den Eindruck einer kriminellen Vereinigung, die sich mit unsittlichen Handlungen an Abhängigen und Minderjährigen vergeht«; als Tatwaffe dient dabei das Gedicht, ein »fragiles Objekt« von »harmloser Natur«; und die »Fertigkeit, die es erlaubt, aus einem Gedicht eine Keule zu machen, nennt man Interpretation«. (S. 50/51)

Also rundum Beschränkung auf Handlungen unter »consenting adults«?

Schluß auch mit »unserer Nationaleigenart, Widersprüchen schnellstens die Große Säuberung oder Große Verdrängung entgegenzustellen«? (*Tintenfisch* 7, 1974, S. 4)

Schluß vor allem mit den literaturdidaktischen Verschwörungstheorien: einmal so, daß der Literatur als einer »umstürzlerischen Kunst von unerhörter Brisanz« zum Schutze der Gesellschaft »der Zünder abgeschraubt« werden müsse, ein andermal so, daß den Unzufriedenen »Gedichte in den Rachen gestopft werden, um sie mit den herrschenden Zuständen zu versöhnen«? (Enzensberger, S. 55)

Schluß dann wohl auch mit der Alternative bürgerliche versus proletarische Literatur? Vielleicht in der Tendenz Th. Braschs, der entschieden hat, Literatur (»Geschichten, die man sich ausdenkt, um sie aufzuschreiben und zu verkaufen«) sei immer bürgerlich; proletarisch mögen hingegen die Geschichten heißen, die der Brigadier sich ausgedacht hat, um die Chefsekretärin ins Bett zu kriegen: also »Literatur, die nicht mehr den Zweck hat, verbreitet zu werden, sondern einen anderen Zweck« (S. 96).

Also lernen wir aus dem neueren Panoramagequatsche über Tendenzwende für unser Thema tatsächlich nichts? Tu, was du willst?! Anything goes?!

III.

Ein Frühstücksgespräch in Miami:

»Niedlich finde ich auch bei Dichtern – und hieran kann man von ihnen lernen –, daß sie so tun, als seien sie gegen sich selbst, wo sie doch in Wahrheit nur gegeneinander sind. So verfaßte in meinem Land ein junger Mensch ein Pamphlet gegen die Literatur, in welchem er die Vertreibung der Träume aus den Bibliotheken auf die Straße verlangte, ein hübscher Einfall. Kaum hatte sich sein Name herumgesprochen, verfaßte er jedoch selbst ein Buch mit einem klassischen Titel, bei dem man an Frühling denkt, und das Buch war sogar noch über ihn selbst.« (Lettau, *Gespräche,* S. 15)

Aber doppelte Buchführungen und sonstige Wechselfälle des Lebens sind weder besonders bezeichnend noch theoretisch lehrreich. Auch daß die Zeiten sich ändern, dürfte keine fundamentale Einsicht sein, selbst dann nicht, wenn der Zeitgeist sich gelegentlich in einem Augenblick ertappen mag, da er, begnadeterweise frei von materiellen Bedingungen, seine ansonsten grundsätzliche materielle Bedingtheit reflektiert. Chr. Enzensberger: »Das Bewußtsein ist ein Rauch, weht schnell in die andere Richtung. Ein kleines Nachgeben in den Produktionsverhältnissen [...] und wer weiß, was dann in unsren armen Köpfen spukt: vielleicht ein neues Superding, ein neuer Ästhetizismus, eine neue Spielart von Es Gibt Eben Das Kapital und Man Lebt Nur Einmal.« (*Tintenfisch* 7, 1974, S. 16)

Ein kleines Nachgeben oder vielleicht ein kleines Erdbeben. Hat denn keiner von denen, die 1968 das Superding vom »Tod der Literatur« proklamierten, recht haben und behalten wollen? Wären denn ihre damaligen Thesen und ihre eigenen Erfahrungen im Umgang mit diesen Thesen nichts als Qualm? Nein; an eben diese Erfahrungen vielmehr wird man sich halten müssen – und nicht ans metakritische Raunen –, wenn man aus dem Hinsterben der These vom Tod der Literatur etwas lernen will.

– Peter Schneider (1969: »was wir da um uns herum sehen und erleben, ist überhaupt nicht mehr zu beschreiben, nur noch zu ändern« – S. 202) ist nicht nur der Exponent der (von

Schlichting mustergültig untersuchten) Akzentverlagerung innerhalb der literarischen Non-fiction-Beiträge des *Kursbuchs* (vom Dokumentarischen zum Autobiographischen); manchen gilt ausgerechnet Schneider (1969: »es kann einer seine Biographie schreiben, wenn er immer noch geneigt ist, dem Individuum in der Literatur einen größeren Platz einzuräumen, als ihm in der Gesellschaft eingeräumt wird« – S. 201) zusammen mit K. Struck und einigen Gruppen der Frauenbewegung als Vorreiter des »neuen Subjektivismus« (so Buch, S. 14); mit Sicherheit aber hat Schneider den ersten und nach wie vor besten Beitrag zur literarisch-fiktionalen Verarbeitung der studentischen Protestbewegung geliefert *(Lenz)*. Das ändert nichts daran, daß unter bestimmten Bedingungen »die Wünsche und Phantasien ihre Form als Kunst sprengen und sich die politische Form suchen« (Schneider 1969, S. 203); nur kann man inzwischen besser unterscheiden zwischen Phantasien, die immer noch ihre politische Form suchen, und solchen, die sie fatalerweise gefunden haben; ganz abgesehen von denen, die ihre Form als Kunst noch gar nicht gesprengt haben und von denen sich die politischen Formen noch nichts träumen lassen. Piwitt: »Wenn die Literatur im Moment eine größere Funktion als noch vor einigen Jahren hat, dann deshalb, weil sie in der Vorstellung der Menschen den politischen Traum wachhalten kann, der am derzeitigen Krisenmanagement, aber auch an der ratlosen platonistischen Begrifflichkeit von Soziologie und Politologie vorerst gescheitert scheint.« (S. 79)

Schneider war von Anfang an der Überzeugung, daß »die Rede vom Ende der Literatur [. . .] immer wieder von denen vorgetragen [wird], die nur nach einem Vorwand suchen, um die bürgerliche Literatur in einer neuen, bisher unerhörten Todesart vorzuführen« (S. 203). Freilich definierte er die etwaige nicht-bürgerliche Literatur so, daß ihr bloß die Wahl zwischen universalem Durchblick und Quacksalberei (also keine Wahl, denn das ist ja dasselbe) blieb: »Wenn immer einer seine Unterdrückung schildert, dann soll er sie in ihrer Verwechselbarkeit zeigen, soll ihre Ursachen zeigen und die Strategie der Befreiung« (ebd.). Mit anderen Worten: alles.

(Im 18. Jahrhundert gab es einen berühmten Lyriker, der nicht glauben wollte, daß ein anonym erschienener Verriß seiner Werke von einem anderen berühmten Lyriker stammen solle; denn die zugrundegelegten globalen theoretischen Ansprüche und Überzeugungen seien Rattengift für jede künstlerische Produktion.)

Der Schriftsteller Peter Schneider hat sich von seinen Thesen nicht einschüchtern lassen.

– Günter Wallraff, der nicht aus der Studentenbewegung kommt und auch niemals seine eigene schriftstellerische Methode als Vorbild für alle Schriftstellerei gepriesen hat, wurde jahrelang von denen, die den Tod der Literatur für ausgemacht hielten, als fruchtbare Alternative angesehen, weil er dem kritischen Klischee vom Blick hinter die Kulissen nicht nur sozusagen, sondern wirklich Genüge tat; weil er für eine eigene Art ungekünstelten Spotts sorgte, indem er konkreten Schaden stiftete; weil seine Technik der begrenzten Regelverletzung an bekannte Theorien des zivilen Widerstands anschloß, zugleich aber sein Handeln nicht nur symbolisch war, sondern riskant, bisweilen aber auch, in einem strikteren Sinne freilich, als es E. E. Kisch einst vom Reporter verlangte, »werktätige Arbeit«. (Wallraff könnte gewiß niemals Kischs Faustformel akzeptieren: »Der Reporter hat keine Tendenz, hat nichts zu rechtfertigen und hat keinen Standpunkt.« Wallraff über Kisch: »Er ist ein großer Meister der kleinen Form, dabei, meine ich, mehr Stilist. Ihm genügte es zum Beispiel, einen Tag in ein Asyl zu gehen, um eine sehr gute Reportage vorzulegen. Ich könnte das nicht, sondern muß mich diesen Situationen länger aussetzen.« – *Gespräch 1976*, S. 49)

Gleichwohl waren in Wallraffs Arbeiten spezifisch literarische Momente immer vorhanden und verstärkten sich im Laufe der Zeit, inzwischen auch nach eigenem Bekunden: »Ich muß achtgeben, daß ich nicht eine einmal gefundene bewährte Form so weit treibe, daß sie sich irgendwann abnutzt, daß die Waffe stumpf wird. Ich muß die Gefahr umgehen, indem ich auch formal größere Mittel einsetze [. . .]. Ich bin dabei, zur Zeit einiges szenisch zu versuchen, über die Form des Fernsehspiels etwas zu entwickeln. Immer wieder werde ich auf das eigene unmittelbare Erleben zurückgreifen, aber die Transportmittel zu erweitern versuchen, um auch langfristigere Wirkung zu erzielen und über den regionalen

Bereich hinauszugehen.« (Ebd. S. 52)

Das mag sich auf den ersten Blick literaturtheoretisch naiv ausnehmen; die Unvermitteltheit eines *Rückgriffs auf das Erleben* und einer *Erweiterung der Transportmittel* (im Bereich des Nicht-Fiktionalen) erinnert durchaus an jene (auf den Bereich des Fiktionalen bezogene) Gestaltungsmaxime, die Walser an einigen Theorien des Werkkreises als »Rest des linken Köhlerglaubens« kritisiert hat: erst »analytisch aufdekken«, dann »künstlerisch zudecken« (*Wovon und wie . . .*, S. 396). Doch tritt an Wallraffs Überlegungen einiges Grundsätzliche zutage: daß das Prinzip des Dokumentarischen, bei strenger Handhabung, Stärke und Konzentration seiner Wirkung (wenn z. B. Wallraff sicher sein kann, bei Gerling gebe es keinen Beschäftigten, der nicht die Büroboten-Reportage über diesen Konzern zur Kenntnis genommen habe – *Gespräch 1976*, S. 46) möglicherweise mit regionaler oder zeitlicher Einschränkung dieser Wirkung erkauft wird; auch daß die invariable Präsentation sich notwendig abnutzt (zur Masche werden kann, d. h. aber ganz demselben Schicksal unterliegt wie literarische Formen).

Doch will Wallraff natürlich weder literarisch noch literaturtheoretisch konkurrieren. Mag er sich über das Verhältnis zwischen fiktionaler und nicht-fiktionaler Literatur gelegentlich unzureichend geäußert haben (»Das ist Realität, das ist nicht irgendwie zusammengebastelte Fiktion, nichts, das sich einer aus den Fingern saugt« – *Gespräch 1975*, S. 60), so hat ihn doch sein Mangel an Ambition auf diesem Feld auch vor doktrinären Standpunkten bewahrt, sieht man von den Schärfen seiner frühen Werkkreis-Ermunterung ab, die »überdeutlich« formuliert war im Interesse ihres Zweckes und auf die Wallraff nicht »festgelegt« werden möchte (ebd. 51).

»Man kann hier keine Doktrin aufstellen. Immer, wenn etwas schon als Gesetz, als Doktrin gefordert wird, ist schon das Ende der Literatur da.« Das gilt für seine Beurteilung anderer (»Sie würden vom Schriftsteller also nicht fordern, daß sein Werk [. . .] politisch sein muß; also nicht politisierend?« »*Muß* auf gar keinen Fall.«). Und es gilt auch für seine Selbsteinschätzung: »Ich glaube, daß wir jetzt eine Zeit haben, in der durchaus auch Formen gefunden werden müssen, um komplexere Bereiche zu durchdringen. [. . .] Zum Beispiel eine Literatur, in der man sich als Schreiber wieder mit einbezieht. Auch ich bin an einem solchen Punkt angelangt, wo ich versuche, mich wieder mit hineinzubringen in das, was ich mache, zu sehen, was mit mir selbst passiert [...]« (alle Zit. ebd. S. 51, 52, 56).

So hat sich Wallraff zuletzt extremen Erfahrungen als *Bild-Zeitungs*-Reporter ausgesetzt (»Alles um mich herum gerinnt und erstarrt zur verkürzten *Bild*-Floskel-Geschichte. Ich stelle fest, daß mir bei Geschehnissen gleich Überschriften und Artikelanfänge einfallen.« – *Aufmacher*, S. 218) Über die Enthüllung fragwürdiger journalistischer Praktiken und über die Beschreibung brutaler déformations professionelles hinaus ist das als Beitrag zur aktuellen Diskussion über Subjektivismus und Realismus in der Literatur zu lesen. Deren sprachkritische Leistung hat unmittelbar bewußtseinskritische Funktion, wenn sie die (keineswegs immer manifest oktroyierten) Wahrnehmungsgewohnheiten aufstört, bei denen der Alltagssprachgebrauch sich beruhigt hat; und in diesem Punkt sind nicht nur Journalisten der *Bild-Zeitung*, sondern auch andere betroffen, erst recht die Leser. Mit den »Geschichten«, auf die der Reporter ausgeht und in denen er dem Leser die Wirklichkeit als Präparat verabreicht, verhält es sich wie mit der »Kinohandlung«, von der Kluge und Reitz im Zusammenhang mit Problemen des filmischen Realismus feststellen, sie sei, »solange Menschen in ihren Köpfen Romane bewegen, etwas *ununterdrückbar Reales*« (zit. Schlichting, S. 38). (Logisch gesehen: soweit die Wirklichkeitsauffassung vermittelt ist durch Geschichten, Kinohandlungen und Romane in den Köpfen, muß das sogenannte »Reale« ihnen gegenüber allemal geringere Chancen haben als eben Geschichten, Kinohandlungen und Romane.)

– Als ununterdrückbar erwiesen sich auch die Ansprüche und die Bedürfnisse Erika Runges bei der Herstellung der *Bottroper Protokolle*, also desjenigen Werks, das im Assoziationshaushalt der literarischen Öffentlichkeit – und bis in Schulbücher hinein – neben der Arbeit Wallraffs als das repräsentativste Zeugnis der Dokumentarliteratur galt. Aus Anlaß ihres »Abschieds von der Dokumentarliteratur« teilte Erika Runge – für alle überraschend – die Wahrheit über jene Protokolle mit. (Kein Anlaß für Vorwürfe: da kann man mal sehen, und auch nicht für Häme: jetzt dichten sie wieder.)

»Sätze wie: ›Erika Runge [. . .] präsentierte [. . .] eine Selbstdarstellung von Arbeitern, hinter der sie als Autorin völlig zurücktrat‹, [. . .] beschreiben das Verfahren nicht. Ich habe auch bei der weiteren Bearbeitung des Materials nicht auf Eingriffe und eigene Ansprüche verzichtet.« (S. 93) »Ich habe die Aussagen der Bottroper nach meinen Vorstellungen verwendet, habe sie benutzt wie Bausteine, ohne zu fragen, ob die Erzähler mit dem Ergebnis einverstanden sind. [. . .] Lieber wollte ich unfair sein, als aus diesem Buch nicht doch in gewisser Weise *mein* Buch zu machen.« (S. 95)

Das Eingeständnis dieses Sachverhalts (samt den versteckten Indizien: wenn Erika Runge ihre Interviewpartner »Erzähler« nennt) überbietet, auch an literaturtheoretischem Wert, das meiste, was an Kritik gegenüber den *Protokollen* und dem von ihnen mitbegründeten Trend vorgebracht worden ist (z. B. im Anschluß an Adorno: »Glorifizierung der prächtigen underdogs«, oder, gerade gegenteilig: »Diese Sprache sagt etwas, was sie selbst nicht weiß.« »Sie ist für die Sprecher kein Instrument der Selbstbefreiung, sondern eher ihrer dauernden Selbsttäuschung, und die Schriftsteller, die Intellektuellen, die diese Dokumente der Sprachlosigkeit herausgeben, erreichen damit nur ihresgleichen.« Wellershoff, S. 60).

Man muß sich vergegenwärtigen: Erika Runge hatte eine Vorstellung von dem, was sie als authentisch mitteilen wollte; und das authentische Material, das ihr zu Gebote stand, genügte dieser Vorstellung nicht. Sie hat nicht nur unter sachlichen oder politisch-strategischen Gesichtspunkten ausgewählt und arrangiert, sie hat auch »dramaturgisch geordnet und gerafft« (S. 93). Heute möchte sie einen Roman schreiben, möchte anfangen, »ästhetische Möglichkeiten mich selber! – auszuprobieren« (S. 91). Wogegen sich Erika Runge damals nicht wehren konnte oder mochte, darf man verstehen als eine im Gewand der Anfechtung, der Eitelkeit auftretende, höchst rudimentäre, aber eben auch ganz elementare Form der Vermittlungsproblematik, die sich dem Autor stellt, der von den Ansprüchen seiner Autorschaft so wenig absehen kann wie von denen seiner Gegenstände und denen seiner Leser. Angesichts dessen aber verfliegt die Illusion, das Authentische sei das Einfache, gleichwie: ob die Wirklichkeit nur für sich stehen soll, oder ob der Autor einfach nur vor sich hin spricht.

– Von allen prominenten Befürwortern des Dokumentarischen bezeugt am bündigsten Martin Walser die Reflexion dieser Problematik, indem er das subjektive Moment, das Wallraff (»mich wieder mit hineinbringen«) und Runge (»mich ausprobieren«) als entwicklungslogisch gebotenes ansprechen, in grundsätzlicher Absicht behandelt. Es sei daran erinnert, daß Walser 1968 dem Bericht *Vorleben* von Ursula Trauberg eine »Glaubwürdigkeit« bescheinigt hat, »die man nur erreichen kann, wenn man sie nicht beabsichtigt«: »die nachgemachte Authentizität schmeckt uns nicht mehr. Wir glauben nicht mehr, daß einer über andere Bescheid weiß« *(Nachwort)*; Walser selbst aber verfaßte *danach* mit gleicher Intensität wie zuvor Romane und erklärte *zugleich* die Textsammlungen des Werkkreises für »die wichtigsten Anthologien seit 1945« (*Wovon und wie . . .*, S. 393). Gemildert wird der Widerspruch, wenn man den Begriff der Authentizität nicht zu einsinnig faßt: gewiß ist es verwegen, wenn ein Schriftsteller genau so zu schreiben versucht, wie Ursula Trauberg schreibt – *wenn* sie schreibt; verwegen wäre aber auch die Annahme, die Welt der Ursula Trauberg sei die Welt.

Walsers Position erklärt sich im übrigen widerspruchslos aus der grundlegenden Bedeutung, die für ihn die Kategorien *Erfahrung* und *Genauigkeit* haben; sie sind für jeden Autor, für jedes Genre und für jedes Sujet verpflichtend: »Wenn du einen Roman schreiben willst, ist da eine Kategorie, die man verlangen muß: Genauigkeit. Für mich ist das ein anderes Wort für Ehrlichkeit. Das heißt, es muß Realität und Erfahrung in einem Feinheitsgrad aufgelöst werden bis zum Zerbersten sozusagen, so fein, wie es vor dir noch keiner gemacht hat. Du mußt so genau sein, wie vor dir noch keiner.« – »Es würde mir z. B. abstrakt vorkommen, wenn ich jetzt auftreten und sagen würde, mit dem, was ich arbeite, möchte ich einen Beitrag liefern für die Befreiung des Arbeiters. Und zwar warum? Weil das einfach historisch aus meinen Erfahrungen gar nicht zu machen ist.« (*Gespräch*, S. 79 u. 82/83)

Also nicht: »Tu, was du willst!«, sondern: »Tu, was du kannst!« Das schränkt im ganzen das Spektrum der Möglichkeiten so wenig ein, wie es im Einzelfall vor Präpotenz bewahren wird; aber es diskreditiert bereits im Ansatz die falsche theoretische Verallgemeinerung je eines der konkurrierenden Genre-, Sujet-, Ausdrucks- und Erfahrungsbereiche. Warum sollte der bürgerliche Schriftsteller (der sich in diesem Fall sogar zum Sozialismus bekennt) so schreiben, und über dasselbe, wie der Werkkreis-Autor, et vice versa? Wie könnte der schreibende Arbeiter sich das Ethos des professionellen Romanciers (»Erfahrung in einem Feinheitsgrad aufgelöst bis zum Zerbersten«) zu eigen machen? Was gewönne man mit einer einfachen Verwechslung der Traditionen? (Die Arbeiterliteratur hat ihre eigene Problemgeschichte; sie enthält andere Bestände als die Tradition, in der und gegen die Walser sich bewähren will: »so fein, wie vor dir noch keiner«.)

Als weitestreichenden Gedanken aber entwickelt Walser in diesem Zusammenhang eine psychologisch wie ästhetisch höchst bemerkenswerte Theorie des Schreibens (und zwar aller Feinheitsgrade und Traditionen), der zufolge jenes subjektive Moment, zunächst nur eine notwendige Voraussetzung für Erfahrung und Genauigkeit, im Prozeß des Schreibens sich selbst geradezu gegenständlich erfährt. Für die Stichhaltigkeit dieses Gedankens zeugt, daß er sich sogar am anscheinend untauglichsten Beispiel, der Werkkreis-Literatur, demonstrieren läßt:

»Ich halte es immer noch für möglich, daß einer schreibt, weil es ihm sonst zuviel wird, weil er die Schnauze voll hat.« »Aber diese anfängliche Spontaneität geht rasch über in einen Arbeitsprozeß. Die sich vom Schreibenden entfernenden Sätze stehen ihm gegenüber. Je mehr von ihm selber da steht, desto mehr muß er sich in der Folge danach richten. Es gibt ein Hin und Her zwischen ihm und dem Geschriebenen. Er erfährt durch das Schreiben mehr von sich, als er wußte. [. . .] Ich kann mir nicht vorstellen, daß sich dieser Vorgang simulieren läßt. Das heißt, ein Schreiber, der alles schon weiß, oder alles schon besser weiß, der kann nicht mehr so schreiben, daß es zu jener spannenden Entdeckungsfahrt kommt, an der der Leser dann wirklich teilnimmt. Wenn der Autor die Arbeit nicht zur eigenen Veränderung braucht, dann wird er auch keinen anderen verändern.« (*Wovon und wie* . . ., S. 398/399)

Dieses Wechselspiel von Freiheit und Unfreiheit im Prozeß

des Schreibens hat E. Plessen im Hinblick auf den Unterschied zwischen fiktionaler und nicht-fiktionaler Literatur präzisiert, insofern in der ersten Produktionsphase der fiction-Autor – anders als der non-fiction-Autor, der nämlich sammeln, aufzeichnen, recherchieren muß – zwar völlig frei sei (etwas zu erfinden), daß er aber diese Freiheit bald einbüße. Plessen zitiert hierzu Harold Nicolson (1934), und Walsers Bild von der Entdeckungsfahrt liegt auch hier zugrunde: »Es sind die Gestalten, mit denen man sich auf eine solche Romanreise einschifft, die schließlich das Schiff bemannen und die Oberaufsicht übernehmen. Tun sie das nicht, so kannst Du sicher sein, daß sie nur Schatten sind und Du Deine Reise lieber [. . .] aufgeben solltest. Denn ich bezweifle, daß je andere als nur ganz wertlose Bücher den Kurs gesteuert sind, den man erwartete, oder den Hafen erreicht haben, den man suchte.« (Plessen, S. 22)

Diese Einsicht hat nichts zu tun mit Aufgabe der Verantwortung, freiem Sich-Überlassen, betrifft vielmehr den Umstand, daß Erfahrung und Genauigkeit mehr sind als bloß Vorbedingung oder Vorsatz, nämlich Ansprüche, die sich im konsequenten Umgang mit der Sache selbst hervorbringen, modifizieren, präzisieren. In diesem Punkt ist die fiktionale Literatur der nicht-fiktionalen offenkundig überlegen. Dasselbe gilt für die Problematik der partikularen Wirkungsintention oder gar der Zielgruppenorientierung. Günter Kunert: »Die Frage ›Für wen . . .‹ macht deutlich, daß manche Germanisten nicht mehr nachzuvollziehen in der Lage sind, daß der Akt des Schreibens einer der Selbstbefreiung ist, des Selbstverständnisses«; ist »der Akt des Schreibens gelungen, gelingt auch der des Lesens: der Nachvollzug beim Leser gibt diesem in abgeschwächter Weise, was der Autor unvermittelt beim Schreiben gewonnen hat. Daher steht am Anfang und am Ende des Schreibens niemals die Frage Für wen? Die Vorstellung von einem sozial oder ideologisch begrenzten Publikum [. . .] führt zur bekannten Konsequenz der Selbstbescheidung, zu einer Reduktionskunst, die selbst jene nicht erreicht, die sie eigentlich erreichen will. [. . .] Eine Literatur für streng presbyterianische Handwerksgesellen von Orten unter 30 000 Einwohnern über das presbyterianische Handwerksgesellenproblem ist keine.« (*Tintenfisch* 7, S. 62)

IV.

Die zuletzt am Beispiel politisch-theoretischer Exponenten der non-fiction-Literatur (Schneider, Wallraff, Runge, Walser) behandelten Positionen (und ihr Wandel) sind nicht nur wegen der Verläßlichkeit persönlicher Zeugenschaft besonders lehrreich; sie machen – als in Sachen »Tod der Literatur« allesamt besonders Betroffene – vor allem plausibel, daß die ihnen gemeinsame In-Geltung-Setzung der Subjektivität (und damit literarisch zwangsläufig einhergehend: die In-Frage-Stellung des strengen Dokumentarismus) keine Laune ist, kein modischer Pendelausschlag und auch nicht eine Folge der ominösen Tendenzwende.

Daß die Folgerungen und Perspektiven dieser Autoren durch nachvollziehbare Erfahrungen begründet sind, macht sie für unseren Problemzusammenhang besonders wertvoll; denn hier nützt die Beweiskraft theoretischer Argumente kaum etwas. Aus zwei Gründen:

Erstens ist mit der jüngstvertretenen These vom Tod der Literatur zu viel auf einmal gemeint, als daß man genau weiß, worauf sich theoretische Gegenargumente in eindeutiger Weise beziehen könnten.

Den einen schien der Tod der Literatur, als Folge des permanenten Selbstzweifels der Autoren (der »Dauerreflexion über das Schreiben«, Wellershoff), längst eingetreten; infolgedessen lieferten manche überhaupt nur eine Art Spielmaterial für Leichenfledderer (Chotjewitz – *Die Insel* –: »Streichen Sie Abschnitte und ganze Kapitel, die Ihnen nicht gefallen, einfach durch oder reißen Sie die Seiten heraus«).

Den anderen schien der Tod der Literatur längst fällig zu sein: als Konsequenz aus der Erkenntnis, daß gerade die Restbestände sogenannt engagierter Literatur besonders klägliche Beispiele fruchtlosen Engagements darstellten.

Da gab es solche, die mit »Literatur« in diesem Zusammenhang lediglich die gesellschaftlich anerkannte, etablierte, in den Schulen tradierte Literatur treffen wollten (die inbrünstig vorgetragenen Alternativen lauteten Trivialliteratur, nicht kanonisierte Literatur, Gebrauchsliteratur).

Da gab es andere, die, aus purer Solidarität mit allen »underdogs« oder aus vornehmer wissenschaftlicher Neutralität, sich den Tod der Literatur in der Form ihres Untergangs im weiten Meer der »Texte« aller Art vorstellten.

Und es gab diejenigen, die nur Platz schaffen wollten für eine revolutionäre Literatur; sie merkten übrigens als erste, daß der Interessenmischmasch die These selbst unbrauchbar machte (s. o. P. Schneider; vgl. auch Wolfgang Heises logische Entdeckung: die Behauptung, daß die Poesie »tot, oder nicht mehr machbar« sei, impliziere doch wohl auch, daß »revolutionäre Poesie nicht machbar sei« – *kürbiskern* 1969, S. 486).

Zweitens: demjenigen, der, nach Walser, »alles schon weiß«, der zu wissen meint, wo's lang geht, und selbst noch demjenigen, der bloß wissen will, wohin die Reise gehen soll, ist der Sinn von »Entdeckungsfahrten« schwer plausibel zu machen.

Was lernt, sagen wir, ein bestimmter Werkkreis-Autor aus der Feststellung, seine Texte seien von »ledernem Optimismus« geprägt? Welche linken Studenten fühlen sich wirklich getroffen, wenn es heißt, »linke Studenten entblöden sich nicht«, so etwas auch »noch als ›echt proletarisch‹ zu feiern«? Was sollte einer, der sich entschlossen hat, seine Erfahrung auf den politischen Begriff zu bringen, und zwar in seiner Schriftstellerei oder mit ihrer Hilfe, von der bloßen Vorhaltung begreifen, *nur* wo »eine persönliche Erfahrung nicht auf den politischen Begriff gebracht« werde, sei nennenswerte Literatur zu erwarten? (alle Zit. Piwitt, S. 77/78)

Oder, in ganz grundsätzlicher Perspektive, Nicolas Born: »Auch ein Teil der Literatur (ich denke an gefriergetrocknete Realismen, die auf Halde liegen, bis sie zur Anwendung kommen, an Agitprop und an einige besonders sklavische Dokumentliteraturen) hat sich von kritischen Außensteuerern auf Funktion reduzieren lassen. Dabei muß sie ihre ureigenste, aus gutem Grund unausgesprochene Funktion verlieren, nämlich den sowohl zerstörerischen wie auch aufbauenden, auf jeden Fall aber erschütternden Zusammenprall der Imagination mit dem Faktischen darzustellen bzw. dieser Zusammenprall selber zu sein. [. . .] Das heißt nicht Wertfreiheit und nicht Literatur im luftleeren Raum, auch nicht, daß sie, frei von Zwängen, nur noch sich selbst reproduziert. Vielmehr sucht sie die Reibung, den Konflikt und ist *auch* ganz Realität und Materie, aber sie ist auch das prinzipiell andere, über sich selbst und die Realität Hinausweisende.« (S. 9/10)

Gut und schön und vor allem richtig. Aber derartige Statements dürften eine andere Wirkung haben, als ihre Urheber erwarten: sie überzeugen den Überzeugten, oder sie fassen theoretisch-begrifflich, was der Leser aus der Erfahrung im Umgang mit Literatur weiß. Für sich selbst genommen und funktional betrachtet, sind diese Statements genauso arme Meinungen wie diejenigen theoretischen Sätze, die das Gegenteil behaupten. Schlimmer noch: »das prinzipiell andere, über sich selbst und die Realität Hinausweisende« mag in seiner Geltung für den Überzeugten oder im oben genannten Sinne Erfahrenen unerschütterlich sein; für den Nicht-Überzeugten, Schwankenden, Lernenden, Un-Erfahrenen sind die handgreiflichen Einwände meist die plausibleren (und im gelegentlich skrupellosen Ausnutzen dieses Ungleichgewichts besteht wohl das größte Unrecht mancher, die sich auf diesem Felde engagiert haben).

Ein extremes Beispiel: sogar die Schriftsteller selbst haben sich doch beeindrucken, ja geradezu verblüffen lassen von der Zugkraft der bunten Interessengemeinschaft »Tod der Literatur«. Michael Krüger und Klaus Wagenbach müssen noch im Jahre 1974 feststellen: »Große Säuberung ist momentan am beliebtesten: ›Weg mit der Dekadenzliteratur, her mit dem proletarischen Roman!‹ [...] Die Große Verdrängung beschert dem Schriftsteller Orgien der Ich-Feier unter dem Mantel radikaler Ich-Verleugnung.« (*Tintenfisch* 7, S. 4)

Michael Krüger resümiert 1976: »zunächst wurde der Literatur jede Erkenntnisfunktion abgesprochen und die politische Rede gepflegt (bis sie keiner mehr hören konnte); dann setzte man auf die Literatur der Arbeitswelt und den roten Großvater, weil der politisierte Enkel nicht mehr zu kriegen war« (*Tintenfisch* 9, S. 4).

Dazwischen aber, im Jahre 1975, aus Anlaß des gerechten Protests gegen einen Gesetzentwurf, schreiben Krüger und Wagenbach: »Unter dem weichen, weiten Mantel der Langeweile wird in Deutschland die Zensur vorgeschlagen. Auch diese reimt sich auf Natur.« (*Tintenfisch* 8, S. 4) Die Autoren unterstellen also das Einverständnis ihrer Leser in bezug auf die Verächtlichkeit beider Reimworte (daß sich auch *Literatur* darauf reimt, ist ihnen nicht aufgefallen). Derlei denunziatorische Rhetorik nutzt – mitten in den siebziger Jahren – das primitive Vorurteil, das dann, zwei Jahre später, auch im *Tintenfisch,* kritisiert werden sollte: »der deutsche Wald und der deutsche Schäferhund avancierten zum Inbegriff des Faschismus«. Hingegen erscheine »uns der Satz, daß ein Gespräch über Bäume fast schon ein Verbrechen ist, heute fast schon selbst verbrecherisch« (H. C. Buch, *Tintenfisch* 12, S. 7).

Dem ist nicht nur zu entnehmen, daß zwei Autoren, die wacker dem einen Klischee widerstehen, gleichzeitig einem anderen aufsitzen; auch derjenige, der ihnen, soweit es Natur und Bäume betrifft, widerspricht, tut dies aus einem Wald von Klischees heraus:

Was sind das für Zeiten, in denen man völlig übersehen kann, daß Brechts Frage, in dem Rechtfertigungsgedicht an die Nachgeborenen, von unendlicher Trauer geprägt ist?

Das hier vorliegende Mißverständnis ist für unseren Zusammenhang höchst bezeichnend: als H. C. Buch das niederschrieb, dürfte er nämlich gar nicht Brechts *Frage* (und ihre Bedeutung innerhalb des Gedichts) im Ohr gehabt haben, sondern deren Zurichtung zum Fertigargument, für das die Bäume gar keine Bäume mehr waren, sondern besonders willfährige Metaphern, besonders billig zu habende Versatzstücke. Keiner von denen, die im letzten Jahrzehnt an Diskussionen über Literatur und Gesellschaft teilgenommen haben, der sich nicht erinnerte, wie Brechts Gedichtzeile dazu herhalten mußte, Gespräche über Bäume ebenso wie solche über Gedichte, in denen Bäume vorkommen, schließlich Gedichte überhaupt, dem Verdacht der Verantwortungslosigkeit, des Luxurierens und Schmarotzens auszuliefern. Und zwar (fast schon ein Verbrechen gegen Brecht?) *ohne Frage;* und ohne eine Spur von Trauer.

Schriftsteller, professionell mit Fiktionen und Symbolen, mit Metaphern und sprachlichen Versatzstücken (und ihrem Funktionswandel) befaßt, konnten uns hingegen einen reflektierteren Umgang mit derlei Prozessen lehren.

Sagen wir so: daß man heute nicht mehr Schmerz auf Herz reimen kann, wissen wir; wer aber Zensur auf Natur reimt, weckt keine Hoffnung auf Besseres. Vielleicht dann doch der, dem es einmal wieder gelingen sollte, Schmerz auf Herz zu reimen, obwohl es nicht geht. Er lehrte uns mehr über den

Nutzen der Literatur als derjenige, der uns belehren will, was geht und was nicht geht.

Eine einfache theoretische Überlegung zum Schluß: Um an der Literatur festzustellen, daß sie nicht direkt Politik ist, genügt ein Blick über die Achsel; um den Schluß zu ziehen, was an ihr indirekt Politik ist, sei jedenfalls von geringerer unmittelbarer Wirkung als eine Menge anderer Veranstaltungen, sollte es keines Nachdenkens bedürfen (nur höchst verwunderlich, daß es doch immer wieder ausdrücklich betont werden muß. Walser: »Wem die Literatur eine zu langwierige Wirkungsweise hat, der muß sich eine andere Art zu handeln suchen« – *Wovon und wie . . .*, S. 400).

Allgemeiner: um an der Literatur überhaupt irgend etwas Bedeutsames feststellen zu können, muß man sich zunächst ihrem *formalsten literarischen Anspruch* beugen: »Roman zu sein, ist ein Anspruch, den der Roman mitbringt, indem er von Anfang an als Roman dargestellt wird, und er schreibt von vornherein dem Leser eine bestimmte Haltung vor, die eine andere ist als die, die derselbe Leser zu Erinnerungen und anderen dokumentarischen Texten einnimmt.« (Gustafsson, S. 65).

Gustafssons Gedankenexperiment mit der Autobiographie Richthofens – daß sie, »sobald wir uns dafür entscheiden«, ihr »den Charakter einer Fiktion bei[zu]messen, sich vor unseren Augen völlig verwandelt, *ohne daß etwas im Text verändert wird*« (S. 64) – fördert grundlegende Einsichten in Konstitutions- und Rezeptionsbedingungen der literarischen Fiktion zutage. Etwa die, daß die Erzählung, anders als der textidentische Bericht, eher verstanden werden kann als etwas, »das *persönlich* an uns gerichtet ist, und zwar erst in dem Augenblick, wo wir sie als Rolle sehen. Auf etwas paradoxe Art und Weise scheint das ästhetische Erlebnis einer Erzählung nicht mit der Wahrheit der Erzählung, sondern damit verknüpft zu sein, daß sie erdacht ist« (S. 65).

Vor allem aber: Behauptungen, die im Zusammenhang eines Berichts stehen, können, der Möglichkeit nach, bezweifelt oder widerlegt werden; »Behauptungen«, die im Zusammenhang einer Erzählung stehen, müssen von dem, der die allererste Bedingung erfüllt hat, indem er sich erst einmal auf diese

»Behauptungen« eingelassen hat, allein nach der möglichen Berechtigung und dem möglichen Sinn ihrer Existenz in unserer (des Autors und des Lesers) Vorstellung beurteilt werden.

Kommt uns das Dokument der Richthofenschen Lebenserinnerungen vor Augen und liest es sich so, wie wir uns Richthofensche Lebenserinnerungen schon immer vorgestellt haben, dann sehen wir uns in unserer Vormeinung, unserer Weltsicht, bestätigt. Kommt uns aber derselbe Text mit dem Anspruch der Fiktion vor Augen, und ist es dieser (wie wir dann annehmen müssen) deutlich gelungen, den Ton (die »Geschichte«, den »Roman«, die »Kinohandlung«) Richthofenscher Lebenserinnerungen zu treffen, so ist jene nicht bloß diesen zum Verwechseln ähnlich, vielmehr *demonstriert* sie diese Verwechselbarkeit. Dann liegt aber die Frage nahe, was das eigentlich für eine gemeinsame Vormeinung ist, die der Autor offensichtlich ganz genau hat erwägen können. Wessen Vormeinung ist es überhaupt, da sie doch zumindest nicht die Richthofens ist? Ist es vielleicht seinerseits ein klischeehafter Vorgang, wenn man von bestimmten Leuten ganz bestimmte Klischees erwartet?

Die *fingierte* Autobiographie (die *als solche* gelesen wird) beansprucht mehr, als daß der Leser sich durch den Autor in der impliziten Kritik, der Entlarvung des Tonfalls Richthofenscher Lebenserinnerungen, nur bestätigt fühlt. Dazu hätte die Lektüre *wirklicher* Lebenserinnerungen, bei gegebener Vormeinung, wahrlich genügt.

Derartiges meint wohl Gustafsson, wenn er feststellt, durch die Fiktionalisierung werde »eine subtile Operation mit unserer sprachlichen Gemeinschaft selbst vorgenommen«; und so kann »ein nur vorgestelltes Bild unter bestimmten Umständen eine stärkere Wirkung haben als eines, das auch erlebt und wirklich ist«, »weil das nur vorgestellte Bild auf seltsame Weise unsere Ansicht darüber, *was sich sagen läßt,* schafft und abgrenzt« (S. 67).

Freilich eben »subtil«, »unter bestimmten Umständen« und »auf seltsame Weise«. Auch aus Gustafssons Resümee läßt sich weniger entnehmen als aus dem Gedankenexperiment, das er vorschlägt und in dem sich erweist, daß der Fiktion anderes und mehr zu »entnehmen« ist als dem Bericht – indem ihr nämlich nicht nur etwas zu entnehmen ist.

Die Hinterbliebenen der These vom Tod der Literatur müssen so mit dem Gedanken leben, daß die literarische Fiktion mehr vermag als die Theorie der literarischen Fiktion und daß sie, in bezug auf die Darstellung der Wirklichkeit, manchmal sogar mehr vermag als eine Darstellung der Wirklichkeit.

Literaturnachweise

Adorno, Theodor W., *Resignation* (1969), in: Th. W. Adorno, *Kritik. Kleine Schriften zur Gesellschaft.* Frankfurt/M. 1971.

Born, Nicolas, *Vorbemerkung,* in: *Literaturmagazin* 3, Hamburg 1975, S. 9 ff.

Buch, Hans Christoph, *Vorbericht,* in: *Literaturmagazin* 4, S. 11 ff.

Brasch, Thomas, *Neuankömmling. Gespräch mit Mitgliedern und Mitarbeitern der Redaktion,* in: *alternative* 113 (1977), S. 93 ff.

Enzensberger, Hans Magnus, *Ein bescheidener Vorschlag zum Schutz der Jugend vor den Erzeugnissen der Poesie,* in: *Tintenfisch* 11 (1977), S. 49 ff.

Forte, Dieter, *Warum keiner Kritiken liest und warum jeder Kritiken liest,* in: *Tintenfisch* 11 (1977), S. 104 ff.

Gustafsson, Lars, *Richthofens Problem,* in: L. G., *Utopien. Essays,* München 1970, S. 53 ff.

Hazel E. Hazel, *Die alte und die neue Sensibilität,* in: *Literaturmagazin* 4, S. 129 ff.

Kraus, Karl, *Von Humor und Lyrik,* in: K. K., *Die Sprache,* München 1954, S. 201 ff.

Lettau, Reinhard, *Eitle Überlegungen zur literarischen Situation,* in: *Literaturmagazin* 4, S. 19 ff.

Lettau, Reinhard, *Gespräche in Miami,* in: *Tintenfisch* 8 (1975), S. 13 ff.

Liebknecht, Wilhelm, *Brief aus Berlin* (17. Feb. 1891); zit. nach M. G. Conrad in: Gotthardt Wunberg, *Die literarische Moderne,* Frankfurt/M. 1971, S. 120.

Mattenklott, Gert, *»Meine Feder ins Waffenverzeichnis«. Das operative Genre im Rahmen eines fortschrittlichen Literaturprogramms,* in: *Literaturmagazin* 4, S. 72 ff.

Piwitt, Hermann Peter, *Kleiner Versuch zur Utopie der schweigenden Mehrheit,* in: *Literaturmagazin* 3, S. 72 ff.

Plessen, Elisabeth, *Fakten und Erfindungen. Zeitgenössische Epik im Grenzgebiet von fiction und nonfiction,* München 1971.

Polgar, Alfred, *Ich kann keine Romane lesen,* in: A. P., *Anderseits. Erzählungen und Erwägungen,* Amsterdam 1948, S. 61 ff.

Rühmkorf, Peter, *Poet am Marterpfahl,* in: *Die Zeit,* Nr. 32, 4. Aug. 1978.

Runge, Erika, *Überlegungen beim Abschied von der Dokumentarliteratur,* in: *Tintenfisch* 11 (1977), S. 91 ff.

Schlichting, Hans Burkhard, *Das Ungenügen der poetischen Strategien: Literatur im ›Kursbuch‹ 1968-1976,* in: W. Martin Lüdke (Hrsg.), *Literatur und Studentenbewegung,* Opladen 1977, S. 33 ff.

Schneider, Peter, *Rede an die deutschen Leser und ihre Schriftsteller (1969),* in: Klaus Wagenbach (Hrsg.), *Lesebuch. Deutsche Literatur der sechziger Jahre,* Berlin 1972, S. 198 ff.

Vossler, Karl, *Der Roman bei den Romanen.* (Rektoratsrede, gehalten am 18. Juni 1927, in: Volker Klotz (Hrsg.), *Zur Poetik des Romans,* Darmstadt 1965, S. 1 ff.

Wagenbach, Klaus, *Möglichkeiten, Fragen zu stellen,* in: K. W. (Hrsg.), *Lesebuch,* S. 206 ff.

(Wallraff, Günter) Heinz Ludwig Arnold, *Gespräch mit Günter Wallraff,* in: *Literaturmagazin* 4, S. 47 ff.

Wallraff, Günter, *Sicht von unten* (Gespräch), in: *Neue Deutsche Literatur* 8 (1976), S. 45 ff.

Wallraff, Günter, *Der Aufmacher. Der Mann, der bei ›Bild‹ Hans Esser war,* Köln 1977.

Walser, Martin, *Wovon und wie handelt Literatur?* In: *kürbiskern* 3 (1972), S. 390 ff.

(Walser, Martin) Klaus Konjetzky, *Gespräch mit Martin Walser,* in: *Weimarer Beiträge* 21/7 (1975), S. 70 ff.

Wellershoff, Dieter, *Die Auflösung des Kunstbegriffs,* Frankfurt/M. 1976.

Die Autoren des Bandes

Alfred Andersch, geboren 1914, lebt in der Schweiz und veröffentlichte zuletzt *empört euch der himmel ist blau. Gedichte und Nachdichtungen aus dreißig Jahren.*

Lothar Baier, geboren 1942, lebt als Literaturkritiker, Publizist und Übersetzer in Rödermark bei Frankfurt am Main; er hat sich zuletzt in mehreren Aufsätzen mit dem Problem des (neuen) Irrationalismus auseinandergesetzt; sein Gesprächspartner *Detlev Claussen* ist Soziologe an der Universität Hannover.

Volker Bohn, geboren 1941, Dr. phil., Professor für Neuere Deutsche Philologie an der Universität Frankfurt am Main, gibt demnächst *Theoretische Grundlegung der Literaturwissenschaft* heraus.

Michael Buselmeier, geboren 1938, lebt als Publizist und freier Schriftsteller in Heidelberg; soeben erschien sein Gedichtband *Nichts soll sich ändern.*

Hans Magnus Enzensberger, geboren 1929, Dr. phil., lebt in Berlin; jüngste Publikation: *Der Untergang der Titanic. Eine Komödie.*

Karl Hielscher, geboren 1939, Dr. phil., lebt in Frankfurt am Main; 1979 erscheint seine Arbeit *Vernunft und transzendentale Einheit. Zur Genesis des Vernunftbegriffs beim frühen Hegel.*

Michael Krüger, geboren 1943, lebt als Verlagslektor in München; er ist Mitherausgeber des *Tintenfisch* und der *Akzente,* 1978 erschien *Diderots Katze. Gedichte.*

W. Martin Lüdke, geboren 1943, Dr. phil., Dozent für Deutsche Philologie an der Universität Frankfurt am Main; literaturkritische und literaturtheoretische Arbeiten, u. a. *›Theorie der Avantgarde‹. Antworten auf Peter Bürgers Bestimmung von Kunst und bürgerlicher Gesellschaft* (Hg.), Frankfurt am Main 1976.

Klaus Pabel, geboren 1944, Dr. phil., ist Lehrer an einer Gesamtschule in Frankfurt am Main; seine Arbeit *Heines Reisebilder. Ästhetisches Bedürfnis und politisches Interesse am Ende der Kunstperiode* erschien 1977.

Stephan Reinhardt, geboren 1940, Dr. phil., lebt als Literaturkritiker in Dossenheim bei Heidelberg, er veröffentlichte 1978 das *Max von der Grün-Materialienbuch.*

Thomas Rothschild, geboren 1943, Dr. phil., ist Literaturwissenschaftler an der Universität Stuttgart, 1976 erschien sein Buch *Wolf Biermann. Liedermacher und Sozialist.*

Otto F. Walter, geboren 1928, lebt in Oberbipp (Schweiz), sein letzter Roman, *Die Verwilderung*, erschien 1977.

Urs Widmer, geboren 1938, Dr. phil., lebt in Frankfurt am Main. Sein jüngstes Buch *Vom Fenster meines Hauses aus* enthält Erzählungen und Essays.

Gerhard Zwerenz, geboren 1925, lebt in Offenbach am Main, er veröffentlichte 1978 u. a. den Roman *Das Großelternkind*, und die *Gesänge auf dem Markt.*